Peter Schommer

Vertikalisierung und Nachhaltigkeit im Handel

Peter Schommer

Vertikalisierung und Nachhaltigkeit im Handel

Warum das Handelscontrolling neue Wege gehen muss

Deutscher Fachverlag

Bibliografische Information der Deutschen Nationalbibliothek
Die Deutsche Nationalbibliothek verzeichnet diese Publikation
in der Deutschen Nationalbibliografie; detaillierte bibliografische
Daten sind im Internet über http://dnb.d-nb.de abrufbar.

ISBN 978-3-86641-271-2
© 2013 by Deutscher Fachverlag GmbH, Frankfurt am Main.
Alle Rechte vorbehalten.
Nachdruck, auch auszugsweise, nur mit Genehmigung des Verlags.
Umschlag: Frank Schantz, Roßdorf
Satz: Fotosatz L. Huhn, Linsengericht
Druck und Bindung: betz-druck, Darmstadt

Vorwort

Der Handel steht vor großen Herausforderungen! So lautet der Tenor vieler Studien, die sich mit dem Kundenverhalten beschäftigen. Immer mehr Kunden wollen zwar nach wie vor ein „billiges", aber gleichzeitig mehr als „nur" ein qualitativ gutes Produkt kaufen. **Nachhaltigkeit** ist das Wort der Stunde. So der Präsident des HDE, Josef Sanktjohanser, in seinem Beitrag in dem vom HDE initiierten *Factbook Einzelhandel 2011*: „In dem Maße, in dem unsere Kunden nicht nur immer mehr konsumieren, sondern dies mit gutem Gewissen tun wollen, haben wir Nachhaltigkeit zum Bestandteil unserer Geschäftsgrundlage gemacht."

Aber wie bietet man mehr Leistung für gleiches oder gar weniger Geld? Eigentlich ein Widerspruch, aber zugleich auch eine Herausforderung für den Handel mit der Aussicht auf breite Akzeptanz in der Verbraucherschaft. **Vertikalisierung**, liest man allenthalben, sei die Lösung. Die Zunahme der Eigenmarken ist nicht zu übersehen. Wird die Handelsmarke die Industriemarke verdrängen? Werden die Gewichte neu verteilt oder wird sich die Industrie letztlich doch mit ihrer Produktionserfahrung und Kenntnis der Rohstoffmärkte durchsetzen?

Überhaupt stellt sich die Frage, womit wir es zu tun haben. Was bedeuten eigentlich Nachhaltigkeit und Vertikalisierung für ein Handelsunternehmen? Und es stellt sich jenseits der Inhaltsebene die Frage, ob es sich hierbei um ein Zeitgeistthema handelt, das nach ein paar Jahren durch ein anderes verdrängt wird oder doch eher um eine **Evolutionsstufe** des Handels, die den Gesetzmäßigkeiten der Logik folgt.

Auf diese und viele anderen Fragen versucht dieses Buch eine Antwort zu finden oder zumindest Denkanstöße zu liefern. Dabei stehen nicht in erster Linie Branchen- oder Expertenbefragungen im Vordergrund. Vielmehr wird der Versuch unternommen, ausgehend von der Geschichte des Handels die Treiber des Handels zu identifizieren. Welche Rolle spielt der Kunde mit seinen Bedürfnissen? Bewahrheitet sich Maslows

Bedürfnispyramide, obwohl sie nach wie vor von der Verhaltensforschung als wissenschaftlich nicht belegt kritisiert wird?

Dieses Buch kommt zum Ergebnis, dass nachhaltiger Konsum genauso wenig als zeitlich befristeter Trend von einem anderen abgelöst werden wird wie die immer weiter um sich greifende Vertikalisierung des Handels.

Sollten Sie als Leser zum gleichen Ergebnis kommen, stellt sich die Frage, was Nachhaltigkeit und Vertikalisierung für Handelsunternehmen bedeuten und wie der sich in der Folge ergebende Veränderungsprozess gesteuert wird. Mit welchen Herausforderungen wird das **Handelscontrolling** konfrontiert werden? Und wie kann das Controlling diesen Herausforderungen gerecht werden?

Intellektuell sind die Auswirkungen der Nachhaltigkeit und der Vertikalisierung auf das Controlling nachvollziehbar. Vor den Augen des Lesers entsteht ein neues, ein anderes Handelscontrolling, bei dem die Prozesssicht in den Vordergrund rückt und die **Werteorientierung** eine gleichberechtigte Rolle neben der **Wertorientierung** einnimmt. Wie aber sieht die Realität im Handel aus? Als Ergebnis der Befragung von Handelsexperten als auch drei großen Handelskonzernen ergibt sich ein ganz anderes Bild. Die Lücke zwischen Erwartung und Realität ist groß. Groß ist aber auch die Chance für Handelskonzerne, die heute mit der Gestaltung ihres neuen Handelscontrollings starten, welches sich an den Anforderungen einer Nachhaltigkeits- und/oder Vertikalisierungsstrategie orientiert. Nur wer die Kurve früh genug erkennt, kann sein Auto sicher auf der Straße führen. Wer nur glaubt, noch auf der Straße zu fahren, wird früher oder später im Graben landen.

In diesem Sinne wünsche ich Ihnen eine spannende, kurzweilige und erkenntnisreiche Lektüre.

Peter Schommer
Oedheim, im September 2012

Inhaltsverzeichnis

Vorwort	5
1. Was ist Controlling und wozu braucht man das?	9
2. Die historische Entwicklung des Handels	17
3. Die Geschichte des Handels	21
4. Die treibenden Kräfte des Handels	43
4.1. Technischer Fortschritt und Urbanisierung	43
4.1.1. Logistik öffnet Wege	45
4.1.2. Elektronik, der Treiber der Gegenwart und Zukunft	55
4.2. Die menschliche Natur: Bedürfnisse zu befriedigen	60
4.3. Zwischenfazit und Umfeldbedingungen heute	85
5. Vertikalisierung macht den Unterschied	89
6. Nachhaltigkeit – Chance und Herausforderung für den Handel	103
6.1. Das „nachhaltige" Handelsunternehmen	112
6.2. Warum der Handel verantwortlich ist	119
7. Gemeinsamkeiten von Nachhaltigkeit und Vertikalisierung	125
8. Controlling – einfach erklärt!	131
8.1. Was ist eigentlich Controlling?	131
8.1.1. Controlling-Konzeptionen	132
8.1.2. Controller versus Controlling	133
8.1.3. Operatives Controlling versus Strategisches Controlling	135
8.1.4. Organisation des Controllings	136
8.1.5. Controlling-Instrumente	143

	8.1.6. Das Controlling-System	145
8.2.	Was und womit steuert das Controlling?	146
	8.2.1. Unternehmensziele versus Unternehmensstrategien	146
	8.2.2. Wertorientierung versus Werteorientierung	153
8.3.	Ein Beispiel aus dem täglichen Leben	157

9. Controlling im Handel 161
   9.1. Das Grundmodell „Handel" 161
   9.2. Das Grundmodell plus Filialisierung 163
       9.2.1. ... plus Ausweitung der Bezugswege 164
       9.2.2. ... plus vielfältige Lieferanten 165

10. Nachhaltigkeit und Vertikalisierung im Handelscontrolling . 171
   10.1. Die Vertikalisierung im Controlling 172
       10.1.1. Auswirkung auf die Planung 173
       10.1.2. Auswirkung auf die Ergebnissteuerung 178
       10.1.3. Auswirkung auf die Liquiditätssteuerung 183
       10.1.4. Auswirkung auf die Controlling-Instrumente . . . 184
       10.1.5. Auswirkung auf die Organisation des Controllings 185
   10.2. Nachhaltigkeit im Controlling 188
       10.2.1. Das Zuordnungsproblem 190
       10.2.2. Nutzenermittlung 195
       10.2.3. Lösungen ohne Zurechnungsproblematik 197
       10.2.4. Steuerung der Nachhaltigkeit 199
          10.2.4.1. Nachhaltigkeit aus Konsumentensicht 200
          10.2.4.2. Operationalisierung der Nachhaltigkeit 203

11. Anspruch und Wirklichkeit 207
   11.1. Eine Bestandsaufnahme des Rechnungswesens 209
   11.2. Dokumentation der Prozesse 214
   11.3. Kostenrechnung und Kalkulation 217
   11.4. Umsatzsteuerung 219
       11.4.1. Preisbildung 219
       11.4.2. Kundenzufriedenheit 220
   11.5. Kurzfristige Erfolgsrechnung 221
   11.6. Handelscontrolling 222
   11.7. So urteilt der Handel selbst 224

12. Fazit 229

1. Was ist Controlling und wozu braucht man das?

Sicherlich ist jeder schon einmal mit der Aussage konfrontiert worden, dass wir in einer „Informationsgesellschaft" leben. Daran gibt es auch keinen ernsthaften Zweifel. Oder doch? Dann geben Sie mal in eine der Internet-Suchmaschinen wie beispielsweise Google einen beliebigen Begriff oder einen Namen ein und schon wird diese Aussage bestätigt. Die Durchführung des Experiments mit dem Namen des Autors führt zur Anzeige von 66.100 Einträgen. Wen das noch nicht überzeugt, der gebe mal den Begriff „Globale Verantwortung" ein: 279.000 Suchergebnisse! Oder wie wäre es mit „Corporate Social Responsibility"? 11.700.000 Suchergebnisse! Das zeigt zugleich eindrucksvoll das mit der Informationsgesellschaft verbundene Problem. Information ist nicht gleich Wissen. Wissen entsteht durch Verknüpfung von Informationen mit dem Ziel, die Antwort auf eine Fragestellung zu finden. Aber wer hat die Zeit, 66.100 Einträge zu lesen, im Gehirn abzuspeichern und die notwendigen Verknüpfungen herzustellen, um zu wissen, was den Autor befähigt, z. B. dieses Buch zu schreiben?

Nun werden Sie sagen: Für die Entscheidung, ob ich dieses Buch kaufen und lesen soll, muss ich nicht alle Informationen verarbeiten, die sich hinter 66.100 Interneteinträgen verbergen. Das ist richtig. Aber welche Informationen brauchen Sie und hinter welchen Einträgen verbergen sich diese?

Verglichen mit den Fragestellungen, für die ein Manager täglich die richtige Antwort finden soll, ist dieses Beispiel absolut unbedeutend. Absolut unbedeutend ist aber auch die Zahl der Informationen im Verhältnis zu denen, die ein betriebliches Rechnungswesen zur Verfügung stellt. Aber selbst diese allein reichen in der Regel nicht. Weitere Informationen über die Märkte, sowohl auf der Beschaffungsseite als auch auf der Absatzseite, über das Verbraucherverhalten, die Finanzmärkte, die bestehenden sowie zu erwartenden Normen und Regeln der Auslegung der Standardsetter von der WHO über die EU und die nationalen Gesetzgeber bis hin zu den Kommunen als auch der „Non Profit Organisations" bzw. „Non Government Organisations", um nur einige Beispiele zu nennen, vervielfachen das Volumen der Informationen.

Angesichts dieses „Information Overflows" könnte man gleich mit einem Seufzer der Ernüchterung resignieren – oder man sagt sich: „Jetzt erst recht!" und begibt sich auf den mühsamen Weg, die Spreu vom Weizen zu trennen. Genau an dieser Stelle kommt das Controlling ins Spiel als ein Informationssystem, das die verfügbaren Informationen in einer Form aufbereitet und miteinander verknüpft, die geeignet ist, das Management eines Unternehmens auf der Suche nach der sachgerechten, am jeweiligen Ziel orientierten Entscheidung wirkungsvoll zu unterstützen.

Mit dieser **Definition des Controllings** stimmen nicht alle, die sich mit dem Thema Controlling auseinandersetzen, überein. Mal wird der Begriff eher als Funktion, mal als Institution definiert, mal als Oberbegriff verstanden, unter dem das gesamte Rechnungswesen subsumiert wird und mal als Teil des Rechnungswesens. Einige sehen lediglich in dem Zusammentragen von Informationen als Grundlage der Abweichungsanalyse die Aufgabe des Controllings, während andere wiederum die Vorbereitung von Managemententscheidungen in der Form von Handlungsszenarien und deren Auswirkungen auf die Unternehmensentwicklung als dessen entscheidende Aufgabe und Abgrenzung zum Rechnungswesen sehen.

Im Rahmen dieses Buches sollen nicht sämtliche in die Welt gesetzten Definitionen diskutiert und auf ihre Richtigkeit überprüft werden. Vielmehr wird für den weiteren Verlauf Controlling als ein System zur Sammlung und Aufbereitung von betrieblichen und außerbetrieblichen Informationen verstanden, das das Management bei der Findung zielgerechter Entscheidungen unterstützt und die wahrscheinlichen Folgen für das Unternehmen sichtbar macht. Dabei kann es letztlich egal sein, ob das betriebliche Rechnungswesen Teil des Controllings ist oder umgekehrt und ob das Controlling eine Institution oder Funktion des Unternehmens ist. Was an dieser Stelle wichtig erscheint, ist die Frage, wer oder was das Management eines Unternehmens ist. Auch hierzu gibt es reichlich Literatur, die sich sowohl mit dem Management als Institution sowie als Funktion auseinandersetzt. Eine eigene Fachrichtung „Managementlehre" im Rahmen der Betriebswirtschaft setzt sich mit allen Vorgängen im Zusammenhang mit der Führung eines Unternehmens auseinander und diskutiert u. a. Management als Prozess bzw. System.

Auch hier soll für die Zwecke dieses Buches der Weg abgekürzt werden. Im Folgenden werden unter dem **Management des Unternehmens** die Personen verstanden, deren Tätigkeit zu einem nicht unerheblichen Teil im Führen bzw. Leiten besteht und die verantwortlich Entscheidungen treffen. Dabei wird bewusst in Kauf genommen, dass sich damit der Kreis des Managements wesentlich erweitert und wahrscheinlich weit über das hinausgeht, was gemeinhin die für das Unternehmen als Ganzes Verantwortlichen oder die Inhaber bzw. Gesellschafter eines Unternehmens unter dem Management verstehen. Eine andere Abgrenzung wäre jedoch in diesem Zusammenhang nicht sachgerecht und würde nur zu weiteren Diskussionen führen wie der, ob es neben einem Topmanagement auch ein Middle- und Lower Management gibt und wo jeweils die Grenzen liegen. In der Folge wäre zu diskutieren, für welche Ebene das Controlling Informationen sammelt und aufbereitet zur Verfügung stellt und für welche Entscheidungen die Folgen sichtbar zu machen sind. Diese Diskussion erscheint aber als „Streit um des Kaisers Bart" und ist in Anbetracht der hier genutzten Definition überflüssig, da sich die Antwort allein aus der Komplexität der zu treffenden Entscheidung sowie der Auswirkungen auf das Unternehmen ergibt.

Die gesetzlichen Anforderungen

Außer Frage steht, dass die gesetzlichen Anforderungen erfüllt werden müssen. Dazu gehört, dass jeder Kaufmann Bücher zu führen hat, in denen seine Handelsgeschäfte und die Lage seines Vermögens nach den Grundsätzen ordnungsmäßiger Buchführung ersichtlich sind. Die Buchführung muss so beschaffen sein, dass sie einem sachverständigen Dritten innerhalb angemessener Zeit einen Überblick über die Geschäftsvorfälle und über die Lage des Unternehmens vermitteln kann. Die Geschäftsvorfälle müssen sich in ihrer Entstehung und Abwicklung verfolgen lassen. Auf dieser Grundlage basieren eine Reihe weiterer gesetzlicher Anforderungen, angefangen bei der Pflicht zur Erstellung eines Jahresabschlusses bis hin zur Ermittlung diverser Besteuerungsgrundlagen. Hinzu kommen weitere gesetzliche sowie vertragliche Aufzeichnungspflichten, von Vorschriften zur Nachverfolgbarkeit im Lebensmittelbereich bis hin zum Nachweis des in den Verkehr gebrachten Verpackungsmaterials gegenüber den Entsorgungseinrichtungen wie bspw. dem „Grünen Punkt". Die Liste der so gesammelten Informationen ist unendlich lang. Es ergibt sich aber weder aus dem Gesetz noch aus dem Vertrag die Verpflichtung zur Einrichtung eines Controlling-Systems, wenn man mal von der Verpflichtung zur Einrichtung eines Frühwarnsystems zur Erkennung der den Bestand der Gesellschaft gefährdenden Entwicklungen nach § 91 Abs. 2 AktG oder den Risikosystemen für spezielle Branchen wie Banken und Versicherungen absieht. Diese beziehen sich lediglich auf die Abwendung zu hoher Risiken, aber nicht auf die Steuerung des Unternehmens als Ganzes und die Wahrnehmung der Chancen.

Wenn man also ohnehin schon mit der Masse der notwendigerweise gesammelten Informationen erschlagen wird und weder Gesetz noch Vertragspartner weitere Informationssammlungen verlangen, warum dann ein Controlling-System mit der Folge der Multiplikation der gesammelten Daten? Etwas flapsig könnte man darauf antworten, dass ein Flugzeug auch ohne Navigationssystem fliegen kann. Aber würden Sie in Frankfurt auf dem Weg nach New York ein Flugzeug ohne Navigationssystem besteigen? Sicher nicht! Aber Sie würden es auch nicht tun, wenn Sie wüssten, dass der Pilot von der Notwendigkeit eines solchen Navigationssystems erst von Gesetzes wegen überzeugt werden muss. Anders gesagt: Der Wert eines Controlling-Systems bzw. Steuerungssystems wird durch die Notwendigkeit bestimmt, die der Nutzer ihm beimisst. Das führt wiederum zu einem weiteren Problem. Weiß der Nutzer jeweils genau, wie der unter einer Bezeichnung ausgewiesene Wert zustande gekommen ist, und kann er damit den Aussagewert genau bestimmen?

Begriffswirrwarr

Nicht dass ein falscher Eindruck entsteht. Es liegt mir fern, die Qualität der Manager in Frage zu stellen. Aber das Problem beginnt ja bereits mit den verwendeten Bezeichnungen. Nehmen wir als Beispiel den Begriff „Gewinn". Welcher Gewinn? Der in einem Konzern oder Unternehmen oder gar nur in einem Unternehmensteil erwirtschaftete? Wenn Unternehmensteil, ist dann von Abteilungen oder Prozessen oder vielleicht doch von Produktgruppen die Rede? Der Gewinn nach Steuern, vor Steuern, der operative Gewinn oder der betriebswirtschaftliche Gewinn vor bzw. nach Bereinigung um Sondereffekte, mit oder ohne Overheads? Die Liste lässt sich beliebig fortsetzen.

Oder, um im Beispiel aus der Luftfahrt zu bleiben: Gibt die Geschwindigkeit den Wert in der Luft oder über dem Boden an? Handelt es sich also um den Wert mit oder ohne Korrektur um die Geschwindigkeit, mit der sich die Erde um die eigene Achse dreht?

Aber nicht nur, dass sich hinter einem Begriff nicht der vermutete Wert verbirgt – dieser könnte mittlerweile nicht mehr korrekt ermittelt worden sein. Schließlich leben wir in einer Welt des ständigen Wandels, und das mit nach wie vor steigender Dynamik. Nur wenn die betrieblichen Prozesse mit dem Controlling sauber verknüpft sind, besteht eine hohe Wahrscheinlichkeit, dass Veränderungen auch zeitnah im

Controlling abgebildet werden und der zur Steuerung herangezogene Wert auch der Wahrheit entspricht und damit zur richtigen Schlussfolgerung führt.

Dies sind aber nur Beispiele für die Vielzahl von Problemen, denen man sich bei der Einrichtung und Pflege eines Controlling-Systems ausgesetzt sieht und die es zu lösen gilt, soll die Akzeptanz des Controlling-Systems nicht bereits aufgrund handwerklicher Fehler gegen Null tendieren. Damit ist aber noch immer nicht geklärt, ob ein Handelsunternehmen der Einrichtung eines Controlling-Systems bedarf und wie dieses aussehen muss, um das Management in seinen Entscheidungen adäquat zu unterstützen. Die typische Antwort eines Wirtschaftsprüfers lautet in solchen Fällen: „Es kommt drauf an!". So abgegriffen dieser Spruch auch wirken mag; in diesem Fall ist er absolut zutreffend.

Bleiben wir im Beispiel: Liegt das Ziel des Piloten nur so weit weg, dass er es schon kurz nach dem Start mit bloßem Auge erkennen kann, dann braucht er kein Navigationssystem – zumindest nicht, solange es hell ist und das Wetter mitspielt. Liegt das Ziel weiter entfernt, dann wird bis zu einer bestimmten Distanz ein Kompass reichen, um den Flughafen nicht zu sehr zu verfehlen. Mit zunehmender Entfernung und einer Flughöhe über den Wolken wird aber der Kompass allein nicht mehr genügen, um den Zielflughafen mit ausreichender Sicherheit zu erreichen. Zu viele Einflussfaktoren können letztlich dazu führen, dass das Flugzeug beim ersten Sichtkontakt zum Boden so weit rechts oder links am Ziel vorbeifliegt, dass eine Kurskorrektur schon an der Frage nach links oder rechts scheitert und irgendwann die Tanks leer sind. Bekanntlich geht es dann nur noch abwärts, und zwar sehr schnell.

Übertragen bedeutet das, dass die Anforderungen an ein adäquates Controlling für den Handel umso geringer sind, je weniger das Ergebnis beeinflussende Faktoren die Waren auf dem Weg zum Konsumenten ausgesetzt sind. Man könnte auch so sagen: Je geringer die Wertschöpfungstiefe im Handelsunternehmen und je gleichartiger die Kostenstruktur je Artikel, desto geringer die Ansprüche an das Controlling.

Im Umkehrschluss würde ein Produzent die Notwendigkeit eines wirkungsvollen Controllings nie in Frage stellen. Schließlich durchläuft ein Produkt je nach Komplexität sehr viele Stationen, bevor es beim Handel in verkaufsfähiger Form ankommt. Darüber hinaus gibt es viele Einflussfaktoren, die der Absicht, mit dem Produkt Geld zu verdienen, zuwiderlaufen können. Angefangen bei mehreren unterschiedlichen Rohstoffen und teilfertigen Erzeugnissen bis hin zu von mehreren Produkten gemeinsam genutzten Produktionsprozessen, unterschiedlichen Kosten der Produktentwicklung und Promotion und last but not least den zusätzlichen Versprechungen wie „aus nachhaltiger Produktion" oder „Bio", die nicht nur gegeben, sondern auch gehalten werden müssen.

Bis hierher wird der Handel zustimmen. Mehr noch: Viele Händler werden sagen, dass man genau aus diesem Grund im Handel kein komplexes Controlling-System braucht. Und damit haben viele Händler auch Recht. Zumindest dann, wenn alle Artikel mit dem annähernd gleichen prozentualen Aufwand ins Eigentum des Kunden gelangen und sich die Tätigkeit des Händlers auf den Einkauf und Verkauf beschränkt. Aber trifft dieses Bild des Handels heute noch zu? Oder besser gefragt: Wie wird sich der Handel in absehbarer Zukunft verändern und welchen Einfluss wird die Veränderung auf die Steuerungsinstrumente des Handels nehmen?

Prognosen versus „Glaskugel"

Viele werden sich jetzt fragen: Lohnt der Blick in die Glaskugel? Schließlich ist uns ja seit dem von dem Psychologen *Philip Tetlock* durchgeführten *Experiment* die Zuverlässigkeit oder besser Unzuverlässigkeit von Prognosen so genannterer Experten bekannt. An seinem Experiment beteiligten sich 284 Ökonomen, Politologen, Geheimdienstler und Journalisten, also alles Leute, zu deren Berufsbild es gehört, Aussagen über die Zukunft zu machen. Tetlock ließ sie Wachstumsraten prognostizieren, Rohstoffpreise, Wahlausgänge und Kriege prognostizieren. Insgesamt kamen so 28.000 Vorhersagen zusammen. Die spätere Überprüfung der Treffsicherheit der Prognosen führte zu zwei Erkenntnissen. Die erste Erkenntnis gab all denen recht, die für Expertenprognosen nur Hohn und Spott übrig haben. Sie waren nämlich nicht besser, als hätte man einen zufällig auf der Straße angesprochenen Passanten raten lassen. Spötter sagen auch, dass die Treffsicherheit so genannter Expertenprognosen der eines Schimpansen gleichkommt, der mit Dart-Pfeilen auf eine Zielscheibe wirft.

Tetlock fand aber auch heraus, dass manche Experten so weit ab von der Realität sind, dass es schon an Wahn grenzt. Andere liegen aber nur ein bisschen daneben und einige wenige Prognosen sind erstaunlich nuanciert und, wie er es ausdrückt, „gut geeicht". Natürlich interessiert an dieser Stelle, warum die Wenigen in ihren Prognosen so nah an der Realität lagen bzw. warum die vielen Anderen so weit daneben lagen. Auf der Suche nach einer Antwort wurde Tetlock weder bei der politischen Haltung, einer optimistischen oder pessimistischen Grundhaltung, Titel, Berufsgruppe, Erfahrung oder Zugang zu Geheiminformationen fündig. Den großen Unterschied fand Tetlock in der Art des Denkens. Die Experten, die besonders schlecht lagen – sprich: die besser eine Münze geworfen hätten –, taten sich schwer mit Komplexität und Unsicherheit. Sie versuchten, „das Problem auf ein einziges theoretisches Muster zu reduzieren". Dieses wurde dann wieder und wieder als Schablone verwendet. Solche Experten waren zugleich stärker als andere von ihren Prognosen überzeugt. Sie waren sicher, dass ihre eine „große Idee" richtig war. Ergo mussten auch alle Ableitungen stimmen.

Diejenigen, deren Prognosen besser als der Durchschnitt und als ein Zufallsgenerator waren, dachten völlig anders. Sie bezogen Informationen und Ideen aus verschiedenen Quellen, um eine Synthese zu bilden. Sie waren selbstkritisch und hinterfragten stets, ob ihre Wahrheiten auch stimmten. Zeigte man ihnen, dass sie Fehler gemacht hatten, dann versuchten sie nicht, diese kleinzureden oder auszuweichen. Sie akzeptierten, dass sie daneben gelegen hatten und passten ihr Denken an. Vor allem hatten sie keine Schwierigkeiten damit, die Welt als komplex und unsicher anzusehen. Sie bezweifelten sogar tendenziell, dass Vorhersagen überhaupt möglich sind. Paradoxe Folge: Gerade die treffsichersten Experten hatten tendenziell deutlich größere Zweifel an ihren Prognosen.*

Aber was bringt uns diese Erkenntnis nun für die Fragestellung in diesem Buch? Zunächst einmal unterstreicht die Erkenntnis die Aussage, dass Controlling nur insoweit als „System" verstanden werden darf, als es die zur Steuerung notwendigen Informationen *systematisch* zusammenträgt, d. h. regelmäßig und ohne für die Aussage relevante Informationen zu vernachlässigen. System heißt aber nicht, an einem einmal für gut befundenen Modell zu haften und anhand dessen ein Unternehmen in die Zukunft zu steuern. Zu schnell verändern sich die Umfeldbedingungen, die Determinanten für eine realistische Einschätzung der relevanten Märkte und deren Anforderungen an das Unternehmen. Auch die Unternehmen verändern sich infolge der Anpassung an die relevanten Märkte permanent, so dass jedes Controlling laufend hinterfragen sollte, ob die dem Management zur Verfügung gestellten Steuerungsgrößen noch die richtigen sind bzw. noch richtig ermittelt werden.

Zum Anderen zeigen uns die treffsicheren Experten, dass eine Prognose nur dann nah an der Wahrheit liegt, wenn man seine Informationen und Ideen aus verschiedenen Quellen bezieht, um eine Synthese zu bilden und selbstkritisch hinterfragt, ob ihre „Wahrheiten" stimmen. Genau das wollen wir in den folgenden Kapiteln tun.

---

* Quelle: Dan Gardner in Capital 06/2011.

Bleibt die Frage, nach welchen Informationen wir suchen sollen. Natürlich nach Informationen zu den Faktoren, die die Entwicklung des Handels beeinflussen. Und zwar nach solchen, die dem Handel konkrete Handlungsoptionen eröffnen, mit denen sich ein Wettbewerbsvorteil generieren lässt.

Nun sollten Sie dieses Buch aber nicht mit der Erwartung lesen, eine Handlungsanweisung zu finden, die sich mit „copy and paste" als die Lösung für das eigene Handelsunternehmen realisieren lässt. Vielmehr soll hier lediglich ein Weg aufgezeigt werden, um sich drängenden Fragen auf grundsätzliche Art zu nähern. Das Buch will Anregungen geben und Anstöße zur Diskussion liefern. Dabei wird nicht der Anspruch erhoben, den „Stein der Weisen" zu besitzen. Aber vielleicht wird der Leser am Ende den einen oder anderen Gedankengang teilen oder seine eigenen Antworten finden.

2. Die historische Entwicklung des Handels

Viele Menschen behaupten, der Mensch lerne nicht aus seiner Geschichte. Und je mehr man sich mit der Vergangenheit auseinandersetzt, umso mehr mag man diesen Menschen Recht geben. Warum also sollte man sich mit der geschichtlichen Entwicklung des Handels auseinandersetzen, wenn es darum geht, die den Handel beeinflussenden Faktoren besser kennen zu lernen? Viel einfacher wäre es, den Handel zu befragen. Aber warum sollte uns ein Händler darüber und insbesondere über die sich aus diesen Faktoren ergebenden und derzeit den größten Erfolg versprechenden Handlungsoptionen aufklären? Liegt doch in diesem Wissen der große Wert und kleine Unterschied, der über Erfolg oder Misserfolg entscheidet.

Aber selbst wenn die Händler bereit wären, ihr Wissen mit uns zu teilen, bestünde eine hohe Wahrscheinlichkeit, den Problemen der Statistik zu erliegen. Zum Beispiel dem Problem, dass der Mittelwert aus den erhaltenen Antworten auf keinen Fall die richtige Antwort ist. So könnte man z. B. den Mittelwert der in einem Krankenhaus ermittelten Körpertemperatur der Patienten mathematisch richtig mit sagen wir mal 37,2 °C feststellen. Wir würden aber dabei übersehen, dass einige Patienten mit dem Leben ringen, während die Körpertemperatur der wohl überwiegenden Zahl der Patienten der Norm zwischen 35,8 und 37,2 °C entspricht. Mit anderen Worten: Ein Ergebnis ist nicht schon deshalb richtig, weil es die meisten dafür halten.

Einem ähnlichen Problem stünde man gegenüber, wenn man die Welt der Studien und wissenschaftlichen Arbeiten durchforsten würde. Auch diese basieren entweder auf den nach mathematisch-statistisch ermittelten Werten mit allen bekannten Problemen, die bereits bei der Fragestellung beginnen und beim Antwortverhalten der Befragten enden, das regelmäßig vom konkreten Handeln abweicht. Oder sie spiegeln das Ergebnis einer unter so genannten Experten geführten Diskussion wider, die zwar den Gesetzen der Logik gehorcht, aber sich häufig nicht an der Realität orientiert.

Die historische Entwicklung des Handels

Wenn Wissenschaftler den Ursache-Wirkungs-Zusammenhang beweisen wollen, steht ihnen i.d.R. das Experiment unter Laborbedingungen zur Verfügung. Sie schaffen ein Umfeld, in dem nur eine unbekannte Einflussgröße das Ergebnis des Experiments beeinflusst. Und jetzt stellen Sie sich vor, wir würden beweisen wollen, dass der Handel ohne das Vorhandensein eines Steuerungssystems wesentlich besser funktionieren und vor allem höhere Gewinne erwirtschaften würde. Es bedarf wohl keiner längeren Diskussion, um zu der Feststellung zu gelangen, dass die Herstellung einer Laborbedingung zum Beweis der Richtigkeit dieser These von vornherein zum Scheitern verurteilt ist. Kein real existierendes Handelsunternehmen wird bereit sein, auf sämtliche Informationen zu verzichten, die ihm von den modernen Steuerungs- oder Controlling-Systemen geliefert werden bzw. umgekehrt ein solches einrichten, um zu beweisen, dass es nicht gebraucht würde. Um wie viel mehr gilt das, wenn es um den Beweis geht, welche Faktoren für den Handel wesentlich sind?

Wenn man die gesuchten Faktoren aber nicht „ceteris paribus" ermitteln kann, dann hilft vielleicht der Blick in die Geschichte. Der Blick zurück in eine Zeit, als die Welt nicht gar so komplex erschien und der Zusammenhang von Ursache und Wirkung noch sichtbar war.

Am Anfang: Der Tausch von Waren

Was ist Handel überhaupt? Wir alle benutzen den Begriff täglich in der Überzeugung, dass jeder weiß, was den Handel ausmacht bzw. welche Funktionen der Handel erfüllt. Wir stellen Forderungen auf, welchen Anforderungen und Verantwortungen der Handel gerecht werden muss, ohne der Frage nach der Berechtigung auf den Grund zu gehen. Warum gibt es den Handel? Was hat den Handel zu dem gemacht, was er heute ist? Wir gehen wie selbstverständlich davon aus, dass der Handel über ein Rechnungswesen und Steuerungssysteme verfügt, ohne die Frage nach dem „Warum?" zu beantworten. Was war der *Auslöser* für die Entwicklung eines Rechnungswesens?

Belege für einen Handel, d.h. für den Austausch von Waren im Allgemeinen, finden sich bereits in der Steinzeit. In ganz Osteuropa fanden die Forscher z.B. Steinkeile, die eindeutig aus Südrussland stammen. Dort entdeckten sie einen Platz mit Tausenden von Steinkeilen – weit mehr als die dortige Bevölkerung jemals hätte brauchen können. Es ist unwahrscheinlich, dass diese Steinkeile ihre Verbreitung über ganz Osteuropa allein über die allgemeine Völkerwanderung gefunden hätten. Genauso unwahrscheinlich ist die Annahme, dass die Menschen immer wieder zu diesem Ort in Südrussland zurückkehrten, um einen Ersatz für ihren nicht mehr gebrauchsfähigen Steinkeil herzustellen. Außerdem würde diese Annahme nicht den Fund so vieler bereits bearbeiteter Steinkeile an diesem Platz rechtfertigen.

Es muss also bereits zu der Zeit Menschen gegeben haben, die erkannt hatten, dass ein Gegenstand nicht für jeden Menschen den gleichen Wert hat. Entweder weil es bei diesen nicht das notwendige Material gibt oder sie nicht über die Fertigkeit der Verarbeitung verfügten. Darüber hinaus mussten sie erkannt haben, dass der Unterschied so groß war, dass es sich lohnte, einen weiten, anstrengenden und gefährlichen Weg in Kauf zu nehmen, um diesen Gegenstand für einen anderen einzutauschen, dem sie einen höheren Wert als dem mit eigener Hand hergestellten Steinkeil beimaßen.

Ob diese Art von Handel als gewerbsmäßiger Handel bezeichnet werden kann, darf bezweifelt werden. Tauschen ist etwas anderes als **gewerbsmäßiges Handeln**. Davon kann erst die Rede sein, wenn jemand seinen Lebensunterhalt mit dem Tausch von Waren bestreitet, die er nicht selbst produziert hat. Im Fall der Steinkeile handelte es sich beim Hersteller wie beim Händler voraussichtlich um ein und dieselbe Person. Es ist aber auch schwierig sich vorzustellen, dass Menschen zu dieser Zeit allein vom Handel nicht selbst hergestellter Waren lebten. Die Menschen der Steinzeit kannten weder domestiziertes Vieh noch Rad und Wagen zum Transport größerer Warenmengen, noch konnten Nahrungsmittel für längere Zeit haltbar gemacht werden. Unter diesen Voraussetzungen ist nicht vorstellbar, dass die Steinzeitmenschen sich bereits spezialisierten und die Nahrungssuche anderen überließen, während sie im Steinbruch Keile produzierten bzw. wieder andere diese auf monatelangen Reisen mitnahmen, um sie vielleicht gegen Felle einzutauschen, um mit diesen diejenigen zu entlohnen, die für sie die Nahrung besorgten. Es fehlten schlichtweg noch einige Voraussetzungen für einen gewerbsmäßigen Handel.

Aber es fehlte nicht nur an Fähigkeiten und Hilfsmittel. Es fehlte schlichtweg auch an Menschen. Schätzungen gehen davon aus, dass zum Ende der letzten Kaltzeit, also vor etwa 10.000 Jahren, lediglich 5 bis 10 Millionen Menschen die Erde bevölkerten. Das ist gerade mal so viel, wie heute in Baden-Württemberg leben. Also mit wem und vor allem an welchem Ort sollte man sich treffen? Die steinzeitliche Urbanisierung beschränkte sich auf die Größenordnung einer Sippe.

Wenn der Ursprung des gewerblichen Handels aber nicht in der Steinzeit liegt, warum dann so viel darüber reden? Einerseits wird uns vor Augen geführt, dass

Die historische Entwicklung des Handels

das Grundprinzip des Handels bereits den Menschen der Steinzeit bekannt war und keine Erfindung der Neuzeit ist. Andererseits wird klar, dass dem Handel immer ein Bedürfnis zugrunde liegt, und die Entwicklung des Handels von Entdeckungen bzw. der Entwicklung von Fertigkeiten abhängig war, die man mit dem ersten Blick nicht mit dem Handel in Verbindung bringen würde. Mehr noch werden wir sehen, dass der Handel auch der Ausgangspunkt für die Entstehung neuer Gewerbe war bzw. diese bis zur Verselbständigung selber betrieb. Hierzu gehört z. B. auch das Bankgewerbe. Und es ist auch der Handel, dem wir die „doppelte Buchführung" zu verdanken haben als ein Ergebnis der zunehmenden Komplexität, die mit einfachen Inventarlisten bzw. Ladelisten nicht mehr zu beherrschen war. Wir werden aber auch sehen, dass der Handel Rahmenbedingungen erfordert, ohne die er nicht funktioniert.

Anders ausgedrückt: Wenn es uns gelingt, mit dem Blick in die Geschichte die Einflussgrößen zu erkennen, die für die Entwicklung des Handels entscheidend waren und ansatzweise prognostizieren zu können, wie sich diese in naher Zukunft entwickeln werden, sind wir vielleicht auch in der Lage, eine der Realität sehr nahekommende Einschätzung der Entwicklung des Handels abzugeben. Aber vor allem wissen wir dann, worauf sich das Controlling als Steuerungsinstrument konzentrieren muss und mit welchen Steuerungsgrößen das Ziel möglichst ohne kostenträchtige Umwege erreichen lässt.

3. Die Geschichte des Handels

Wie für den Beweis der Notwendigkeit eines effektiven Controllings ist für die Suche nach den treibenden Kräften des Handels das wissenschaftliche Experiment nicht geeignet. Wir können aber Vermutungen anstellen bzw. Thesen aufstellen und in der Geschichte nach Belegen suchen, die diese Thesen bestätigen oder widerlegen. Der Nachteil liegt darin, dass vielleicht nicht alle treibenden Kräfte identifiziert werden. Fakt ist aber, dass die Geschichtsschreibung umfangreiches Material zur Verfügung stellt. So viel Material, dass hier keine vollständige Wiedergabe möglich ist und nur eine Auswahl zwecks Belegung der Thesen erfolgt. Hinzu kommt, dass eine ganze Reihe wissenschaftlicher Disziplinen, von der Archäologie bis zur Verhaltensforschung, Erkenntnisse und Fakten liefert, die eine Aussage über Ursachen und Wirkungen bezogen auf den Handel zulassen.

Aber keine Angst. Sie haben kein Geschichtsbuch gekauft. Deshalb werden in der Folge einige für die Entwicklung des Handels zwar wichtige Einflussfaktoren nur kurz angerissen. Nur zwei Themen werden etwas ausführlicher behandelt. Ein Thema, das wegen seiner Dynamik und Entwicklungspotenzials die Welt des Handels maßgeblich verändern wird und ein Thema, das den Handel dazu zwingen wird, über seine Rolle in unserer Gesellschaft neu nachzudenken. Es handelt sich einmal um die **technische Entwicklung** und zum anderen um die **Bedürfnisse der Konsumenten**.

Vertrauen und immer wieder Vertrauen

Eine Vielzahl von Faktoren hat den Handel zu dem gemacht, was er heute ist. Dazu gehört z. B. ein ganzes Bündel von Faktoren, die man unter dem Begriff „Vertrauen" zusammenfassen könnte. Vertrauen der Kunden auf der einen und der Lieferanten/Produzenten auf der anderen Seite. Eine aus dem Kaiserreich China überlieferte Geschichte illustriert diese Beziehung sehr schön. Ausgangspunkt ist eine Hungersnot, die Land und Leute heimsuchte.

Die Geschichte des Handels

„Der Kaufmann Wang ist an allem schuld", sagten die Leute. „Er hat alles Getreide aufgekauft und in seinen riesigen Speichern gelagert, um es mit Wucherpreisen zu verkaufen." Er wurde in Ketten dem Richter vorgeführt. „Wie konntest du es wagen, Getreide zurückzuhalten, um es mit wucherischem Gewinn den Hungernden zu verkaufen? Vom Elend der Verzweifelten hast du Nutzen gezogen!" „Erlaube mir, die Geschichte meines Handelns zu erzählen", antwortete der Kaufmann Wang. „Im vorigen Jahr war die Ernte ungewöhnlich gut. Das Getreide stand auf den Feldern, viele wollten es nicht ernten, denn der Preis war so niedrig, dass sich die Arbeit kaum lohnte. Die Menschen vergeudeten das Brot, das keinen Wert zu haben schien. Damals begann ich Getreide zu kaufen. Ich bezahlte nur wenig. Das ist wahr. Aber die Bauern schafften doch wenigstens das Getreide von den Feldern weg. Hätte ich mehr bezahlen sollen? Alle waren zufrieden, dass ich überhaupt Getreide kaufte. Dann kam die Missernte." Wang erzählt weiter, wie er mit den steigenden Preisen einen Speicher nach dem anderen öffnete und dabei zugegebenermaßen gute Gewinne erzielte.

„Nun stand ich ohne Vorräte da. Ich sandte Boten in alle Provinzen, wo ich Freunde hatte. An alle schrieb ich: Schickt mir Getreide, ich zahle sehr hohe Preise, nur: Schickt! Alle glaubten, ich sei unendlich reich. Nur deswegen versprachen mir die Geschäftsfreunde, Getreide zu senden. Ich werde es wohl noch teurer verkaufen müssen als meine eigenen Vorräte, aber ich werde den Preis erzielen."

„Du hast kein Herz für die Hungernden", erboste sich der Mandarin. „Du hast aus dem Hunger Gewinn gezogen. Du hast gewartet, bis die Preise stiegen, nur weil du verdienen wolltest. Und jetzt willst du mir weismachen, dass du dem Volke dientest, dass du es vor dem Hunger bewahren wolltest? Dafür wirst du sterben!"

Wang erwiderte: „Herr! Von allen Himmelsrichtungen kommen die Karawanen mit dem versprochenen Getreide. Wenn die Kaufleute hören, dass ich nicht mehr lebe, werden sie kehrtmachen. Es gibt kein Getreide mehr in dieser Provinz. Wenn nicht bald Zufuhr kommt, werden alle Menschen hier sterben müssen."

„Ich werde auf allen Straßen verkünden, dass im Namen des Kaisers ich das Getreide entgegennehmen und bezahlen werde. Was brauche ich dich!"

„Du müsstest mindestens das Gleiche zahlen wie das, was ich versprechen musste; das war mehr, als ich für mein letztes Getreide erhielt. Willst du die Wucherpreise bewilligen, die du mir zum Vorwurf machst? Wie willst du überhaupt bezahlen? So viel Geld ist in dieser Provinz gar nicht vorhanden."

„Ich werde dein Vermögen dazu verwenden!"

„Man hat mich nicht mit barem Geld bezahlt, man hat mir Grundstücke gegeben, Häuser verpfändet, Zahlungsversprechen hinterlegt. Ich selber kann damit etwas anfangen. Die fremden Kaufleute nicht. Sie vertrauen nur meinem Wort!"

„Sie werden das gleiche Vertrauen zum Beamten ihres Kaisers haben."

„Wenn sie hören, dass du mich für Preise hast sterben lassen, die immer noch niedriger lagen als die, die sie dann von dir fordern, werden sie erschrecken und lieber verzichten. Auch in den benachbarten Provinzen herrscht Hungersnot, wenn auch nicht so schlimm wie bei uns. Dort werden sie ihr Getreide gut los."

„Willst du damit sagen, dass nur du diese Provinz retten kannst?"

„Ja, das meine ich. Nur mir vertrauen sie, nur mir schicken sie ihr Getreide. Ich will verdienen, ich muss verdienen. Ich bin Kaufmann und nicht Beamter. Verliere ich durch meinen Fehler, habe ich als Kaufmann versagt. Dann bin ich verloren. Am Dienen will ich, am Dienen muss ich verdienen."

Der Mandarin ließ dem Kaufmann Wang die Ketten abnehmen in der Hoffnung, dass er das Getreide liefert, das er versprochen hatte.

Kredit = (lat.) credito = Vertrauen

Das Vertrauen des Lieferanten in den Händler, die gelieferte Ware auch abzunehmen und bezahlen zu können, ist auch heute noch überlebenswichtig. Zwar sind die Zahlungskonditionen je Land und Handelssegment unterschiedlich, aber für die Metro-Group hätte eine Verzinsung der Lieferantenkredite in Höhe des Ausweises im Konzernabschluss 2009 mit 5 % das gesamte Jahresergebnis gekostet. Im Schnitt betrug das Lieferantenziel 98 Tage. Basierend auf den Zahlen des Konzernabschlusses 2010 beträgt das Zahlungsziel bei Praktiker ca. 71 Tage, und bei Hornbach basierend auf dem Konzernabschluss Hornbach Baumarkt AG zum 28.02.2011 etwa 53 Tage. Im Textilhandel ist neben dem Lieferantenkredit auch die Lieferung auf Kommission üblich, weshalb vergleichbare Rechnungen mangels Bilanzierung nicht möglich sind. Dabei ist die Lieferung auf Kommission nichts anderes als ein Lieferantenkredit – nur in einem anderen Rechtskleid.

Vertrauen ist aber nicht nur auf der Bezugs-, sondern auch auf der Absatzseite eines der wichtigsten Kriterien. Egal ob im Handel mit Gütern des täglichen Bedarfs oder mit solchen mit längerer Nutzungsdauer. Ohne Vertrauen des Kunden in den Händler, dass er weder übervorteilt noch über die Eigenschaften des Produkts getäuscht wird, kommt nur selten ein Geschäft zustande. Insbesondere der letzte Punkt wird uns im weiteren Verlauf immer wieder begegnen. Der Absatzkredit und der Handel als Finanzier spielen gerade bei Artikeln mit längerer Nutzungsdauer eine große Rolle.

Der Kreditbrief –
ein Meilenstein in der Entwicklungsgeschichte des Handels

Eine Erfindung der Neuzeit ist der Kredit wahrlich nicht. In der Antike war insbesondere der Seehandel ein gefährliches Geschäft. Die Seeräuberei hatte dermaßen überhandgenommen, dass sich kaum ein Händler allein und ohne Begleitung durch Kriegsschiffe aufs offene Meer hinaustraute. Selbst dann blieb die Fahrt gefährlich. Warum also die Gefahr verdoppeln und Gold oder Silber zur Bezahlung der Waren mitführen? Meist mit dem Handel reich gewordene Bürger boten sich an, einen **Kreditbrief** auszustellen und gegen dessen Vorlage eine bestimmte Summe zu zahlen. Der Kreditbrief konnte auch zum Ausgleich eigener Verbindlichkeiten mittels eines Vermerks an Dritte weitergegeben werden. Der Vorläufer des Wechsels als Zahlungs- und Kreditinstrument war geboren und mit der Zunahme der Handelsbeziehungen und des Handelsvolumens entstand ein eigener **Berufsstand des Bankiers**, der ausschließlich Geldgeschäfte betrieb.

Als Hochburg der Finanzgeschäfte entwickelte sich im 14. Jahrhundert Florenz, das in seiner Blütezeit 80 Bankhäuser beheimatete. Allen voran natürlich auch das der wohlbekanntesten Bankiersfamilie, der Medici. Alle verdienten sie gut an dem Problem, dass es noch keine Währung gab, wie wir sie heute kennen. Das Geld bestand aus geprägtem Edelmetall, vorwiegend Gold und Silber. Hätten aber alle Zahlungen von Land zu Land in Edelmetall erfolgen müssen, wäre das ganze Wirtschaftsleben bald zum Stillstand gekommen. Gold und Silber waren im mittelalterlichen Europa nämlich selten und reichten bei Weitem nicht aus, um die Abgaben an Kaiser, Könige, Fürsten und vor allem die Kirche in barer Münze zu begleichen und zugleich noch die Waren, die über die Landesgrenze kamen, zu bezahlen. Die Entwicklung der Marktwirtschaft wäre also auf die Menge des umlaufenden Metallgeldes begrenzt gewesen.

Die Florentiner Banken vereinfachten das Verfahren, indem sie die Gelder direkt in den jeweiligen Ländern übernahmen und damit die Verbindlichkeiten aus dem Einkauf der Wolle bezahlten und aus dem Erlös für die Tuche wiederum die Kurie. Natürlich nicht, ohne von den Päpsten eine recht hohe Überweisungsgebühr zu kassieren. Aber sie finanzierten auch den Einkauf von Rohstoffen des sich entwickelnden Handwerks. Z. B. von englischer Wolle, die der Handwerker erst bezahlen musste, wenn sie in ordnungsgemäßem Zustand übergeben wurde. Die Florentiner entwickelten auch den **Wechsel**, der im Gegensatz zu dem oben erwähnten Kreditbrief auch die Verpflichtung des Ausstellers beinhaltete, neben dem Bezogenen für den angegebenen Betrag einzustehen. Und die Florentiner entwickelten das Versicherungswesen, das auf der Grundlage mathematischer Wahrscheinlichkeiten gegen Gebühr das Risiko des Untergangs der Ware auf dem Transportweg übernahm.

Es waren auch die Florentiner Bankiers, die den Anstoß zur Entwicklung unserer heutigen **Buchhaltung** gaben. Sollten sie den Rohstoffbezug der Handwerker oder den Handel mit Florentiner Tuchen finanzieren, verlangten sie Rechenschaft über die Vermögensverhältnisse. Die erste Frage galt dem Kapital. Dazu war es erforderlich, sämtliches Vermögen und alle Schulden genau zu erfassen und Bilanz zu machen. Genauestens wurde verzeichnet, welche Vorräte mit welchem Wert wo lagerten, wie hoch die Forderungen gegen welchen Schuldner waren und wem sie selbst welchen Betrag schuldeten.

Die Ursprünge der **Handelsmessen** gehen bis in die Antike zurück. Aus Troyes (Frankreich) ist bekannt, dass sich dort bereits 172 n. Chr. Händler aus verschiedenen Ländern trafen, um Geschäfte abzuschließen. Mit der Zunahme des Handels stieg im Mittelalter auch die Anzahl der Städte, in denen regelmäßig Messen abgehalten wurden. Das Recht, Messen abzuhalten, war sehr begehrt, denn mit den Händlern stieg der Wohlstand der Stadt. Die Kaufleute wiederum brauchten die Messen zum einen natürlich, um ihre Ware anzubieten. Zum anderen aber auch, um sich zu treffen und Geschäfte untereinander abzuschließen. Außerdem traf man sich dort, „um die Bücher auszugleichen". Die Händler und Bankiers untereinander beglichen also ihre Schulden nicht mit großen Summen an Münzgeld, sondern mit „Buchgeld". Längst nicht jeder konnte an diesem Tausch von Forderungen teilnehmen. Man musste schon ein hohes Ansehen haben, d. h., das Vertrauen der Kaufleute genießen.

Vom Münzgeld zum Papiergeld

Handwerker, Bürger, Krämer, Hausierer und auch der Adel waren auf bare Münze angewiesen. Auch der Fernhandel, wenn es darum ging, Metallwaren, Waffen, Porzellan, Glaswaren oder Tücher vom Handwerker oder der Manufaktur zu erwerben, auf die die Kunden in Übersee warteten. Aber was, wenn nicht genug Gold- oder Silbermünzen im Umlauf waren? Oder was, wenn der Materialwert selbst sank? Schwer und unhandlich waren die Münzen auch und so mancher Kipper oder Wipper* trieb sein Unwesen. Die Lösung lag im **Papiergeld**. 1694 erhielten englische Kaufleute von der Regierung in London das Recht, die „Bank of England" zu gründen und mit Auslandswechseln und Edelmetall zu handeln, sowie in gleicher Höhe Banknoten auszugeben. Dafür musste das gesamte Kapital von 1,2 Millionen Pfund Sterling dem Staat zur Verfügung gestellt werden. D. h., der Staat nahm eine Anleihe auf die Bank auf.

Der Schotte John Law erkannte, dass Gold oder Silber für die Menschen und insbesondere die Kaufleute keinen eigenständigen Wert hatten. Der Wert bestand im Vertrauen darauf, jederzeit einen entsprechenden Gegenwert in Waren oder Dienstleistungen zu erhalten. Letztlich ist dem Unternehmer lt. Law egal, ob er Münzen in der Hand hält oder Papierscheine, für deren aufgedruckten Wert eine Bank mit bester Bonität jederzeit einsteht. 1716 wurde in Paris die „Allgemeine Bank & Cie." gegründet. Bei einem Startkapital von 6 Millionen Livres wurden 18 Millionen Livres Banknoten ausgegeben. Law sollte Recht behalten. Allerorts, sogar in London, wurden die Banknoten akzeptiert, mit denen John Law die Kredite an die Kaufleute auszahlte. Man hatte eben **Vertrauen in den Kaufmann** – mehr als in die staatliche Münze, die dem Staatsdefizit mit der Herabsetzung des Silbergehalts den Garaus machen wollte.

Weltweit durchgesetzt hat sich Geld als das staatlich garantierte Versprechen auf eine Gegenleistung in Sachen, Dienstleistungen oder Rechte. Staatliche Notenbanken oder – wie im Fall des Euro die Europäische Zentralbank – tragen mehr oder weniger regierungsunabhängig die Verantwortung für die Geldwertstabilität. Die meisten Währungen sind an den Devisenbörsen frei handelbar und gewährleisten damit die Verfügbarkeit für den Handel rund um den Globus. Die **Konvertibilität** ist auch die Grundlage für die Globalisierung des Kredit- und Anlagemarktes.

---

* Insbesondere in Mitteleuropa weit verbreitete betrügerische Geldentwertung. Dazu erfolgte ein Wippen der Münzen (wiegen auf einer Balkenwaage) und kippen (aussortieren) der schwereren Stücke, aus denen dann unter Zugabe von Blei, Kupfer oder Zinn geringwertigere Münzen hergestellt wurden.

Hinzu kommt der **Derivatemarkt**, der es ermöglicht, Finanzprodukte vom Kredit bis zur Wandelanleihe in seine einzelnen Risikoarten zu zerlegen und getrennt handeln zu können. Geld kennt keine Grenzen mehr und die Finanzwelt ist weltweit so verwoben, dass das Husten einer Großbank gleich eine Lungenentzündung auslöst. Parallel treten Banknote und Münze immer mehr in den Hintergrund. Nicht nur die großen Geldtransaktionen, sondern auch der tägliche Einkauf wird mehr und mehr mit elektronischem Geld abgewickelt. Das ist nicht nur bequem und sicher für den Verbraucher, sondern auch für den Handel. Ganz nebenbei erhöht es auch noch die Ausgabebereitschaft der Konsumenten.

Vertrauen ist die oberste Tugend jeder Geschäftsbeziehung

All das funktioniert nur auf der **Basis des Vertrauens.** Das Vertrauen der Verbraucher, dass der Handel die Daten nicht missbräuchlich verwendet, das Vertrauen der Händler in die Liquidität der Märkte, das Vertrauen der Kreditinstitute, dass ihre Kredite vereinbarungsgemäß zurückgezahlt werden, das Vertrauen der Anleger, dass ihre Ersparnisse samt Zinsen auf Anforderung zur Verfügung stehen und das Vertrauen aller in die Notenbanken, dass die Einlagen auch morgen noch ihren Wert haben.

Was passiert, wenn der Markt das Vertrauen verliert, hat uns im September 2008 die Insolvenz von Lehmann Brothers gezeigt. So gigantisch auch die Vermögensverluste waren, die andere Kreditinstitute, Versicherungsgesellschaften, Kommunen und Privatanleger zu verkraften hatten und in oder an den Rand des Ruins führten, so bestand der größte Schaden im Verlust des Vertrauens. Niemand traute mehr dem anderen. Das Interbankengeschäft kam zum Erliegen. Nur durch weltweit koordinierte staatliche Stützungsmaßnahmen konnte das Finanzsystem stabilisiert werden. Der Schock saß tief und beeinflusste auch die Kreditvergabe an Industrie und Handel. Das Wort von der Kreditklemme machte die Runde. Aus der Finanzkrise wurde die Weltwirtschaftskrise. Weltweit wurden Konjunkturprogramme ins Leben gerufen und belasteten die Staatskasse weiter.

Fehlende Einnahmen aufgrund der Rezession bei gleichzeitig höheren Ausgaben zur Stabilisierung des Finanzsektors und Ankurbelung der Wirtschaft trieben die Staatsverschuldungen weiter in die Höhe. Für die ersten Staaten in zu große Höhen. Mit Irland fing es an. Ohne den Euro-Rettungsschirm wäre Irland zahlungsunfähig gewesen. Alsbald folgten Portugal und Griechenland und der Rettungsschirm wurde immer größer. Im Juni 2011 beschließen die EU-Finanzminister den „Europäischen Stabilitätsmechanismus", der mit einem Volumen von 700 Mrd. € angeschlagenen EU-Mitgliedern helfen und den Euro retten soll.

Doch neues Unheil droht aus den USA. Die gesetzlich festgelegte Schuldenobergrenze von 14,3 Billiarden Dollar ist erreicht und ohne Erhöhung droht die Zahlungsunfähigkeit. Die Ursache liegt auch hier in den teuren Rettungs- und Konjunkturprogrammen sowie in den gestiegenen Sozialleistungen bei rezessionsbedingt niedrigeren Steuereinnahmen. In quasi letzter Sekunde konnte die Katastrophe noch abgewendet werden. Aber mit welcher Konsequenz? Das Vertrauen der Menschen und insbesondere der Kapitalanleger in die Politik, die Schuldensituation ihrer Länder im Griff zu haben, ging verloren, und an den Börsen zeichneten sich Szenarien wie zu Beginn der Weltwirtschaftskrise 2008/09 ab.

Rechtssicherheit schafft Vertrauen

Eine der Grundlagen für Vertrauen ist die **Rechtssicherheit**. Das Vertrauen darauf, im Schutzbereich eines für alle geltenden Rechts sein Geschäft abwickeln zu können. Das Vertrauen auf nachhaltige Regeln und eine sichere Kalkulationsgrundlage. Willkür schafft genauso Misstrauen wie Eingriffe von Regierungen sowie deren Staatsapparat in die Mechanismen des freien Handels.

Die Pioniere des Handels müssen recht wagemutige Gesellen gewesen sein. Nicht nur, dass sie sich auf ihren langen Reisen den Naturgewalten aussetzten und damit rechnen mussten, von Piraten und Räuberbanden überfallen zu werden. Auch am Bestimmungsort angekommen, war längst nicht sicher, dass sie für die mitgebrachten Waren auch entlohnt wurden. Sie waren Fremde, Eindringlinge, und vielleicht wollten sie mit den Waren ja auch nur über ihre wahren Absichten hinwegtäuschen. Soweit es Gesetze gab, galten sie für die Fremden nicht. Sie waren auf das Wohlwollen der Herrscher des jeweiligen Landes angewiesen und konnten nur auf deren Einsicht hoffen, dass Gewalt den Handel nur davon abhalten würde, die begehrten Waren ins Land zu bringen.

Es war ein weiter Weg von der Rechtlosigkeit bis hin zu dem **Netz nationaler und internationaler Rechtsnormen**, wie wir es heute kennen. Ein Netz, von dem so manch einer behauptet, dass man sich darin eher verfängt, als dass es einen auffängt. Der sumerische König Urukagina von Lagasch hielt bereits im 24. Jahrhundert

v. Chr. in einer Inschrift fest: „Zahle in gutem Gelde". Gerichtet war diese Aufforderung an jedermann, sei es der König, ein Priester oder der Mann von der Straße, der das Eigentum eines anderen erwerben wollte. Geschützt durch diesen Rechtsgrundsatz kamen die Händler gerne und es entwickelte sich bald ein lebhafter Handel im sumerischen Reich.

Staatsdiener als Händler – ein unüberbrückbarer Widerspruch

Aber so wie das Recht den Raum bieten kann, in dem sich Handel entfaltet und Wohlstand im Land schafft, kann Recht diesen Raum auch einengen oder gar gänzlich nehmen und ein Land in die Armut treiben. Niemand wird behaupten wollen, dass allein die Übernahme des Gewürzhandels mit Westindien durch die portugiesische Krone zum Staatsbankrott 1560 führte. Aber er hatte einen nicht unbedeutenden Anteil daran. Als die Portugiesen den Seeweg nach Indien entdeckten, stießen sie auf ein gut ausgebautes Handelsnetzwerk, das fest in der Hand der Araber lag. Die von den Portugiesen angebotene Handelsware stieß bei den verwöhnten Arabern aber auf wenig Gegenliebe. Sie schickten die Portugiesen wieder nach Hause mit der Empfehlung, das nächste Mal doch mit Gold oder zumindest Kupfer zu kommen. Dann könne man über Geschäfte reden. Die Portugiesen kamen – aber nicht mit Gold, sondern mit Waffen. Nicht um Handel zu treiben, sondern um die Araber mit Gewalt zu vertreiben. Und nicht nur das! Die Beamten und Höflinge sahen überhaupt nicht ein, dass Händler an der durch die Krone finanzierten Entdeckung des Seeweges nach Indien verdienen sollten. Kurzerhand übernahm die Krone den Gewürzhandel selbst und leitete ihn über Lissabon.

Beamte sind aber nun mal keine Händler und so kam es, wie es kommen musste. Nicht nur die hohen Kosten für die Ausrüstung und Unterhaltung der Kriegsflotte, sondern auch für die Befestigung der Handelsniederlassungen und Verteidigung verschlangen riesige Summen, die nicht in den Preisen kalkuliert waren. Hinzu kamen Festpreise, zu denen unabhängig vom Marktwert die Gewürze von amtlichen Vertretern gekauft wurden, und viele offene Hände, die gefüllt werden wollten, bevor die Gewürze auf den europäischen Markt kamen. Aber letztlich entscheidend war das stetig steigende Angebot an Silber, insbesondere aus den spanischen Minen in Mittel- und Südamerika, mit denen die Europäer ihren Warenimport bezahlten. Der Wechselkurs wandte sich gegen die Portugiesen, die auf den Import angewiesen waren. Die Staatseinnahmen stiegen allerdings nicht so schnell wie die Ausgaben. 1560 stellte die portugiesische Krone die Zahlungen ein.

Die spanische Krone musste in der zweiten Hälfte des 16. Jahrhunderts gleich drei Mal, 1557, 1575 und 1596, den Staatsbankrott erklären. Zwar nahmen sie die Hilfe der Kaufleute gerne an, um die vermeintlichen Reichtümer der Neuen Welt nach Europa zu bringen. Leider war das kaufmännische Rechnen weder dem König noch dem Adel oder den Beamten in die Wiege gelegt worden. Anders als die Portugiesen in Indien stießen die Spanier in der Neuen Welt nicht auf eine ausgeprägte Handelslandschaft. Das Land wie die Silberminen in 4.000 Metern Höhe mussten erst erschlossen werden. Straßen mussten gebaut werden und natürlich Städte und Häfen. Truppen waren erforderlich, um die spanischen Landsleute vor den „Wilden" zu schützen und natürlich das Silber vor Diebstahl. Letztlich galt es, die wertvollen Schiffsladungen vor den Überfällen der Piraten zu schützen, die auf den Schiffsrouten zwischen der Neuen Welt und Spanien immer mehr ihr Unwesen trieben.

Die **Erschließung und Ausbeutung der Silbergruben** übernahmen private Unternehmer und die Händler besorgten den Transport. Der Krone stand ein Fünftel der Silberausbeute zu. Das hört sich zunächst einmal nach einem Geschäft an, an dem alle verdienten. Tatsächlich verdienten alle an dem Geschäft – außer der spanischen Krone. An ihr blieben nämlich die Kosten hängen für den Straßenbau, Bau von Städten und Häfen, die Unterhaltung der Soldaten und nicht zu vergessen auch der Statthalter, die den Anspruch der spanischen Krone auf die neuen Besitztümer hoch hielten und sich dafür reichlich belohnen ließen. Dennoch, dank der ergiebigen Silberminen der Neuen Welt stiegen die Staatseinnahmen ständig. So hatten es die spanischen Eroberer dann auch nicht schwer, die Krone von weiteren Exkursionen und Eroberungszügen zu überzeugen auf der Suche nach neuen Reichtümern und dem sagenumwobenen El Dorado. Die Silberlieferungen, die in Spanien ankamen, reichten zur Finanzierung schon lange nicht mehr und die Krone verpfändete fleißig künftige Silberlieferungen gegen Kredite europäischer Bank-, aber auch Handelshäuser.

Dann waren da auch noch die **Kriege in Europa und auf den Weltmeeren**. Allein zur Finanzierung des Krieges gegen Frankreich sollte Spanien eine Million Dukaten beisteuern, was im Staatshaushalt 1543 ein Loch von rund 700.000 Dukaten riss. Eine eigene Kriegsflotte wurde allein dafür unterhalten, die französischen und englischen Piraten in Schach zu halten, die immer wieder mit Erlaubnis ihrer Regenten die Silbertransporte angriffen und oft, ja zu oft, Erfolg hatten. Und wieder mussten die Silberlieferungen aus der Neuen Welt dafür herhalten.

Europa wurde regelrecht von Silber und den Versprechen auf weitere Silberlieferungen überflutet. Schließlich war da ja auch noch der Silberanteil der Bergwerksbesitzer und all derer, die am Silbergeschäft beteiligt waren. Das ganze Silber hatte ja nur dann Wert, wenn man dafür Waren erwerben konnte und die gab es nun mal nicht in der Neuen Welt. Niemand bedachte, dass auch der Wert von Edelmetallen von Angebot und Nachfrage bestimmt wird. Die Kaufkraft des Silbers fiel. Allein in der zweiten Hälfte des 16. Jahrhunderts halbierte sich sein Wert.

1557 war es zum ersten Mal so weit. König Phillip II. von Spanien stellte seine Zahlungen ein und riss etliche Bankhäuser mit in den Abgrund. Auch die reichen Handelshäuser, wie das der Fugger, mussten enorme Summen abschreiben. Die Beamten sollten es nun richten! Die Steuerschraube wurde beträchtlich angezogen. Einfuhrzoll, Ausfuhrsteuer, Umsatzsteuer und eine extra Steuer für Waren, die nach Amerika gingen, wurden eingeführt. Dazu eine Abgabe für begleitende Kriegsschiffe, eine Abgabe zur Bezahlung des Admirals in Amerika und seiner Kriegsflotte. Beamte mussten im ersten Jahr ihrer Anstellung die Hälfte ihres Einkommens abgeben. Stand wieder eine Aktion gegen die überbordende Piraterie in der Karibik an, kamen nochmals einmalige Abgaben hinzu. Kaum zu kalkulieren war für den Handel diese Steuerpolitik, die mehr Ähnlichkeiten zu einer Enteignungspolitik durch die Hintertür aufwies. Unter dem Druck immer neuer und vor allem höherer Steuern stellten immer mehr Unternehmer ihre Gewerbetätigkeit ein.

Die **Inflation** wechselte vom Trab in den Galopp. In Spanien sollten Höchstpreise die Inflation stoppen. Sie führten aber nur dazu, dass immer weniger Landwirte ihre Felder mit Getreide bebauen wollten. Auch die massiv ausgebaute Schafzucht brachte nichts mehr ein, nachdem sich die spekulativ hochgetriebenen Preise für die Wolle in Luft auflösten. Die Wirtschaft wurde regelrecht abgewürgt. Die spanischen Messen verödeten. Die Staatseinnahmen lagen ständig unter den Ausgaben. Die Schulden stiegen ins Unermessliche.

Schulden in halb Europa

Halb Europa gehörte zu den Gläubigern. Auch die Grimaldis und Spinolas aus Genua, die Fugger aus Augsburg, die Espinosas und Morgas aus Sevilla und viele andere. 1575 war es dann zum zweiten Mal so weit. Die Krone machte in ihrem Dekret über die Zahlungseinstellung den Wucher und die „unausgesetzte Geldausfuhr" als Schuldigen aus. Das sollte sich als weiterer Fehler herausstellen und lieferte die Grundlage des nächsten Staatsbankrotts 1596. 1577 erließ die spanische Krone ein Ausfuhrverbot für Geld jeder Art. Aber wie sollte Spanien an die Waren kommen,

Die Geschichte des Handels

die auf den Weltmärkten gefragt waren, wenn kein Geld, sprich Silber, das Land verlassen durfte? Was die Spanier anzubieten hatten, wollte niemand erwerben und was insbesondere die großen Herren in Amerika wollten, hätten die Spanier mit Geld bezahlen müssen.

Dann folgte die nächste fatale Fehlentscheidung: In Amerika hatten sich die Landwirtschaft und das Gewerbe gut entwickelt. Aber was sollte Spanien liefern, wenn ihre Kolonien alles selbst produzierten? Also wurde die Unternehmungslust der spanischen Siedler massiv gedrosselt. 1595 wurde ihnen gar der Anbau von Wein verboten. Nur von Sevilla aus durften überhaupt noch Schiffe in die Neue Welt fahren. Aber nicht, wenn die Neue Welt nach Waren verlangte, sondern zu festgelegten Zeiten. Zunächst zweimal im Jahr und dann immer seltener. Was zu Beginn des 17. Jahrhunderts in Spanien als Handel übrig blieb, verdient kaum diesen Namen.

Wer auf den letzten Seiten Parallelen zur aktuellen Situation und den oft – zu oft – von wenig kaufmännischem oder aufgrund der Spezialisierung der sozialwissenschaftlichen Disziplinen volkswirtschaftlichem Sachverstand geprägten Entscheidungen zur Lösung der Eurokrise und der z. T. haarsträubenden, in der Regel polemischen Argumentation der politischen Gegner erkennt, dem sei an dieser Stelle gesagt, dass diese rein zufällig und vom Autor nicht beabsichtigt sind.

Fast alle Beispiele stammen aus dem so genannten Fernhandel. Wie aber war es um den Einzelhandel bestellt? Wie um den Händler an der Ecke? Es gab ihn schlichtweg nicht, oder, um genauer zu sein, er war nicht der Rede wert. Warum eigentlich nicht?

Handel braucht freie Räume

Es gab zwar den Krämer, den Höker und den fahrenden Händler oder Hausierer. Um aber den heimischen Handwerker zu schützen, durften diese nur anbieten, was in der Stadt nicht selbst hergestellt wurde. Umgekehrt durften die Händler aber auch nur kaufen, was der Handwerker in der Stadt nicht selbst verkaufen konnte. Von der Theorie des komparativen Kostenvorteils hatten weder die Regierenden auf Länder- noch auf Städteebene etwas gehört, und so zogen sie Mauern aus Zöllen und Verboten um ihr Herrschaftsgebiet und bewirkten das Gegenteil. In Frankreich, Spanien, England, Holland und auch in Deutschland bestimmte das **Gedankengut** der Merkantilisten seit dem 16. Jahrhundert die Wirtschafts- und Finanzpolitik. Im Mittelpunkt stand natürlich das Bedürfnis der absolutistischen Herrscher nach wachsenden Einnahmen zur Finanzierung der stehenden Heere, des wachsenden Beamtenapparates und der repräsentativen Bauten. Das Credo der Merkantilisten erscheint auf den ersten Blick ja auch einleuchtend: „Exporte erhöhen und Importe durch hohe Zölle unterbinden". Während die Franzosen, Engländer und Spanier es aber schafften, zumindest innerhalb der jeweiligen Landesgrenzen die Handelsschranken und Wegezölle weitgehend zu beseitigen, litt Deutschland noch lange Zeit unter der Uneinigkeit und Zerrissenheit. Mit der Folge, dass sich die Landesfürsten nur den eigenen Geldbeutel füllten. Unter solchen Bedingungen konnte sich weder ein Einzelhandel entwickeln, noch bestand ein großer Anreiz für das Gewerbe, mehr zu produzieren, als in unmittelbarem Umfeld gebraucht wurde.

Auch der Fernhandel kam weitestgehend zum Erliegen. Zumindest insoweit, als er nicht mit den eigenen Kolonien betrieben wurde. Dafür gab es reichlich Streitpotenzial mit den Nachbarstaaten. Streit um die Kolonien, Streit um die Durchbrechung von Handelsverboten, Streit um Abgaben und Zölle. Ständig herrschte Krieg. Spanien gegen Frankreich, Frankreich gegen die Habsburger, Spanien und England gegen Frankreich, England gegen Spanien, Österreich gegen die Türken, Schweden gegen die Polen, Polen gegen Russland und Frankreich gegen den Rest der Welt. Hinzu kamen die Bauernkriege in Deutschland und Österreich, sowie die Kriege, die deutsche Fürsten und Markgrafen gegeneinander führten. Ab dem 17. Jahrhundert kamen noch die Eroberungskriege hinzu und ab dem 18./19. Jahrhundert vermehrt die Unabhängigkeitskriege in den Kolonien.

Freier Handel schafft Wohlstand

Wie sollte sich in diesem Umfeld permanenter Unsicherheit und merkantilistischem Gedankengut ein florierender Handel entwickeln? Der Handel will keine Länder erobern. Allenfalls das Vertrauen seiner Handelspartner. Aber wie soll das gehen, wenn plötzlich die Ausfuhr von Geld verboten oder eine Handelssperre bzw. Seeblockade verordnet wird? Wem kann man vertrauen, wer hat morgen das Sagen? Wer heute noch Freund ist, kann schon morgen zum Feind erklärt worden sein.

Auch dank *Adam Smith* und seinem *1776* erschienenen *Buch „Wohlstand der Nationen"* verabschiedete sich Großbritannien bereits im Laufe des 18. Jahrhunderts kontinuierlich von den merkantilistischen Regulierungen und realisierte im

19. Jahrhundert den von Smith propagierten Freihandel. Auf dem europäischen Festland verlief die wirtschaftliche Liberalisierung langsamer. In Frankreich hielt sich der Merkantilismus bis zur „Französischen Revolution" und in Deutschland gar bis ins frühe 20. Jahrhundert. Überhaupt waren das 19. und 20. Jahrhundert eine sehr spannende und geradezu umwälzende Zeit für den Handel. In diesen 200 Jahren veränderte sich mehr als in den 2.000 Jahren zuvor. Dabei fanden die Veränderungen zunächst auf ganz anderen Gebieten statt.

Auch wenn uns die Geschichtsdaten aus den letzten beiden Jahrhunderten zunächst ein anderes Bild vermitteln und die nach Toten und Vernichtung von Sachwerten bemessen wohl schrecklichsten Kriege zeigen, waren sie auch dadurch gekennzeichnet, dass die Welt näher zusammenrückte. Ein Stück weit vielleicht auch wegen der verheerenden Auswirkungen der kriegerischen Auseinandersetzungen, angefangen bei den napoleonischen Kriegen bis hin zum Ersten und insbesondere dem Zweiten Weltkrieg.

Nach der Niederlage Napoleons fand zwischen September 1814 bis Juni 1815 der **Wiener Kongress** statt, in dem die europäische Landkarte neu gezeichnet wurde. Dabei ging es insbesondere um die Herstellung des Gleichgewichts der fünf Großmächte Frankreich, Preußen, Großbritannien, Russland und Österreich zwecks langfristiger Sicherung des Friedens. Ergänzend schufen Preußen, Russland und Österreich die so genanntere Heilige Allianz mit der Verpflichtung zur christlich patriarchalischen Regierung, der Solidarität und der Intervention gegen alle nationalen und liberalen Bestrebungen, die sich zusammen mit dem immer selbstbewusster auftretenden Bürgertum stark verbreiteten.

Ebenfalls im Rahmen des Wiener Kongresses tagte das „Deutsche Komitee", in dem Vertreter von 41 deutschen Staaten und freien Städten über die künftige Staatsordnung diskutierten. Insbesondere von Metternich ging von einer stark zentralistischen Lösung aus mit einer im Kern bundesstaatlichen Ordnung und starken Zentralorganen. Der Plan scheiterte jedoch und man einigte sich auf den kleinsten gemeinsamen Nenner in Form eines losen Bundes souveräner Staaten unter Österreich als Präsidialmacht. Als Verfassung wurde die Deutsche Bundesakte verabschiedet, in der jedoch sowohl auf eine starke Exekutive als auch auf die Einrichtung eines obersten Bundesgerichts verzichtet wurde. Damit war der Versuch, die Kleinstaaterei, in der jeder seine eigenen wirtschafts- und finanzpolitischen Ziele verfolgt, zu beenden, letztlich gescheitert. Dem immer lauter formulierten Wunsch der Bevölkerung nach Schaffung eines einheitlichen deutschen Nationalstaates kamen

Der Wiener Kongress – Ergebnisse im Überblick

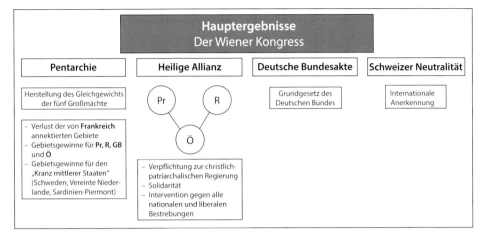

Quelle: Peter Schommer/eigene Darstellung

die Fürsten nicht nach. 1817 versammelten sich zahlreiche Studenten auf dem Wartburgfest unter dem Motto: „Da alles anders gekommen, als wir es erwartet". Obwohl von Metternich 1819 in den Karlsbader Beschlüssen die Burschenschaften und alle anderen politischen Gruppierungen verbieten ließ und eine umfassende Zensur einführte, konnte er letztlich das weitere Erstarken der deutschen Nationalbewegung nicht verhindern. Bestärkt durch die Julirevolution in Frankreich fand die Bewegung im Hambacher Fest mit 30.000 Teilnehmern einen vorläufigen Höhepunkt. 1848 brachen dann alle Dämme. Der Februarrevolution in Frankreich folgte die Märzrevolution in den deutschen Staaten. In Baaden, Preußen, Österreich, Oberitalien, Ungarn, Bayern und Sachsen; überall erhoben Revolutionäre ihre Forderungen nach Volksbewaffnung mit freien Wahlen der Offiziere, unbedingter Pressefreiheit, Schwurgerichte nach dem Vorbild Englands und sofortiger Herstellung eines deutschen Parlaments.

Ein Land – Deutschland entsteht

Am 28. März 1849 war es dann endlich so weit: Die *Paulskirchenverfassung* wurde verabschiedet, die einen Bundesstaat mit zentraler Regierung unter Leitung eines erblichen Kaisertums und einem Reichstag als Legislative vorsah. Die Verfassung bildete eine Grundlage für die Weimarer Verfassung und das Grundgesetz. Weiter wurde ein allgemeines Wahlrecht vereinbart.

Man wähnte sich schon kurz vor dem Ziel, als der preußische König Friedrich Wilhelm IV. die Kaiserkrone ablehnte und die meisten deutschen Staaten in der Folge ihre Abgeordneten aus Frankfurt abzogen. Die Verfassung trat nie in Kraft. Einige der während der Revolution gemachten Zugeständnisse wurden wieder rückgängig gemacht. Erhalten blieb z. B. in Preußen und einigen anderen Staaten die Verfassung und die Gewerbefreiheit. Geblieben waren aber auch neben dem Adel und den Bauern die im Rahmen der industriellen Revolution entstandenen Klassen der Akademiker und des Bildungsbürgertums sowie des Proletariats, die beharrlich ihr Recht einforderten.

Wandte sich der 1849 wieder gegründete Deutsche Bund zunächst noch mit koordinierten polizeilichen Maßnahmen gegen die Opposition, wurden 1860 die Bildung politischer Zusammenschlüsse wieder zugelassen. Es entstanden neue Parteien und Gewerkschaften. 1863 z. B. der Allgemeine Deutsche Arbeiterverein, der später in der heutigen SPD aufging.

Infolge des „Deutschen Kriegs 1866" löste sich der Deutsche Bund wieder auf und es entstand der Norddeutsche Bund unter Führung Preußens, der im Wesentlichen die Staaten nördlich der Mainlinie umfasste. Bayern, Württemberg und Baden blieben zunächst unabhängig, konnten aber von Bismarck durch Zugeständnisse später zum Beitritt bewogen werden. Am 18. Januar 1871 war es dann so weit. Im Spiegelsaal von Versailles wurden die Gründung des Deutschen Reiches und die Ernennung des preußischen Königs Wilhelm I. zum „Deutschen Kaiser" vollzogen. In den folgenden Jahren wurde die Zivilehe eingeführt und das Schulwesen unter staatliche Aufsicht gestellt. Wirtschaftlich löste die Reichsgründung mit der Schaffung eines einheitlichen Wirtschaftsraums ein rasantes Wirtschaftswachstum aus, das aber 1873 in eine Wirtschaftskrise mündete. In einer geradezu euphorischen Stimmung und einem ungebremsten Fortschrittsoptimismus entstanden laufend neue Aktiengesellschaften, deren Anteile an den Börsen zu ständig steigenden Kursen gehandelt wurden. Zugleich wurden die Produktionskapazitäten ohne Rücksicht auf realistisch eingeschätzte Absatzmöglichkeiten ausgedehnt und riesige Leerkapazitäten entstanden. Der Wohlstand schaffende „Freie Handel" wurde ganz offensichtlich mit der uneingeschränkten und unkontrollierten „Freiheit des Handels" verwechselt.

Ende April 1873 platzte die Blase, als die österreichische Creditanstalt in einer Blitzaktion 20 Millionen Gulden in Wertpapieren aufgrund von Gerüchten um eine in Paris bevorstehende Börsenpanik liquidierte. Wenige Tage später, am 9. Mai 1873, meldete ein angesehenes Wiener Kommissionshaus Insolvenz an. Allein 120 Firmen gingen in Österreich-Ungarn an diesem Tag in Konkurs. Die Aktienkurse stürzten von durchschnittlich 180 auf zehn Gulden, die Wiener Börse brach zusammen. Im Sommer 1873 erfasste die Krise London und New York, im Oktober 1873 erreichte sie auch Berlin. Die Leidtragenden waren das wohlhabende Bürgertum, das sein Vermögen in der Hoffnung auf hohe Dividenden und Kursgewinne an der Börse investiert hatte und die vielen Arbeiter, die nun auf der Straße standen.

Erwerbslosigkeit, Proletarisierung und Urbanisierung rückten die soziale Frage in den Mittelpunkt der Politik. Zwar setzte Bismarck 1878 die Sozialistengesetze durch, die aber die weitere Ausbreitung sozialistischer Ideen nicht verhindern konnten. Um einer Radikalisierung der Arbeiter entgegenzuwirken, wurden in den Jahren 1883 und 1884 die Krankenversicherung, die Unfallversicherung und die Rentenversicherung eingeführt. Eine noch größere Errungenschaft war wohl die Einführung des Bürgerlichen Gesetzbuches 1896, das im Kern noch heute Bestand hat.

Die Entwicklung eines einheitlichen Wirtschaftsraums im 20. Jahrhundert

Die Geschichte bis zur Schaffung eines einheitlichen Wirtschaftsraums, der Industrialisierung und der daraus resultierenden sozialen Konflikte liest sich wie der Chart des DAX in volatilen Zeiten, und dieses Auf und Ab setzte sich auch im 20. Jahrhundert fort. Zwar war nun ein einheitlicher Wirtschaftsraum Deutschland geschaffen. Die Zukunft Deutschlands hing aber entsprechend der Reichsverfassung entscheidend vom Geschick seiner Kaiser ab. Während Kaiser Wilhelm I. mit seinem Reichskanzler Bismarck dieses Geschick wohl hatte, sah sich Wilhelm II. zu Höherem berufen, entließ den Reichskanzler und nahm die deutsche Außenpolitik in die eigene Hand. Innenpolitisch verschärfte sich der Konflikt mit der Sozialdemokratie, und außenpolitisch startete der Kaiser den Beginn der imperialistischen deutschen Weltpolitik mit der Folge der Verschlechterung der Beziehungen zu Großbritannien und Frankreich. Über die Balkanfrage stellte sich auch Russland an die Seite der beiden Westmächte. Lediglich Österreich-Ungarn und das osmanische Reich blieben verbündet. Die Ermordung des österreichischen Thronfolgers Franz Ferdinand führte 1914 zum Ersten Weltkrieg gegen Russland im Osten, Frankreich im Westen und England im Norden. Als die Flotte im Oktober 1918 noch einmal gegen die Royal Navy auslaufen sollte, meuterten die Matrosen. Schnell breitete sich der Aufstand aus, der Kaiser dankte ab und die Republik wurde ausgerufen.

Zwar wurden zahlreiche Reformen, wie das Frauenwahlrecht und der Achtstundentag, umgesetzt. Die Weimarer Verfassung enthielt jedoch wesentliche Schwachpunkte. So sah sie einen Reichspräsidenten mit weitgehenden Machtbefugnissen, eine Art Ersatzkaiser, vor, sowie die Änderbarkeit mittels qualifizierter Mehrheit. Außerdem wurde auch extremen Splitterparteien der Einzug ins Parlament ermöglicht. Zwar erlebte Deutschland trotz aller Schwierigkeiten die so genannten „Goldenen Zwanziger Jahre". Mit Ausbruch der Weltwirtschaftskrise 1929 begann aber das Ende der Weimarer Republik. Über sechs Millionen Arbeitslose bereiteten den Boden für eine Radikalisierung der politischen Lage. Am 30. Januar 1933 wurde Adolf Hitler zum Reichskanzler ernannt und die Weimarer Republik durch die Diktatur des Nationalsozialismus abgelöst. Die Grundrechte wurden eingeschränkt, die KPD wie später auch die restlichen demokratischen Parteien verboten. Das uneingeschränkte Gesetzgebungsrecht lag bei der Regierung. Die politische Souveränität der Länder wurde aufgehoben, die Pressefreiheit abgeschafft und die Gewerkschaften verboten. Außerdem wurden alle Organisationen und Vereine in bestehende NS-Organisationen eingegliedert. Die pluralistische Gesellschaftsstruktur wurde radikal ausgemerzt.

Zunächst schienen die Nationalsozialisten den Deutschen gut zu tun. Der Autobahnbau und die Rüstungsaufträge schufen Arbeit und das Freizeitangebot an die Jugend konnte bei oberflächlicher Betrachtung begeistern. Die Presse schrieb nur, was die Partei erlaubte, und wer hatte sich schon mit dem Parteiprogramm der NSDAP oder dem 1926 erschienenen Buch „Mein Kampf" intensiv auseinandergesetzt?

Größen- und Rassenwahn mussten aber letztlich in einem Zweiten Weltkrieg münden. Die Weltmächte konnten nicht zulassen, dass Deutschland die europäische Landkarte nach eigenen Wünschen neu zeichnet und selbstherrlich über das Existenzrecht ganzer Völker entschied. Erst am 7. Mai 1945 erfolgte die bedingungslose Kapitulation Deutschlands. Zurück ließ das NS-Regime mehr als 53 Millionen tote Zivilisten und Soldaten als Folge des Krieges sowie mehr als 13 Millionen Tote als Folge der Juden-, Sinti- und Romaverfolgung, Euthanasiegesetze, politischer Verfolgung und Kriegsgefangenschaft. Dabei handelt es sich um eine vorsichtige Schätzung. Andere Schätzungen gehen von insgesamt etwa 80 Millionen aus. Außerdem lag halb Europa in Schutt und Asche. Ein viel zu hoher Preis für die Erkenntnis, dass Frieden und Wohlstand nur im Miteinander der Völker erreicht werden kann und nicht gegeneinander.

Obwohl wir zuvor beteuert haben, dass dies kein Geschichtsbuch wird, haben wir nun doch viel über die Geschichte des 19. und 20. Jahrhunderts geschrieben. Da Sie diesen Satz lesen, gehören Sie glücklicherweise nicht zu denjenigen, die das Buch entnervt zur Seite gelegt haben. Grund dazu hätten Sie gehabt, denn es ist nicht direkt ersichtlich, was insbesondere die Geschichte der letzten beiden Jahrhunderte mit dem Thema dieses Buches zu tun hat. Aber wenn Sie jetzt noch einmal resümieren, werden Sie zugeben, dass gerade die Geschichte der letzten beiden Jahrhunderte, die Veränderungsunwilligkeit des Menschen aufzeigt. Große Veränderungen gehen immer mit großen Krisen einher:

Weniger beachtet, aber nichtsdestoweniger durchaus von Bedeutung, waren z. B. Beschlüsse, zu denen es der Notwendigkeit eines Wiener Kongresses bedurfte. So wurde auf britischen Druck die Ächtung der Sklaverei im Artikel 118 der Kongressakte durchgesetzt. Außerdem wurde eine Übereinkunft über die Freiheit der internationalen Flussschifffahrt und eine juristisch verbindliche Regelung des Gesandtschaftsrechts getroffen. Einen Wiener Kongress hätte es aber ohne die verheerenden Ergebnisse der napoleonischen Kriege nie gegeben.

Oder nehmen wir die **Internationale Handelskammer**, gegründet 1919 nach dem Ende des Ersten Weltkrieges mit der Überwachung der Reparationszahlungen als ein Interessensgebiet und natürlich mit dem 1923 gegründeten **Internationalen Schiedsgerichtshof**, der ältesten Institution zur gütlichen Beilegung von Streitigkeiten im internationalen Warenverkehr einschließlich Piraterie, Produktpiraterie und Geldwäsche.

Bereits nach dem Ersten Weltkrieg wurde der „**Völkerbund**" mit dem Ziel der dauerhaften Sicherung des Friedens geschaffen, der aber mangels Beitrittsinteresses vieler Länder einschließlich der USA scheiterte. Es bedurfte eines Zweiten Weltkrieges zur Gründung der Vereinten Nationen. Dieses Mal mit breiter Unterstützung auch der so genannten Weltmächte.

Auch die Gründung der **OEEC** als Vorläufer der **OECD** 1948 wäre ohne den Zweiten Weltkrieg nicht erfolgt, war doch das Anliegen der OEEC die Erarbeitung eines Konzepts zum gemeinschaftlichen, wirtschaftlichen Wiederaufbau Europas. Und wer weiß, ob nicht nur für den Handel so wichtige Abkommen wie das GATT (1947), aus dem letztlich 1995 die WTO hervorgegangen ist, auch ohne das Bewusstsein um die verheerenden Auswirkungen gewaltsamer, zwischenstaatlicher Konfliktlösungen so schnell in Kraft getreten wären.

An der Stelle gilt es, ein kleines *Fazit* zu ziehen. Was bedeutet dies alles für den Handel heute? Auch wenn es in der Welt immer wieder Krisenherde und in der Folge kriegerische Auseinandersetzungen gibt, können wir doch auf eine sehr lange Periode des relativen Friedens zurückschauen. Auf europäischem Boden währt dieser Friedenszustand nun schon seit 65 Jahren, wenn wir den NATO-Einsatz im ehemaligen Jugoslawien außer Acht lassen. Insgesamt kann diese Periode weltweit eher als eine Zeit der Einigung und Annäherung bezeichnet werden. Die militärischen Auseinandersetzungen sind regional begrenzt und für den Welthandel eher von untergeordneter Bedeutung. Und es ist glücklicherweise nicht erkennbar, dass sich dies in absehbarer Zeit ändern wird.

Unsicherheit und Bedrohung kommt eher von einer ganz anderen Seite. Z. B. durch den **Kampf um Rohstoffe und Nahrungsmittel**. Auf der einen Seite ist der wirtschaftliche Aufschwung insbesondere der so genannten BRIC-Staaten zu begrüßen, da er für Absatz und Arbeitsplätze sorgt. Andererseits entwickeln sich damit große Konkurrenten um die begehrten Rohstoffe und nicht zuletzt der Anbaugebiete für Nahrungsmittel. Wirtschaftlicher Aufschwung bedeutet z. B. in **China** auch, dass ein immer größerer Teil der mehr als 1,3 Milliarden Menschen am Konsum der westlichen Welt teilhaben will. Fleisch und insbesondere Schweinefleisch steht ganz oben auf der Liste der begehrten Nahrungsmittel. Eigentlich kein Problem für so ein großes Land, könnte man denken. Obwohl China ca. 20 % der Weltbevölkerung stellt, beträgt die landwirtschaftlich nutzbare Fläche nur 7 %. Den Bemühungen, die Ertragskraft der Landwirtschaft zu verbessern, stehen ein ungebremstes Bevölkerungswachstum sowie ein stark steigender Anteil der Bevölkerung gegenüber, die sich mehr als nur Reis leisten kann und will.

Nicht ganz so, aber tendenziell ähnlich sieht es in **Indien** mit seinen knapp 1,2 Milliarden Menschen aus. Auch hier wächst der Anteil derer, die an den Wohlstandsattributen partizipieren wollen, wozu auch Lebensmittel gehören. Noch, so die Experten, reichen die Ertragsreserven der landwirtschaftlichen Produktion durch Flächenerschließung und Einsatz bzw. Entwicklung ertragsstarken Saatguts aus, um die Welternährung sicherzustellen. Noch! Aber was, wenn die Prognosen eintreffen und 2050 über 9 Milliarden Menschen ernährt werden wollen?

Dass Konflikte nicht mit Gewalt zu lösen sind, wissen wir und es bleibt zu hoffen, dass wir uns zu gegebener Zeit daran erinnern. Genauso wissen wir, dass Protektionismus letztlich allen schadet. Gleichwohl ist das merkantilistische Gedankengut nicht vollständig aus der Weltwirtschaftsordnung getilgt. Beispiel dafür ist das aktuelle Angebot Chinas, bei der Bewältigung der Staatsverschuldung der westlichen Welt zu helfen, um dafür im Gegenzug die Aufhebung von Einfuhrbeschränkungen zu verlangen. Tendenziell haben die Beschränkungen aber abgenommen und auch die Erkenntnis, dass kein Land, auch nicht die USA, in der Lage ist, den Wohlstand seiner Bürger zu sichern, indem es sich gegenüber anderen Ländern abschottet, wird weitere Barrieren fallen lassen.

Anders als Handelswaren kennt **Geld** längst keine Grenzen mehr. Diese Entwicklung erscheint unumkehrbar. Zumindest scheinen die Auswirkungen eines Rückfalls in frühere Zeiten den Führern der großen Wirtschaftsnationen bewusst zu sein, wie der aktuelle Kampf um die Zukunft des Euro zeigt.

Auch was die **Rechtssicherheit des Handels** betrifft, ist die Welt auf einem guten Weg. Natürlich gibt es noch immer Nachholbedarf, auch große Länder betreffend. So sind z. B. Russland und China bereits seit 1945 Mitglied der Vereinten Nationen. Russland ist aber nicht Mitglied der WTO. Laut Homepage der WTO machen die Aufnahmeverhandlungen aber gute Fortschritte. China ist dagegen seit Dezember 2001 Mitglied der WTO, hat aber das General Agreement of Tariffs and Trade bisher nicht unterschrieben.

Es gibt auch nach wie vor unterschiedliche Auffassungen zu den Menschenrechten oder zur Frage des Eigentums, aber mit einer eindeutigen Tendenz zur Angleichung. Insgesamt gesehen kann sich der Handel weitgehend auf stabile und den freien Handel unterstützende Rechtssysteme verlassen.

Von stabil kann man allerdings nicht im Zusammenhang mit dem **technischen Fortschritt** sprechen. Im Gegenteil: Die Veränderung ist das Charakteristikum und das mit nach wie vor zunehmender Dynamik. Man spricht von der Verkürzung der Innovationszyklen. Diese haben zu Beginn des 20. Jahrhunderts noch 25 Jahre betragen und liegen heute bei weniger als zwei Jahren. Die Verkürzung der Innovationszyklen könnte dem Handel egal sein, wenn die technische Entwicklung nicht ebenfalls zu den wesentlichen Treibern des Handels zählen würde. Mit dem Einfluss der technischen Innovation auf die Entwicklung des Handels beschäftigt sich das folgende Kapitel.

Als weiteren Treiber des Handels haben wir das **Vertrauen** identifiziert. Das Vertrauen der Lieferanten, der Geldgeber, aber ganz besonders das Vertrauen der Kunden. Während eine technische Entwicklung, sobald sie verfügbar ist, auf Dauer verfügbar bleibt und allenfalls durch eine noch bessere Technik abgelöst wird, sieht das beim Kundenvertrauen ganz anders aus. Es handelt sich um ein äußerst flüchtiges

Gut und muss permanent gehegt und gepflegt werden. Einmal enttäuschtes Vertrauen zurückzugewinnen, erfordert einen unverhältnismäßigen hohen Aufwand. Weil dieses Vertrauen ein so flüchtiges und zugleich für den Handel lebenswichtiges Gut ist und die Ansprüche der Kunden in puncto Vertrauen schaffendes Verhalten des Handels ebenfalls einem ständigen Wandel unterliegen, lohnt es, auch hierauf in einem gesonderten Kapitel näher einzugehen.

4. Die treibenden Kräfte des Handels

4.1. Technischer Fortschritt und Urbanisierung

Bei dem Stichwort „technische Entwicklung" denkt man an viele Branchen, aber nicht zuerst an den Handel. Dabei wird übersehen, dass der Handel die Lücke zwischen Herstellung und Konsum schließt. Das heißt, dass die technische Entwicklung den Handel in zweierlei Hinsicht beeinflusst. Zum einen über die Art der Konsumgüter als Ergebnis des technisch Machbaren, und zum anderen über den Rationalisierungseffekt im gesamten Prozess von der Rohstoffgewinnung über die Produktion bis zum „Point of Sale", die diese Produkte für den Endverbraucher erst erschwinglich machen. Der technische Fortschritt hat aber nicht nur die Produkte des Handels und deren Preis beeinflusst, sondern die Welt auch insgesamt näher zusammenrücken lassen. Die Globalisierung wäre ohne den technischen Fortschritt nicht denkbar. Ohne technische Entwicklung wären weder das Angebot an frischer Ware aus aller Welt noch die schnelle Bestellung im Internet möglich. Ohne Elektrizität gäbe es keine Tiefkühlkost. Ohne Elektronik gäbe es keinen bargeldlosen Zahlungsverkehr, kein leistungsfähiges Rechnungswesen und keine hocheffiziente Logistik, wie wir sie heute kennen. Man stelle sich mal die Kommunikation der führenden deutschen Handelsunternehmen ohne technische Entwicklung, also ohne Telefon, Fax und E-Mail, vor. Ja, selbst die Versendung eines Briefes würde damit zu einem nicht kalkulierbaren Abenteuer.

Der technische Fortschritt hatte aber auch eine andere Folge, die den Handel wesentlich beeinflusste. Die so genannte „Industrielle Revolution" führte zu einem starken Bevölkerungswachstum, und, was fast noch wichtiger war, zu einem starken Wachstum der Städte. Die Fabriken brauchten Arbeiter und siedelten dort, wo viele Menschen lebten. Zugleich war die Not auf dem Land groß und immer mehr Menschen drängten aus den ländlichen Gebieten in die Städte – in der Hoffnung auf Arbeit und ein Einkommen, das die Familie ernährt. So lag z. B. die Einwohnerzahl von Berlin 1820 bei gerade mal 200 Tausend, stieg bis 1880 auf eine Million Menschen an und vervierfachte sich noch einmal bis zum Jahr 1925.

Einwohnerentwicklung in Berlin bis zum Erreichen von 1.000.000 Einwohnern in den 1870er Jahren

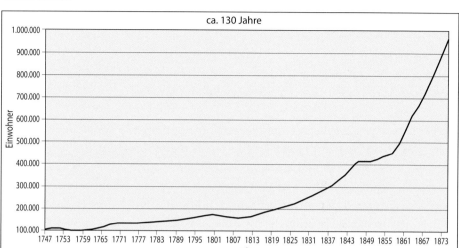

Quelle: Wikipedia/Eigene Darstellung Peter Schommer.

Diese **Urbanisierung** blieb nicht ohne Folgen für die **Versorgungsstruktur**. Diese Menschenmassen konnten nicht mehr durch die umliegende Landwirtschaft direkt versorgt werden. Zugleich drängten immer mehr industriell gefertigte Produkte auf den Markt, die gegenüber den handwerklich gefertigten wesentlich billiger und für größere Bevölkerungsgruppen erschwinglich waren.

Aber Handel und Urbanisierung verhalten sich wie „Henne und Ei". Einerseits benötigt der Handel und insbesondere der stationäre Handel urbane Strukturen und andererseits schafft er sie. So geht z. B. die Gründung von Karthago auf phönizische Siedler und den Aufbau einer Handelsniederlassung zurück. In der Blütezeit soll Karthago 400.000 Einwohner gezählt haben, die zum großen Teil vom Handel mit dem Hinterland, dem Hafen und der Seefahrt gelebt haben. Auch Leptis im heutigen Libyen geht auf eine Handelsniederlassung der Phönizier zurück und zählte ca. 100.000 Einwohner. Tanger im heutigen Marokko wurde von den Karthagern als Handelsniederlassung gegründet. Byzanz, Syrakus, Venedig, Genua, Florenz, Marseille, Barcelona oder Almeria: Sie alle dienten als Anlauf- und Verteilungsstelle sowohl für die auf dem Seeweg gelieferten Waren als auch für die Produkte aus dem Hinterland. Parallel entwickelte sich in diesen Städten Gewerbe zum Zwecke der Weiterverarbeitung, aber auch für alle Leistungen um die Seefahrt und Landhandel herum. Aber der Seehandel brachte noch mehr als nur Waren. Er brachte dem heimischen Markt aus fernen Ländern auch Fertigungstechniken mit. So z. B. die Kunst der Glasherstellung von Byzanz nach Venedig. Florenz ist für die meisten Menschen mit dem Namen der Familie Medici und dem Bankgeschäft verbunden. Die Grundlage dafür bildete aber der Handel mit ganz Europa, und der wiederum basierte auf dem wegen seiner besonders edlen Verarbeitung begehrten Tuche. Die Kunst des Webens, der Handel mit den Tüchern und die Finanzierung des Handels machten Florenz zu einer großen und bedeutenden Stadt im Mittelalter.

Man könnte die Liste beliebig fortsetzen mit dem Aufstieg der Städte im späten Mittelalter im nördlichen Europa wie Brügge, Amsterdam, Hamburg, Rostock und vielen mehr. Dabei sind das nur die Städte mit direktem Zugang zu den Seewegen. Auch viele an den schiffbaren Binnengewässern gelegene Städte wie Köln, um nur eine von vielen stellvertretend zu nennen, begründen ihre Größe und Bedeutung auf der Ansiedlung des Handels. Natürlich wurde Köln als römisches Kastell gegründet, günstig gelegen am Schnittpunkt gleich mehrerer Handelsstraßen. Diese günstige Lage, ein fruchtbares Umland und ein sich entwickelndes Gewerbe ließ Köln im 12./13. Jahrhundert mit 40.000 Einwohnern auf die größte Stadt im heutigen Deutschland anwachsen.

In diesem Buch ist nicht der Raum, die Wechselwirkung von technischer Entwicklung, Urbanisierung und Handel in seiner Gänze darzustellen. Der Einfluss der technischen Entwicklung soll aber zumindest an zwei Beispielen kurz dargestellt werden. Zum einen anhand der Logistik. Dieser ursprünglich wesentliche Teil des Handels, aus dem der Gewinn gezogen wurde, erfuhr im Verlauf der Jahrtausende sowohl eine Verselbständigung durch Unternehmer, die sich auf den Transport und Lagerung von Gütern aller Art spezialisierten, als auch einen Wechsel in die Verantwortung der Produzenten und findet aktuell den Weg zurück zum Handel.

Auf eine wesentlich kürzere, aber deshalb nicht weniger spannende Historie blickt die Entwicklung der Elektronik und die Dynamik, mit der sie den Handel verändert hat, zurück. Man muss kein Hellseher sein um festzustellen, dass sie den Handel auch in Zukunft verändern wird.

4.1.1. Logistik öffnet Wege

Die Verehrung der Griechen galt zwar Hermes als dem Gott der Händler (und der Diebe). Aber die Verehrung des Handels müsste eher einem kleinen Volk gebühren, das in der Gegend zwischen Euphrat und Tigris beheimatet war. Gemeint ist das Volk der **Sumerer**, die nicht nur wegen ihrer Leistungen in der Bewässerungstechnik, der Agrarwirtschaft, der arbeitsteiligen Wirtschaft und der Bildung als richtungsweisend zu erwähnen sind. So werden ihnen Erfindungen zugeschrieben, die für die Entwicklung des Handels wesentlich waren. Es sollen die Sumerer (ab etwa 4.000 v. Chr.) gewesen sein, die als erste die **Nutzung der Haustiere als Last- und Zugtier** erkannten. Das **Rad** wurde Ausgrabungen zufolge zwar an mehreren Stellen parallel und schon vor der Zeit der Sumerer entdeckt. Aber es sollen erneut die Sumerer gewesen sein, die das Potenzial des Rades zum Transport von Lasten entdeckten und die ersten Karren bauten. In Kombination mit den Zugtieren war damit der Grundstein für den Transport größerer Lasten über Land gelegt.

Ebenfalls sumerischen Siedlern wird die **Entdeckung der Bronze** zugeschrieben. Etwa 3.300 Jahre v. Chr. fanden sie seltsame Klumpen in den Flussbetten des Adonis und des Phädrus, die sich wie das bereits seit dem 8. Jahrtausend v. Chr. bekannte Kupfer schmelzen und bearbeiten ließen. Gegenüber dem Kupfer hatte das neu entdeckte Metall aber einen entscheidenden Vorteil. Nach dem Erkalten wurde es ungewöhnlich hart und eignete sich besser als alles bisher bekannte zur Herstellung von Waffen, aber auch von Werkzeugen und Verbindungen im Schiffs- und Wagenbau.

Gegenüber dem Kupfer hatte die nur hier zu findende natürliche Legierung aus 90 % Kupfer und 10 % Zinn, also die Bronze, aber einen entscheidenden Vorteil. Auch wenn es sich nicht um große Vorkommen handelte, reichte es, um den Menschen in der Region den entscheidenden technischen Vorsprung zu gewähren. Mit den aus dieser Bronze hergestellten Äxten war man in der Lage, die vom Mittelmeer bis in die Berge des Libanons wachsenden mächtigen Zedern zu fällen und zu bearbeiten.

Diese Zedern mit gerade gewachsenen Stämmen, wie sie in diesen Größen weit und breit kein zweites Mal vorkamen, lieferten in Verbindung mit den neuen Werkzeugen der Bearbeitung die Grundlage für die Entstehung der Stadt Byblos, die in den Hochkulturen Ägyptens und Mesopotamiens sehr angesehen war.

Der Schiffsbau – Beginn eines neuen Zeitalters für den Transport von Waren

Insbesondere die Ägypter waren an den Zedern von der Küste Syriens interessiert. Einmal zur Verwirklichung ihrer architektonischen Meisterleistungen, den Tempeln und Palästen und andererseits wegen der Möglichkeiten, die sich für den **Schiffsbau** ergaben.

Schiffe oder schiffsähnliche Gebilde hat es wahrscheinlich schon viele Tausend Jahre früher gegeben, auch wenn die Belege dafür eher indirekter Art sind. So ist archäologisch belegt, dass der Homo Sapiens vor ca. 40.000 Jahren über Asien auch den australischen Kontinent besiedelte. Neueren Erkenntnissen zufolge erscheint auch die Besiedlung Amerikas vor mindestens 15.000 Jahren an der südlichen Pazifikküste von See her realistisch. Vor 12.000 Jahren besiedelten Menschen die bis dahin unbewohnte Insel Zypern. Bis zu 7.000 v. Chr. reichen die Nachweise darüber zurück, dass Obsidian von der Insel Melos zum 50 km entfernten Festland gebracht wurde. Direkte Funde, die Aufschluss über Konstruktion und Material der Wasserfahrzeuge geben, mit denen eine Fahrt über das offene Meer möglich war, gibt es allerdings nicht.

Am wahrscheinlichsten handelte es sich bei den ersten Schiffen um floßähnliche Gebilde in Form von zusammengebundenen Baumstämmen oder zusammengebundenem Schilf. Allerdings ist damit das Kreuzen gegen den Wind nicht so einfach, auch wenn Thor Heyerdahl mit seiner Ra II (Floß aus zusammengebundenem Schilf) und auch mit der Kon-Tiki (Floß aus zusammengebundenen Balsa-Stämmen) bewiesen hat, dass es möglich ist.

Nicht durch Thesen, sondern durch Funde belegt ist der **Bau von Einbäumen**. Die mit Steinäxten oder Feuer ausgehöhlten und bis zu fünf Meter langen Baumstämme waren zwar in der Lage, Lasten zu transportieren. Allerdings eigneten sie sich eher für die Fahrt auf Flüssen oder gegenüber dem Meer ruhigeren Binnenseen. Immerhin bestand schon vor vielen tausend Jahren damit die Möglichkeit, die Wasserwege zum Transport von Waren, Tieren und Menschen zu nutzen. Auch wegen des Vortriebs war man noch lange auf Strömungen und Muskelkraft angewiesen. Die älteste bekannte Darstellung eines Schiffs mit Segel wurde auf einer Totenurne in der Nähe von Luxor gefunden und auf 5.000 v. Chr. datiert. Aufgrund der Bauart des Schiffes mit drehbarem Segel, aber mit relativ flachem Rumpf geht man von einer Nutzung auf dem Nil sowie entlang der Küsten von Mittelmeer und Rotem Meer aus.

Auf kleineren Flüssen und solchen mit stärkerer Strömung halfen die Segel allerdings sehr wenig. War die Strömung flussabwärts hilfreich, so war sie doch ein rechter Fluch, wenn es flussaufwärts ging. Hier half nur das Ziehen mittels Muskelkraft und geeigneter Zugtiere, das so genanntere Treideln. Daran änderte sich auch nicht viel bis ins 20. Jahrhundert – wohlgemerkt nach Christi Geburt. Die so genannten Treidel- oder Leinpfade entlang der Flüsse erinnern noch heute daran.

Auch am **Transport auf dem Landweg** änderte sich seit Erfindung des Rades nicht viel. Zwar wurde aus dem einachsigen Karren der lenkbare, mehrachsige Wagen und die Zugtiere wurden zu Gespannen zusammengestellt, wodurch sich sowohl Nutzlast als auch Transportgeschwindigkeit erhöhten. Aber nach wie vor war der Transport von Waren ins als auch aus dem Landesinneren ein mühsames und langwieriges Geschäft.

Die Seefahrt verfügte zwar auch nicht über eine von Wind, Strömung und Muskelkraft unabhängige Antriebsquelle. Aber der Schiffsbau verfügte noch über ein großes Potenzial, was Größe und Navigierbarkeit und vor allem die Seetauglichkeit betraf. Die Schiffe vor 7.000 Jahren waren aufgrund der Verbindungstechnik recht fragil und für den Kampf gegen die Naturgewalten auf offener See nur bedingt geeignet. Größere und stabilere Schiffe bauen zu können blieb über Jahrtausende hinweg der Garant für Wohlstand und Macht durch Beherrschung der Seewege und Erschließung neuer Länder und Produkte für den Handel.

An dieser Stelle muss man noch einmal auf die **Stadt Byblos** zurückkommen. Nicht nur wegen der Bedeutung für den Handel aufgrund ihrer strategisch günstigen Lage am Mittelmeer und zu den Landwegen, die sich weit in den Orient hinein erstreckten. Byblos steht nicht nur für die zuvor erwähnten Entdeckungen. Byblos steht lange Zeit auch für einen neuen Schiffstyp mit einem über einen mächtigen Kielbalken aufgebauten Rumpf, der den Bau von weitaus größeren und auch für den Transport größerer Mengen besser geeigneten Schiffe ermöglichte. Aber vor allem war dieser Schiffstyp wesentlich stabiler und trotzte den Stürmen auf hoher See. Der Nachteil der bis dahin gebauten flachbödigen Brettschiffe wurde durch den konstruktionsbedingten größeren Tiefgang ausgeglichen. Insbesondere am Wind war der neue Schiffstyp wesentlich besser steuerbar.

Die strategisch günstige Lage, eine überlegene Logistik, die Nutzbarmachung des technischen Fortschritts sowie das Wissen darum, wo es welche Waren gab und wo sich diese mit Gewinn verkaufen ließen, hat in Byblos vor rund 5.000 Jahren den **Stand der Kaufleute** entstehen lassen, die ihren Lebensunterhalt ausschließlich mit dem An- und Verkauf nicht selbst produzierter Güter verdienten.

In den folgenden Jahrhunderten wurde der Schiffsbau immer weiterentwickelt und damit erweiterte sich auch der Aktionsradius der Handelsschiffe. Ein weitgespanntes

Netz von Stützpunkten und Handelsniederlassungen entstand im gesamten Mittelmeerraum, an den Küsten des Schwarzen Meeres und sogar im Atlantik. Die Ägypter befuhren das Meer an der Ostküste Afrikas bis zur Südspitze und die Phönizier wagten sich nach Entdeckung der Meerenge von Gibraltar in den Norden bis nach England und vermutlich bis in die Ostsee und südlich an der afrikanischen Küste entlang. Auf der Azoreninsel Corvo wurden karthagische Münzen gefunden. Dieser Fund veranlasste viele zu der Spekulation, dass bereits vor unserer Zeitrechnung Handelsschiffe der alten Welt den Weg bis nach Amerika fanden. Spekulation deshalb, weil konkrete Beweise fehlen. Aber unwahrscheinlich erscheint dies angesichts der seefahrerischen Fähigkeiten nicht.

Dass Byblos lange Zeit für einen Schiffstyp stand, dessen Aufbau über einen mächtigen Kielbalken erfolgte, wurde bereits erwähnt. Seit dem 3. Jahrtausend setzte sich im alten Ägypten und später im gesamten Mittelmeerraum die so genannte Kraweelbauweise durch, bei der nicht mehr wie früher üblich, die Planken beim Schiffsbau miteinander verlascht wurden. Vielmehr wurden die Planken in Nut-und-Feder-Bauweise verbunden und zusätzlich miteinander verzapft. Durch eingezogene Spanten wurde die Konstruktion verstärkt.

Das Wettrüsten um die Vormachtstellung im Mittelmeerraum hat begonnen

Diese Bauweise wurde von den griechischen sowie später den römischen Schiffsbauern weiterentwickelt. In Verbindung mit zunächst Bronze-, später dann Eisenbeschlägen wurden beachtliche Schiffsgrößen erreicht. Nach dem Zusammenbruch der Seemacht Kretas um 1.450 v. Chr. begann ein regelrechtes Wettrüsten um die Vormachtstellung im Mittelmeerraum. Nicht nur die Anzahl der für kriegerische Zwecke mit Rammsporn umgerüsteten Handelsschiffe stieg. Spätestens um 1.000 v. Chr. geht die Entwicklung der Kriegsschiffe eigene Wege. Um einen Rammsporn wirkungsvoll einsetzen zu können, bedarf es einer hohen Geschwindigkeit und Wendigkeit. Die Segel mussten im Kampf eingeholt werden, da sie die Manövrierfähigkeit auf engem Raum erheblich einschränkten. Bis zur Erfindung des Motors als Antriebsquelle dauerte es ja noch ein paar Jahrtausende. Also konzentrierte sich die Schiffsbaukunst darauf, möglichst viele Ruderer auf einem Schiff zu platzieren. Die Ruderbänke waren in bis zu drei Reihen übereinander angeordnet. Außerdem brauchte man Platz für Aufbauten, z. B. Türme für die Bogenschützen, Katapulte und allerlei Sonstiges an Kriegsgerät. Last but not least mussten auch noch die Soldaten selbst untergebracht werden. Aus den Erfahrungen im militärischen Schiffsbau profitierte auch der zivile Schiffsbau. Die Handelsschiffe wurden länger, breiter und höher. Die Tonnage stieg von etwa 70 t in der frühen Antike bis zu 300 t gegen Ende der Epoche. Belegt sind aber auch der Bau von Spezialschiffen z. B. für den Transport von Obelisken mit einer Kapazität von bis zu 2.500 t. Handelte es sich anfangs um ausschließlich geruderte Schiffe, wurden sie bald mit Segel ergänzt. Aber erst gegen Ende der Antike befuhren auch reine Segelschiffe das Mittelmeer.

Mit dieser Entwicklung im Schiffsbau gingen aber noch zwei weitere für den Handel wesentliche Veränderungen einher. Die Steigerung der Tonnage machte nun auch den Transport von Massengütern wie z. B. Getreide für den Handel interessant. Das antike Athen stützte gar seinen Reichtum auf den Getreidehandel mit der Kornkammer im Hinterland, der heute russischen Schwarzmeerküste. Bald versorgten die Pontosfahrer nicht nur Athen mit Getreide, sondern die gesamte östliche Mittelmeerregion.

Und es passierte noch etwas. Durch den **Getreidehandel** reich geworden, verlegten sich einige Händler darauf, diese Geschäfte lediglich zu finanzieren bzw. den Geldtransfer sicherzustellen, indem sie die Forderungen tauschten und damit Verbindlichkeiten ausglichen. Es waren gefährliche Zeiten und die Mitnahme von Gold nicht ratsam.

Die Gefahr drohte von der sich im Mittelmeer rasch ausbreitenden Seeräuberei. War man davon betroffen, war meist nicht nur die Ware weg, sondern auch das Schiff und alles Leben auf ihm. Warum also zwei Risiken tragen? Den Verlust der Ware und den von Schiff und Mannschaft? Neben dem Naukleros, dem Kaufmann, der mit dem eigenen Schiff Handel betrieb, entstand der bevorzugte Stand der Emporoi, dem Kaufmann, der seine Waren auf fremden Schiffen beförderte. Als Naukleros wurde auch bezeichnet, wer die Waren des Emporoi auf seinem Schiff transportierte. Heute würde man ihn als Frachtführer bezeichnen.

Die Hanse: wirtschaftlicher Erfolg durch technische Entwicklung

Nordeuropa wirkte zur gleichen Zeit wie ein Entwicklungsland in Sachen Schiffsbau und Handel. Erste Belege über den Schiffsbau in Nordeuropa bieten die Berichte der Römer auf ihrem Expansionsweg Richtung Norden. Sie beschreiben ein Schiff, das dem aus dem 4. Jahrhundert stammenden „Nydam-Schiff" entspricht. Eine an Bug und Heck gleichermaßen hochgezogene, in Klinkerbeplankung und durch Spanten verstärkte Konstruktion. Spanten und Planken wurden durch Schnüre verbunden. Die Wikinger entwickelten diesen Typ zu dem nach ihnen benannten Schiff weiter und verwendeten erstmals Segel. Es handelte sich um typische Langschiffe, die sich für den Transport von Gütern wenig eigneten. Besser geeignet war die Knorr, ein ebenfalls von den Wikingern gebautes offenes, mit einem mittig platzierten Rahsegel versehenes und gegenüber den Langschiffen sehr bauchiges Schiff. Es war zwar viel langsamer, konnte aber dafür bis zu 40 t aufnehmen. Bis ins späte Mittelalter befuhren die Händler mit diesem Schiffstyp den Nordatlantik, die Nord- und Ostsee. Um 1.000 n. Chr. entdeckte Leif Eriksson auf der Rückfahrt mit seiner Knorr von Norwegen nach Grönland mehr zufällig Nordamerika, besser gesagt Neufundland. Belegt ist aber auch eine Folgefahrt nach und die Erkundung von Neufundland, das er Vinland nannte.

Erst im 12. Jahrhundert entstand aus einer Vermischung der Schiffsbautraditionen aus dem Niederrhein und Skandinavien der wohl bekannteste, aber auch erste wirklich hochseetaugliche Schiffstyp, der allen anderen auf den Nordmeeren fahrenden Handelsschiffen überlegen war. Nicht nur wegen der Ladekapazität von bis zu 200 t. Die **Kogge** war auch relativ schnell und wendig. Aber vor allem boten eingezogene Decks Ladung und Mannschaft Schutz vor der rauen See. Die Kogge bildete die Grundlage für den Erfolg der Hanse.

Bis ins ausgehende 14. Jahrhundert dominierte die Kogge die Handelsschifffahrt in Nordeuropa, bis sie von Weiterentwicklungen wie der Holk und später der Kraweel verdrängt wurde. Möglich wurden diese Weiterentwicklungen dadurch, dass sich Schiffe aus dem Norden nun auch ins Mittelmeer vorwagten, sich die Schiffsbautraditionen vermischten und das jeweils Beste übernommen wurde. So ermöglichte es die Kraveelbauweise, deutlich größere Schiffe zu bauen. Die Nutzung mehrerer Masten sowie die Verbesserung der Takelage erhöhten die Geschwindigkeit. Die **Galeone** ist der wohl bekannteste Schiffstyp auf den Weltmeeren des ausgehenden Mittelalters und der Neuzeit. Zunächst als Kriegsschiff entwickelt, eignete sich die Galeone aber auch hervorragend zum Transport großer Lasten über das offene Meer und war zum Schutz vor Piraten mit Kanonen bestückt.

Den Endpunkt der gewerblichen Segelschifffahrt, aber auch den Übergang zu einem neuen Zeitalter stellten die mit vier oder gar fünf Masten ausgestatteten **Windjammern** dar. Die letzte, große Windjammer lief unter dem Namen Padua 1926 vom

Stapel und wird noch heute unter dem Namen „Krusenberg" als Segelschulschiff der russischen Marine eingesetzt. Sie ist 116,7 m lang, 14 m breit und mit 3.141 BRT vermessen. Ihr Rumpf besteht allerdings, wie bei vielen „Windjammern" zuvor, nicht mehr aus Holz, sondern aus Stahl. Als Antrieb stehen ihr neben den 4.000 qm Segelfläche zwei Motoren mit jeweils 1.000 PS zur Verfügung.

Die Neuzeit: Motorkraft beflügelt die Seefahrt

Motorkraft beherrscht die Seefahrt der Neuzeit. Zuerst als **Dampfmaschine**. 1783 baute ein Franzose das erste funktionstüchtige Dampfschiff. Der erste auch wirtschaftlich erfolgreiche Entwurf von Robert Fulton wurde 1809 patentiert. Die Dampfschiffe hatten aber einen großen Nachteil. Kessel und Brennmaterial beanspruchten einen großen Teil der Kapazität. So wurde das größte jemals gebaute Dampfschiff, die 1907 in Dienst gestellte „Kronprinzessin Cecilie", vom Dampf aus 31 Kesseln angetrieben. Für die Erzeugung der 46.000 PS wurden täglich 760 t Steinkohle benötigt, die von 118 Kohletrimmern aus den Kohlebunkern zu den Kesseln geschafft wurden. Weitere 76 t in jeder der drei Seewachen waren für die Dampferzeugung nötig. Lediglich in der Flussschifffahrt konnte dieser Nachteil durch Lagerstätten für Brennmaterial an den Anlegestellen reduziert werden.

Erst der **Einsatz von Dieselaggregaten** brachte den Durchbruch. Immer mehr Leistung bei geringerem Platzbedarf sowie strömungsgünstigere Schiffskörper und der Einsatz moderner Technik im Stahlbau prägten die Entwicklung im 20. Jahrhundert. Der Schiffsbau orientiert sich immer stärker an der vorgesehenen Nutzung und die Nutzung wird durch neue logistische Konzepte vorgegeben. Hervorzuheben ist das Konzept, Güter in genormten Containern zu transportieren, die von der Straße oder Schiene auf Schiffe und wieder zurück verladen werden können, ohne die Güter selbst umladen zu müssen.

Nachfolgende Tabelle gibt einen Überblick über die Entwicklung der Containerschiffe und deren Kapazität:

Containerschiffsgenerationen

Generation	Jahr	Länge m	Breite m	Tiefgang	TEU
1.	bis 1968	180 m	25 m	9,0 m	750
2.	ab 1969	225 m	30,5 m	11,5 m	1.500
3.	ab 1972	287 m	32 m	12,5 m	3.000
4.	ab 1987	275 m	39 m	13,5 m	4.500
5.	ab 1997	325 m	41 m	14,1 m	5.500
6.	ab 1999	345 m	43 m	14,5 m	über 8.000
7.	ab 2006	398 m	56 m	16,0 m	über 14.000

(TEU = twenty-foot equivalent unit)
Quelle: de.wikipedia.org/wiki/Containerschiff

Eine ähnliche Entwicklung lässt sich auch für andere Frachtschiffe vom Massenguttransporter bis zum Tanker aufzeichnen. Nur die Häfen und Schiffspassagen wie der Panama- und der Suez-Kanal beschränken das weitere Wachstum der Hochseetransportschiffe.

Aber nicht nur die Kapazität der Schiffe zeigt ein enormes Wachstum, sondern auch die Anzahl dieser Riesen der Weltmeere:

Welthandelsflotte		Weltseehandel in Mio. Tonnen	
Jahr	Mio. BRZ	Mio. TDW	Insg.	Container
1990	399,8	666,8	4.140	246
1995	465,0	717,5	4.830	389
2000	528,8	792,4	5.913	628
2005	642,7	950,5	7.268	1.020
2006	688,0	1.014,6	7.642	1.134
2010*	909,6	1.347,0	8.367	1.349

Quelle: IHS Fairplay, nur Handelsschiffe, Stand: 31.12.2010.
ISL, Stand: 31.12.2010
* Daten von 2010 vorläufig.

Die treibenden Kräfte des Handels

Die Tabelle zeigt ausschließlich die Entwicklung der Handelsflotte. Nicht eingerechnet sind die Schiffe, die unternehmensinterne Logistik z. B. der Ölkonzerne abwickeln. Diese eingerechnet, vervielfacht sich die Anzahl der Schiffe. Dabei hat die Hochseeschifffahrt seit Erfindung von Dampfmaschine und Verbrennungsmotor große Konkurrenz bekommen. Neben der Binnenschifffahrt erschließt die Schiene in großem Tempo die Kontinente und mit immer kleineren, aber leistungsfähigeren Motoren beginnt der Siegeszug der Lastkraftwagen. Selbst die Luft wird für den Frachtverkehr erschlossen.

Nachfolgende Tabelle gibt die vom Bundesamt für Statistik veröffentlichten Zahlen für Deutschland wieder (ohne die Lastkraftwagen, die auf deutschen Straßen im Transitverkehr unterwegs sind):

Güterverkehr in Deutschland (ohne Gütertransfer)

Verkehrs-zweig	2010*		2005		2002	
	Tonnen	Tonnen-kilometer	Tonnen	Tonnen-kilometer	Tonnen	Tonnen-kilometer
	Millionen	Milliarden	Millionen	Milliarden	Millionen	Milliarden
Straße	3.129,8	437,5	3.021,3	394,0	2.952,7	351,5
Eisenbahn	355,4	107,2	305,6	89,3	285,4	75,5
Binnen-schiff	232,5	63,1	239,2	65,7	231,7	64,2

* Vorläufige Ergebnisse.
Quelle: Bundesamt für Statistik 2010

Laut einer Erhebung von EuroStat in 2010 auf Basis der Zahlen von 2006 betrug der Güterverkehr innerhalb der EU 2.595 Milliarden Tonnenkilometer. Davon entfallen 73 % = 1.894 Milliarden Tonnenkilometer auf die *Straße*, 17 % = 441 Milliarden Tonnenkilometer auf die *Schiene* und jeweils 5 % = 130 Milliarden Tonnenkilometer auf *Binnengewässer* und *Pipelines*. Von den 1.894 Milliarden Tonnenkilometern Güterverkehr auf der Straße entfallen etwa ein Drittel auf den internationalen Güterverkehr. Tendenz steigend. Steigend ist auch die Tendenz in der Luftfracht, wenngleich die Transportmengen im Verhältnis zu den oben dargestellten Zahlen noch recht bescheiden sind. Boeing geht in seiner Planung bis 2029 aber von einer durchschnittlichen jährlichen Steigerung des Luftfrachtverkehrs in Höhe von 5,9 % aus.

Die Technik hat es möglich gemacht: Immer größere Mengen werden in immer kürzerer Zeit rund um den Globus transportiert. Natürlich nicht ohne Auswirkungen auf die Kosten. So sind die **Kosten** für die **Schiffsfracht** in einem Ausmaß gesunken, dass sie bei der Kalkulation des Einstandspreises auf Artikelebene bei weitem nicht mehr die Rolle spielen wie in der Vergangenheit. So sank der Preis für Seefracht einschließlich Hafengebühr im Zeitraum 1920 bis 2000 von $ 95 auf $ 21 pro Short Ton. Tendenz weiter fallend.

Für den **Güterverkehr auf der Straße** kann man eine ähnliche Entwicklung der Kosten unterstellen, wenngleich uns keine offiziellen statistischen Daten vorliegen. Aber transportierte z. B. 1900 ein Lastkraftwagen bis zu 6,5 t mit einer Höchstgeschwindigkeit von 11–20 Stundenkilometern, so liegen wir heute bei 40 t und einer Höchstgeschwindigkeit, die von der Straßenverkehrsordnung begrenzt wird. In Schweden und Dänemark sind gar Lastkraftwagen mit 60 t zugelassen und auch für Deutschland wird immer wieder über die Zulassung des „EuroCombi" diskutiert. Gleichzeitig ist der Kraftstoffverbrauch durch effiziente Motoren und Maßnahmen an Fahrwerk und Karosserie drastisch gesenkt worden.

Es ist nicht zu erwarten, dass sich daran in absehbarer Zeit Wesentliches ändert. Zwar droht ein Preisanstieg bei den Kraftstoffen, sobald der weltweite Verbrauch an Rohöl die Förderraten übersteigt. Wann das allerdings sein wird, ist von vielen Faktoren wie beispielsweise von Energieeinsparmaßnahmen bis hin zur Entwicklung alternativer Energiequellen abhängig, so dass eine zuverlässige Aussage nicht möglich ist. Derzeit scheint es, dass das Potenzial der Effizienzsteigerung die Mehrkosten steigender Kraftstoffpreise auffangen kann. Mit anderen Worten: Aller Voraussicht nach wird sich an der derzeitigen Situation der Transportkosten pro t nicht viel ändern.

4.1.2. Elektronik – der Treiber der Gegenwart und Zukunft

Seit Konrad Zuse 1941 den Z 3 und damit die erste funktionstüchtige programmgesteuerte binäre Rechenmaschine präsentiert hat, stieg die Leistungsfähigkeit im Durchschnitt alle 20 Monate um den Faktor 2. Das hört sich zunächst einmal unspektakulär an. Was das wirklich bedeutet, wird aber durch nachfolgende Grafik deutlich.

Die treibenden Kräfte des Handels

Moore's Gesetz

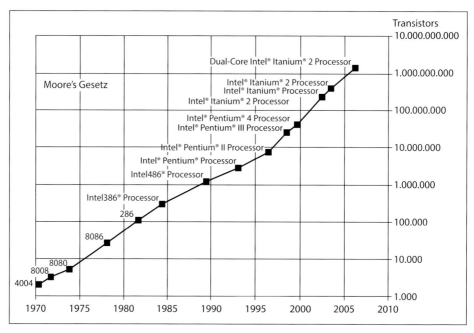

Quelle: Intel

Dargestellt ist der Zeitraum ab 1971, das Jahr, in dem Intel den ersten serienmäßig produzierten Mikroprozessor 4004 mit 2.250 Transistoren präsentierte. Die Leistung dieses Mikroprozessors wird durch die aktuelle Generation der Mikroprozessoren um das Millionenfache übertroffen. Eine ähnliche Entwicklung kann man für die Speicherung elektronischer Daten aufzeigen. Rechnete man in den 50er Jahren noch in Kilobyte, heißt die Rechengröße heute Terrabyte.

Die **Leistungssteigerung der Prozessoren und Speichermedien**, die sich bis heute mit unvermindertem Tempo fortgesetzt hat, ist für sich gesehen schon beeindruckend. Noch beeindruckender ist allerdings, dass es diese Leistungssteigerung sogar zum Nulltarif gab bzw. die Preise sogar noch sinken und immer weniger Platz beansprucht. Das wiederum eröffnete den Entwicklern von Hard- und Software ungeahnte Möglichkeiten, die auch kräftig genutzt wurden. So ist ein gegenseitiges Antreiben zu beobachten: Die Hardware-Entwickler stellen eine noch leistungsfähigere Generation vor, worauf die Software-Entwickler ihre Ideen umsetzen, die bisher an der Leistungsfähigkeit gescheitert sind. Dabei werden die Grenzen ausgelotet, was dazu führt, dass die Programme auf alten Rechnern gar nicht und auf neuen nur mit

Mühe laufen, was wiederum die Hardware-Entwickler anspornt, die nächste Generation der Prozessoren auf den Markt zu bringen.

Aber es geht nicht nur um PC's und Computerprogramme. Auch die Welt drum herum hat sich dramatisch verändert. Nehmen wir z. B. das Thema Internet. Voraussetzung zur Nutzung ist nicht nur ein einigermaßen leistungsfähiger Rechner, sondern auch eine schnelle Verbindung. Seit Mitte der 60er Jahre bis Anfang der 90er Jahre diente das Internet bzw. sein Vorläufer Arpanet fast ausschließlich dem Austausch von Daten zwischen wissenschaftlichen und militärischen Forschungseinrichtungen. Lange Zeit stand zwecks Verbindung lediglich das sehr langsame analoge Telefonnetz zur Verfügung. Im Juli 1999 wurde die erste DSL-Leitung geschaltet, womit sich die Übertragungsgeschwindigkeit auf das Zwölffache = 768 kbit/s steigern ließ. 2003 dann DSL 3000, 2005 dann ADSL mit bis zu 16.000 kbit/s und seit 2009 VDSL mit 50 Megabit/s, und das alles zu einem Bruchteil des Verbindungspreises von 1999. Das betrifft aber nur die Internetverbindung via Telefonnetz. Ebenfalls zur Verfügung stehen die Kabelnetze, die zum Empfang der Fernsehprogramme aufgebaut wurden und natürlich die drahtlosen Verbindungen zum World Wide Web. Wireless Lan hat sich längst durchgesetzt.

Was diese Entwicklung für den **Handel** bedeutet, ist auf wenigen Seiten kaum darstellbar. Da wäre z. B. die **Kommunikation mit dem Kunden**. Laut der in 2011 von der BITKOM veröffentlichten repräsentativen Studie nutzen 72 % der Deutschen über 14 Jahre das Internet. Davon geben wiederum 85 % an, Erfahrungen mit dem Internetshopping gemacht zu haben. Wie viel das in Euro Umsatz bedeutet, ist nicht genau zu beziffern, da nicht nur der Handel seine Waren im Internet anbietet. Auch Privathaushalte bieten allerlei über Internetplattformen wie Ebay oder Ähnliche an, aber vor allem nutzen Produzenten immer stärker das Internet als weiteren Absatzkanal. Laut Erhebung des HDE hat sich der **Online-Umsatz im Handel mit Endverbrauchern** seit dem Jahr 2010 auf 23,7 Mrd. € fast verzehnfacht. Nicht eingerechnet ist der Direktumsatz per Internet mit den Konsumgüterproduzenten. Trotzdem erscheint die Zahl im Verhältnis zu den für 2010 vom Bundesamt für Statistik gemeldeten Konsumausgaben der Deutschen in Höhe von 1.349 Mrd. € noch sehr bescheiden. Sieht man sich aber die durchschnittliche Wachstumsrate der letzten Jahre von ca. 9 % an, dann kann der Handel das Internetshopping nicht mehr als Randerscheinung abtun. Dies insbesondere deshalb nicht, weil die Gründe für den noch geringen Umsatz auf der Hand liegen.

Internetshopping: Bequem einkaufen von zu Hause aus

Internetshopping ist bequem und niemand setzt einen unter den Druck, sich direkt entscheiden zu müssen. Zwar etwas unbequem, aber machbar ist die Rücksendung, sollte sich die Ware als nicht die gewünschte oder passende erweisen. Wenn es aber um die emotionalen Elemente des Einkaufs geht, ist der Stationärhandel eindeutig im Vorteil. Noch ist das Internet nicht in der Lage, alle Sinne des Menschen anzusprechen. Man kann die Ware am Bildschirm weder riechen noch fühlen und auch optisch erhält man lediglich einen zweidimensionalen Eindruck. Aber schon arbeiten die Entwickler daran. Im Versuchstadium befinden sich bereits PC's, die über ein Tastfeld das Materialgefühl vermitteln sollen und auch Gerüche produzieren können.

Bleibt aber noch der Nachteil, dass man die Ware nicht gleich mitnehmen kann. Noch dauert es ein paar Tage, bis der Lieferservice an der Haustür klingelt. Das ist ja noch hinzunehmen, wenn es um Konsumgüter geht, die nicht direkt gebraucht oder verbraucht werden sollen. So gehören denn auch Bücher, Veranstaltungstickets, Fahrkarten und Flugreisen und alle anderen Konsumgüter, die man weder schmecken, riechen noch fühlen muss und die eindeutig bestimmbar sind, nach wie vor zu den beliebtesten Objekten des Internethandels. Erstaunlich ist auch der hohe Anteil der Bekleidung, die online verkauft wird. Spätestens die will man doch fühlen und vor allem anprobieren. Kann man, zu Hause, und muss den Aufwand der Rücksendung bei Nichtgefallen einkalkulieren. Oder man hat sich den Artikel zuvor im Stationärhandel angesehen und bestellt dann per Internet direkt beim Produzenten. Eine immer weiter verbreitete Vorgehensweise, die dem Stationärhandel gar nicht gefällt. Da hilft nur, zumindest den gleichen Service anzubieten.

Wenn wir schon bei der **Kommunikation mit dem Kunden** sind, umfasst diese natürlich sehr viel mehr als nur den Geschäftsabschluss. Schließlich geht es um **Kundenbindung** oder das zuvor viel zitierte **Vertrauen des Verbrauchers**. Noch wird im Handel viel Papier eingesetzt. Nach wie vor ist im LEH der Handzettel, die Zeitungsbeilage das Werbemittel mit dem größten Verbreitungsgrad, aber auch dem höchsten Aufmerksamkeitsgrad. Aber das wird sich ändern! Gründe dafür sind die sich mit großen Schritten fortsetzende Vernetzung der Haushalte und die Struktur der Internetnutzer. Während von der Altersgruppe über 65 Jahren laut der oben erwähnten Studie der BITKOM 24 % angeben, das Internet zu nutzen, sind es bei den 50 bis 64-Jährigen 68 %, bei der Gruppe der 30 bis 49-Jährigen bereits 89 % und bei 14 bis 29-Jährigen bereits 94 %. Einerseits erhöht sich die Gesamtzahl der Internetnutzer nach wie vor und auf der anderen Seite verringert sich die Zahl der Internetverweigerer kontinuierlich durch natürlichen Abgang. Man braucht nicht viel Phantasie, sich die Situation in deutschen Haushalten in zehn Jahren vorzustellen, zumal auch das Netz immer weiter zum High-Speed-Zugang für alle ausgebaut wird. Schon bald wird der elektronische Einkaufszettel zum Alltag gehören und die Werbeangebote werden, auf die individuellen Bedürfnisse eines jeden Haushalts zugeschnitten, im elektronischen Briefkasten liegen.

Aber nicht nur die Kommunikation mit dem Kunden steht vor einem radikalen Wandel. Auch für die Prozessabläufe im Handel einschließlich der Kommunikation mit den Lieferanten stehen oder werden in Kürze technische Entwicklungen zur Verfügung stehen, deren Auswirkungen als revolutionär bezeichnet werden können. Eine der wichtigsten Neuerungen wird dabei die **flächendeckende Einführung der RFID-Technik sein.**

„Ist doch ein alter Hut", wird der eine oder andere sagen. Stimmt und stimmt auch wieder nicht. Was den Einsatz der RFID-Technik in modernen Lagersystemen angeht, ist man sicher schon ein Stück weiter. Aber in den Läden, am Point of Sale, steckt die Technik noch in den Kinderschuhen. D.h., es ist weniger die Technik an sich als die Preise für die Tags, die einen rentablen flächendeckenden Einsatz noch nicht gewährleisten. Schließlich müssten die Tags so preiswert sein, dass auch Artikel mit Preisen im Cent-Bereich einbezogen werden können. Bei einem derzeitigen Preis im niedrigen, aber zweistelligen Cent-Bereich für einen so genannten passiven Tag noch kein Thema. Aber Lösungen sind in Sicht. So wird mit dem Druck von Schaltkreisen auf den Etiketten mit einer „Nanotinte" experimentiert, was die Kosten mindestens halbieren würde. Die Vorteile gegenüber dem Strich- oder Barcode sind überzeugend.

Nicht nur, dass die Tags wesentlich mehr Informationen aufnehmen. Diese werden auch per Funk übertragen. Daraus ergibt sich die Möglichkeit der jederzeitigen Information über Art, Menge und Wert auf einer bestimmten Fläche. Körperliche Bestandsaufnahmen könnten bald der Vergangenheit angehören. Die von vielen geforderte Rückverfolgbarkeit würde ohne spürbare Auswirkungen auf den Endpreis realisierbar. Damit wäre dem Handel auch ein Instrument zur wirksamen Bekämpfung der Produktpiraterie an die Hand gegeben. Langwieriges Scannen an den Kassen wäre ebenfalls nicht mehr notwendig und in Verbindung mit der bargeldlosen Bezahlung wird die personelle Besetzung der Kassen gänzlich überflüssig. Das alles sowie eine Reihe von zusätzlichen Informationen ermöglicht diese Technik, deren

Verbreitung lediglich noch eine Frage des Break Even ist, der maßgeblich durch den Preis der Tags bestimmt wird.

Auch wenn die menschlichen Bedürfnisse und deren Befriedigung im Mittelpunkt des folgenden Kapitels stehen, soll an dieser Stelle nicht verschwiegen werden, dass die Entwicklung der Elektronik nicht nur das „Wie" des Handels wesentlich verändert hat, sondern auch das „Was". Die technische Entwicklung speziell der Elektronik hat ganz neue Produkte entstehen lassen und bekannte Produkte so modifiziert, dass deren Ersatz aus Sicht des Verbrauchers quasi zu einem „Muss" wird.

4.2. Die menschliche Natur: Bedürfnisse zu befriedigen

Es wird wohl niemand auf die Idee kommen, der Werbung bzw. dem Marketing einen Mangel an Selbstbewusstsein vorzuwerfen. Aber auch die Vertreter dieser Disziplin werden heute nicht mehr behaupten, Bedürfnisse „schaffen" zu können. Es hat sich die Erkenntnis durchgesetzt, dass man allenfalls dem Grunde nach vorhandene Bedürfnisse „wecken" kann. Das wiederum führt zu der für den Handel entscheidenden Frage, ob das menschliche Handeln durch seine Bedürfnisse und den Wunsch, diese zu befriedigen, bestimmt ist und wenn ja, welche die menschlichen Bedürfnisse sind und welche Rolle der Handel dabei spielt.

Jedes Lebewesen und somit auch der Mensch hat Bedürfnisse – teils lebensnotwendige, teils solche, die das Leben angenehm, ja lebenswert machen. Definitorisch könnte man sagen, dass ein Bedürfnis die positive Differenz zwischen angestrebter Befriedigung und Ist-Zustand darstellt. Damit kommen wir aber auch nicht viel weiter. Vor allem nicht bei der Frage, welche Bedürfnisse mein Handelspartner/Kunde gerade hat bzw. morgen haben wird oder was ihn dazu motiviert, einen möglichst hohen Preis im Verhältnis zu den Herstellungs- oder Anschaffungskosten für die Waren zu bezahlen.

Schon die großen Philosophen des antiken Griechenlands beschäftigte die Frage der Motivation und des menschlichen Verhaltens. Aristippos (435 bis 355 v. Chr.), ein Zeitgenosse des Sokrates, gilt als Begründer des **Hedonismus.** Demnach liegt es in der Natur des Menschen, Vergnügen und Lust anzustreben und Unlust oder Schmerz zu vermeiden. In diesen subjektiven Empfindungen sah er die wichtigsten

Beweggründe für menschliches Verhalten. Immerhin war er weise genug, weitere Beweggründe nicht auszuschließen.

Im 19. Jahrhundert entwickelte die Psychologie diese Überlegungen weiter und erklärte die Ursachen und Gründe menschlichen Verhaltens mit mehr oder weniger bewussten Instinkten und Trieben. **Freud** schließlich stellte die **Libido** in den Mittelpunkt seiner Überlegungen. Dieser Trieb lenke je nach internen und externen Rahmenbedingungen die Wahrnehmung und das Verhalten des Menschen. Mitte des 20. Jahrhunderts entsteht die sog. **humanistische Psychologie**. Insbesondere die **Theorie der Motivation** von Abraham **Maslow** ist hier erwähnenswert. Obwohl die Wissenschaft sie aufgrund unzureichender empirischer Validität als gescheitert ansieht, dient die von Maslow entwickelte Bedürfnishierarchie, auch **Bedürfnispyramide** genannt, vielen Wissenschaftlern als Grundlage für weitere Untersuchungen, Erklärungsmodelle und Theorien, wenn es darum geht, menschliches Verhalten zu erklären oder besser noch vorherzusagen. Maslow stützt seine Theorie darauf, dass jeder Mensch Bedürfnisse hat, die man in fünf Stufen einteilen kann (siehe Abb.).

Bedürfnispyramide nach Maslow

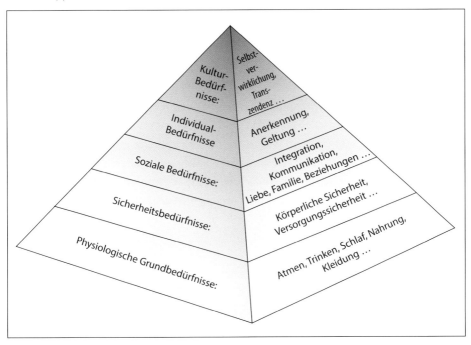

Quelle: Peter Schommer nach Maslow/eigene Darstellung

Dabei bilden die unteren drei Stufen die so genannten **Defizitbedürfnisse**, d. h. Bedürfnisse, die immer dann relevant sind, wenn wir ein Defizit verspüren. Die oberen beiden Stufen bezeichnet Maslow als **die unstillbaren Bedürfnisse**, d. h. Bedürfnisse, die nie wirklich befriedigt werden können, auch wenn wir noch so sehr danach streben. Den physiologischen Bedürfnissen ordnet Maslow Atmung, Schlaf, Nahrung, Wärme, Gesundheit, Wohnraum, Kleidung, Sexualität und Bewegung zu. Auf der Stufe Sicherheit finden sich die Bedürfnisse nach Recht und Ordnung, Schutz vor Gefahren, festem Einkommen, Absicherung und Unterkunft. Zu den sozialen Bedürfnissen gehören nach Maslow Familie, Freundeskreis, Partnerschaft, Liebe, Intimität und Kommunikation. Individualbedürfnisse, auch Anerkennungsbedürfnisse sind höhere Wertschätzung durch Status, Respekt, Anerkennung, Wohlstand, Geld, Einfluss, private und berufliche Erfolge, mentale und körperliche Stärke. Der obersten Stufe, der Selbstverwirklichung, ordnet Maslow die Bedürfnisse nach Individualität, Talententfaltung, Perfektion, Erleuchtung und Selbstverbesserung zu.

Seiner Theorie nach erlangt ein in der Hierarchie höher eingestuftes Bedürfnis zunehmend an Bedeutung, d. h., strebt nach konkreter Befriedigung, wenn die einer niedrigeren Stufe zugeordneten Bedürfnisse befriedigt sind. Diese Aussage ist aber nicht so zu verstehen, dass wir kein Bedürfnis nach Liebe, Intimität, Wertschätzung oder Individualität hätten, solange der Magen vehement sein Bedürfnis nach Nahrung einklagt. Vielmehr ist die Bedürfnispyramide so zu verstehen, dass die Menschen grundsätzlich eher dazu neigen, ein akutes Bedürfnis nach Nahrung zu befriedigen, anstatt nach Selbstverwirklichung oder Erleuchtung zu streben, wenn man sie vor die Alternative stellt. In einem Experiment wurde nachgewiesen, dass es auch eine Rangordnung innerhalb der Stufen gibt. So wurden gleichermaßen hungrige wie durstige Probanden vor die Wahl gestellt, entweder etwas zu trinken oder zu essen. Wie zu vermuten, haben sich die Probanden für das Getränk entschieden. Schließlich kann der Mensch zwar je nach Konstitution durchaus zwei oder drei Wochen ohne Essen auskommen. Ohne Flüssigkeit wird es aber bereits ab drei Tagen kritisch.

Was sich nun so einfach anhört und suggeriert, dass mit diesen Erkenntnissen jegliche Handlung der Menschen vorhersehbar sei, stellt sich beim Realitäts-Check als deutlich komplizierter heraus. So gibt auch Maslow zu bedenken, dass die Handlung eines Individuums auch durch seine Kultur und Lernerfahrung beeinflusst wird. Außerdem ist die Bedürfnispyramide das Ergebnis eines statischen Mittels, in dem individuelle Abweichungen untergehen. Kein Grundsatz ohne Ausnahme!

Die menschliche Natur: Bedürfnisse zu befriedigen

Seit der Mitte des 20. Jahrhunderts haben sich neben Maslow noch weitere Verhaltensforscher wie beispielsweise *Frederick Herzberg, D. McClelland, J. Barbuto/ R. Scholl* oder *Steven Reiss* mit der menschlichen Motivation, also mit der Frage, was den Menschen zu bestimmten Handlungen antreibt, beschäftigt und weitere Modelle entwickelt, deren Beschreibung den Rahmen dieses Buches sprengen würde. Es fällt jedoch auf, dass auch in diesen Modellen die bereits von Maslow aufgeführten Bedürfnisse immer wieder auftauchen.

Nun gibt es aber durchaus zwei Möglichkeiten, diese Bedürfnisse zu befriedigen: Eine Möglichkeit besteht darin, sich einfach das Objekt seiner Begierde zu nehmen. Das stellt so lange kein Problem dar, als niemand sonst einen Anspruch darauf erhebt, d. h., niemand das Objekt der Begierde als sein Eigentum betrachtet. Anderenfalls sollte man der Stärkere sein. Die andere Möglichkeit besteht darin, ein **adäquates Tauschobjekt** anzubieten, in der Hoffnung, dass der andere auf den angebotenen Handel eingeht.

Tatsächlich beschreibt *Herodot* in seinen Berichten aus dem 5. Jahrhundert v. Chr., wie sich der „stumme" Handel an der westafrikanischen Küste abspielte: „Die Phönizier sprechen nicht mit den scheuen und ängstlichen Eingeborenen dieser unwirtlichen Küste. Sie legen ihre Waren am Strand nieder und kehren auf ihre Schiffe zurück. Jetzt erst wagen sich die Eingeborenen hervor; sie betrachten eingehend die Waren und legen so viel Gold daneben, wie sie dafür zu geben bereit sind. Dann verschwinden sie wieder im Busch. Am nächsten Morgen fahren die Phönizier wieder an Land, um zu sehen, wie viel die Eingeborenen für die Waren geboten haben. Ist es genug, so nehmen sie das Gold und fahren ab; sind sie jedoch nicht zufrieden, so lassen sie Waren und Gold liegen und ziehen sich abermals auf die Schiffe zurück. In der Nacht kommen die Wilden wieder, um entweder ihr Angebot aufzubessern, das heißt, etwas Gold dazuzulegen, oder das Gold an sich zu nehmen. Nun steht es den Fremden frei, die Waren doch noch liegen zu lassen und zu warten, bis die Eingeborenen die zuerst gebotene Goldmenge hinlegen oder unverrichteter Dinge zurückzukehren."*

„Niemals kommt es vor, dass eine Seite die andere betrügt und Gold und Waren zusammen an sich nimmt", wundert sich der Grieche. Aber wie hätte Handel auch anders funktionieren können? Zum Einen kannte man den Fremden ja nicht und war unsicher, welchen Zweck er mit der angebotenen Ware verfolgte. War es am Ende

---

* Ernst Samhaber, Kaufleute wandeln die Welt, 2. Auflage 1993, S. 29 ff.

nur der Speck in der Falle? Zum anderen sprach niemand die Sprache des Anderen. Trotzdem verstand jeder, was der Andere wollte.

Obwohl hier Menschen aus unterschiedlichen Kulturen aufeinandertrafen, die sich vorher noch nie gesehen hatten und sich weder mit Zeichen, noch verbal verständigen konnten, gab es da wohl so etwas wie einen gemeinsamen genetischen Code, der zu einem Handel führte, aus dem beide Seiten offensichtlich ihren Vorteil zogen. Beide Parteien hatten ein Bedürfnis, das der Andere befriedigen konnte.

Aber warum haben die Eingeborenen nicht einfach die Ware vom Strand genommen ohne einen Gegenwert anzubieten und warum haben die Händler nicht Ware und Gold genommen und sind verschwunden? Beiden Seiten war offensichtlich klar, dass diese Option die Chancen auf eine Wiederholung zunichte macht. Das menschliche Handeln wird also nicht nur von der Befriedigung eines akuten Bedürfnisses bestimmt, sondern auch von der Lernerfahrung, dass – in diesem Fall – ein Angebot einer Gegenleistung die größere Aussicht auf eine dauerhafte Befriedigung wiederkehrender Bedürfnisse hat.

Marshall B. Rosenberg sagt in seinen Arbeiten zum Modell der gewaltfreien Kommunikation, dass „Bedürfnisse allen Menschen der Art nach gemein sind. Bedürfnisse sind demnach unabhängig von Zeiten (Epochen), Orten (Regionen, Kulturen) und Personen. Bedürfnisse verschiedener Individuen stehen einander nie entgegen, sondern lediglich die Strategien, die zur Erfüllung der Bedürfnisse angewandt werden".

Gleicht man die Maslowsche Bedürfnispyramide mit den Lebensumständen vor Tausenden von Jahren ab, dann erwartet man Nahrungsmittel ganz oben in der Bedürfnisskala. Forschungsergebnisse belegen jedenfalls, dass die Menschen damals nicht gerade überernährt waren. Das **Bedürfnis nach Nahrung** war sicher latent vorhanden. Aber kein Angebot außer dem, was die unmittelbare Umgebung hergab. Wie schon im Kapitel über die technische Entwicklung dargelegt, dauerte es noch recht lange, bis Lebensmittel über größere Strecken wirtschaftlich transportiert werden konnten. Bei der Traglast eines Esels von maximal 90 kg und einer Tagesstrecke von 25 km kann man sich leicht ausrechnen, nach wie vielen Kilometer die Ladung von Mensch und Tier selber verzehrt sind. Die Handelsware musste die Bedingungen erfüllen, die durch die jeweiligen Möglichkeiten bestimmt wurden. Dazu gehörte insbesondere, dass die Ware nicht verderblich war und so viel Gewinn versprach, dass sowohl der Zeitaufwand für deren Beschaffung als auch die dadurch entstehenden möglichen Gefahren ausreichend honoriert wurden.

Als Beleg dafür, dass bereits in der Steinzeit Handel betrieben wurde, fanden Wissenschaftler in Südrussland einen Platz mit Tausenden von Steinkeilen, weit mehr, als die wenigen Menschen, die hier vorbeigekommen waren, brauchen konnten. Zweifelsfrei hatten die Hersteller sie gegen andere Gegenstände getauscht, denn diese Steinkeile werden noch heute in allen Teilen Osteuropas gefunden.* Für einen gewerblichen Handel, d.h. der Einnahmenerzielung durch Ein- und Verkauf fast ausschließlich nicht selbst hergestellter Waren, gibt es allerdings keine Belege aus dieser Zeit. Stellt sich also weiterhin die Frage, wann, womit und vor allem warum Handel entstand.

Die Gretchenfrage: Warum entstand Handel?

Sobald zwei Menschen erstmals aufeinandertreffen, kann man ein mehr oder weniger ausgeprägtes Schauspiel beobachten. Es ist ein sich gegenseitiges Abtasten und Abstecken der Claims. Wer ist dieser Andere? Was bewegt ihn, Kontakt aufzunehmen? Was sind seine Absichten? Wie stark ist er bzw. welche Macht hat er? Kann und will er mich dominieren? Wer übernimmt die Führungsrolle?

Heute wird dieses Spiel mit Worten und Gesten entschieden. Vor vielen Tausend Jahren war es meist die Muskelkraft sowie die Geschicklichkeit im Kampf und auf der Jagd. Das Ergebnis ist aber das Gleiche: Es bilden sich Hierarchien, Machtstrukturen. Je größer die Gruppe, desto differenzierter. So genannte elitäre Schichten bilden sich heraus. Der Umgang miteinander hat viel Ähnlichkeit mit dem Rudelverhalten in der Tierwelt. Wie in der Tierwelt bedienen sich zuerst die in der Hierarchie ganz oben stehenden und dann schön der Reihe nach, bis nichts mehr übrig ist. Ist man aber erst mal in der Hierarchie aufgestiegen, entstehen neue, andersartige Probleme, als der Kampf um das tägliche Leben.

Was aber nutzt der Status, wenn keine **Statussymbole** ihn für andere erkennbar machen? Alles, was selten und kostbar ist, dient diesem Zweck und so waren im alten Ägypten beispielsweise kostbare Gewänder, Schmuck, Schminkwerk und duftende Öle begehrt. Große Häuser, prunkvolle Wagen und wertvolle Waffen unterstrichen die Stellung des Einzelnen und machte vor allem klar, dass man bereit war, diese auch zu verteidigen. Damit es auch die Götter weiterhin gut mit einem meinten, musste Weihrauch her – sehr viel Weihrauch.

---

* Ernst Samhaber, Kaufleute wandeln die Welt, 2. Auflage 1993, S. 23 ff.

Die treibenden Kräfte des Handels

Nur der Händler wusste, wo diese Dinge zu finden waren und was man zum Handel anbieten musste. Die Wege waren weit, beschwerlich und gefährlich. Die auf einer Reise transportierten Mengen waren gemessen an heutigen Verhältnissen gering. Dafür waren die Gewinnspannen dieser Waren enorm. Aber auch Händler sind nur Menschen mit Bedürfnissen (s. Maslow) und so ist es nicht verwunderlich, dass der Handel seine Entstehung im so genannten Fernhandel mit Waren fand, die in der Wertschätzung der Herrschenden und Reichen ganz oben standen.

Ganz oben auf der Liste der Begierde stand Gold, das die Ägypter aus Nubien herbei schafften. Edelsteine und Elfenbein kamen von der Ostküste Afrikas. Dem Zeitgeist entsprechend pflegte sich die wohlhabende Oberschicht mit wohlriechenden Ölen, die aus Persien und Indien stammten. Aus Indien kamen auch die feinen Baumwollgewebe und Gewürze. Die ägyptischen Priester brauchten für ihre Rituale Unmengen von Weihrauch und Myrrhen, die aus dem Sudan kamen. Allein dem Ammonstempel der heiligen Stadt Theben wurden Aufzeichnungen aus dem 12. vorchristlichen Jahrhundert zufolge 2.189 Krüge und 304.093 Scheffel Weihrauch gespendet.*

Status und Macht dokumentierten die Ägypter aber auch mittels architektonischer Meisterleistungen im Tempel- und Palastbau. Zur Realisierung dieser baulichen Meisterleistungen, aber auch zum Schiffsbau, wurden große Mengen von Holz benötigt, das es in Ägypten selbst nicht mehr gab. Vom Mittelmeer bis hoch in Berge des Libanon wuchsen mächtige Zedern, auf die sich die Begierde der Ägypter richtete.

Aber nicht nur Baumaterial war erforderlich, um die anspruchsvollen Bauvorhaben zu verwirklichen. Die Kenntnis der Mechanik war zwar erstaunlich. Aber weder Elektro- noch Verbrennungsmotoren waren erfunden und um die riesigen Steinblöcke zu bewegen waren trotz Anwendung der Mechanik viele Menschen erforderlich. Diese potenzierten sich mit den gewaltigen Ausmaßen der Projekte. Für deren Realisierung waren viele Tausend Menschen erforderlich. Das eigene Volk für die Bauarbeiten vom Feld zu holen hätte unweigerlich Hunger und Rebellion bedeutet. Außerdem zu Wohlstand gekommen wollten die Ägypter diesen auch nicht mehr mit der eigenen Hände Arbeit vermehren. Die Lösung lag nahe. Schließlich gab es um Ägypten herum genügend Völker, die der militärischen Überlegenheit nichts entgegenzusetzen hatten und die als Sklaven verschleppt die Arbeiten verrichteten, mit denen sich kein Ägypter abgab, der etwas auf sich hielt. Allerdings gab es da zwei Probleme zu lösen. Zunächst einmal mussten die Sklaven ja aus ihrer Heimat

---

* Ernst Samhaber (1993), S. 27 ff.

dahin gebracht werden, wo Bedarf an ihnen bestand. Damit beginnt auch eine sehr unrühmliche Geschichte des Handels, nämlich dem Handel mit Sklaven, d. h., mit Menschen, die zur Sache degradiert wurden.

Als zweites Problem wurde die Nahrung in Ägypten langsam knapp. Schließlich waren Sklaven ohne Nahrung nichts wert. Des Weiteren stieg der Bedarf an Metallen zur Herstellung von Waffen zur Aufrechterhaltung ihrer Macht und Arbeitsgerät. Insbesondere Kupfer, Zinn und später dann Eisen, von denen es in Ägypten nur geringe Vorkommen gab, waren gesucht. Gut für die Phönizier, die mit ihren Schiffen das Schwarze Meer, das gesamte Mittelmeer und über die Straße von Gibraltar hinaus bis nach Westafrika und nach Norden um die Spanische Halbinsel herum bis in die Ostsee reisten und mitbrachten, wonach die Ägypter gierten. Zu den Luxusgütern, die nach wie vor einen bedeutenden Anteil am Fernhandel hatten, wurden nun auch Massengüter wie Eisen, Kupfer, Zinn, Marmor, Baumwolle aber auch Wein, Olivenöl und Getreide gehandelt. Athen begründete gar seinen Wohlstand und Bedeutung auf den Getreidehandel mit den südrussischen Hafenstädten am Schwarzen Meer. Die Pontosfahrer konnten das Getreide gar so billig anbieten, dass die griechische Landbevölkerung bereits im vierten Jahrhundert v. Chr. die Auswirkungen der Globalisierung zu spüren bekamen und ihr Land wegen der dort nur mäßigen Erträge verließen.

Es ist zwar kein ruhmreiches Kapitel des Handels, aber wenn es um Bedürfnisse der Menschen und deren Befriedigung geht, kann man es auch nicht ignorieren. Sklaven waren billige Arbeitskräfte und deren Besitz versprach Wohlstand. So war es über Tausende von Jahren üblich, die in Kriegen unterworfenen Völker in die Sklaverei zu verschleppen. Auf die Spitze trieben es wohl die Römer, die alsbald Kriege nur noch im Hinblick auf die zu erbeutenden Schätze und insbesondere Sklaven führten. Sklavenhändler waren alsbald die ständigen Begleiter der Heere und so mancher Feldherr finanzierte sich über den Verkauf von Sklaven, die der Feldzug erst erbeuten sollte. Sich das Ausmaß des Sklavenhandels vorzustellen, fällt schwer. Aufzeichnungen zufolge wurde die gesamte Bevölkerung der griechischen Handelsstadt Tarent, also 30.000 Menschen, im Jahr 209 v. Chr. auf den Sklavenmärkten verschachert. Auch die Eroberung der reichen Handelsstädte Capua und Syrakus führte zur Versklavung der gesamten Bevölkerung. Rom verurteilte das gesamte Volk der Molosser in Epirus zur Sklaverei, weil es gewagt hatte, offen Widerstand zu leisten. Die Einwohner von 70 Städten mussten den Weg zum Sklavenmarkt antreten. Als die Römer 22 Jahre später Korinth eroberten, verloren 140.000 Menschen ihre Freiheit. Im gleichen Jahr, 146 v. Chr., fiel Karthago und wieder verkauften die Sieger die überlebende Bevölkerung.

Die treibenden Kräfte des Handels

Der größte Teil des **Sklavenhandels** lief über die Insel Delos. Hier wurden die Sklavenmassen gesammelt, sortiert, verkauft und zum Bestimmungsort verschifft. Eine große logistische Herausforderung, die mit Hilfe der Händler gelöst wurde.

Und es war für die Händler ein sehr lohnendes Geschäft. Der Hunger nach Sklaven war riesig. Nicht nur, dass sie zu den schweren und meist Leben verkürzenden Arbeiten in Steinbrüchen, Erzgruben, an den Monumentalbauwerken sowie auf den Latifundien und Galeeren eingesetzt wurden. Viele Sklaven zu besitzen, bedeutete Status und für einen wohlhabenden Römer oder Römerin wäre es undenkbar gewesen, sich selber um die niederen Tätigkeiten des täglichen Lebens zu kümmern. Es ging aber noch viel weiter. Die Soldaten, reich geworden durch die Kriege, wussten gar nicht, was sie mit ihrem Vermögen anfangen sollten. Außer Krieg zu führen, hatten Sie ja nichts gelernt. Selbst diese Aufgaben übernahmen Sklaven. Sklaven, die einen besonders hohen Preis auf den Märkten erzielten. Allerdings war deren Leben meist verwirkt, sollten die Geschäfte nicht den erhofften Profit erzielen.

Auf Sklaven als billige Arbeitskräfte setzten auch die Besitzer der Baumwoll- und Zuckerrohrplantagen Amerikas. Immer war das Streben nach Wohlstand und Geld, aber auch das Streben nach Anerkennung und Wertschätzung durch den Status, Herr über Sklaven zu sein, die Motivation. Erst 1865 wurde der Friedensvertrag zur Beendigung des amerikanischen Bürgerkrieges geschlossen, der sich unter anderem auch an der Sklavenhaltung entzündete.

Den Handel aber für das Leid anderer Menschen verantwortlich zu machen, wäre eine schlichte Verwechslung von Ursache und Wirkung. Da war zunächst das Bedürfnis nach Wohlstand und Status und moralische Bedenken wurden damit beseitigt, dass die Menschen mit dunkler Hautfarbe minderwertig seien und ihnen demzufolge auch nicht die gleichen Rechte zustanden. Wie überhaupt zu der Zeit die Rechte der Menschen in engem Zusammenhang mit seinem Stand verbunden waren und da standen die Schwarzen ganz weit unten, wenn sie denn überhaupt als menschliches Wesen angesehen wurden. Sie wurden eher als eine Sache, eine Ware betrachtet.

Die Kunden des Handels seit der Antike bis zur industriellen Revolution waren fast ausschließlich die Reichen und Mächtigen dieser Welt und sind es für die Luxusgüter noch heute. Verändert hat sich allerdings der Personenkreis derer, die zu den Reichen und Mächtigen gehören. Der Adel wurde ersetzt durch den Geldadel und Könige durch Präsidenten und Diktatoren. Unverändert blieb das Bedürfnis nach

Macht, Status und natürlich Wohlstand. Auch nicht geändert hat sich das Bedürfnis, Macht, Status und Wohlstand durch den Besitz von Luxusgütern zur Schau zu stellen. Je teurer, desto exklusiver, je exklusiver, umso begehrter.

Aber was war eigentlich mit dem **Handel jenseits der Alpen** vor der Erschließung der Neuen Welt? Hatten die Menschen hier keine Bedürfnisse? Natürlich, aber was hätten diese Menschen denn zum Tausch anbieten können? Im Gegensatz zu den Sumerern, Ägyptern, Griechen oder Römern handelte es sich bei den Germanen nicht um ein Volk mit eigenem Staatswesen. Vielmehr handelte es sich um viele einzelne Stämme mit lediglich gleicher Herkunft. Jeder Stamm mit einem kleinen Siedlungsgebiet, oftmals nur ein paar Tausend Stammesmitglieder und eigenem Führer. Meist untereinander zerstritten und nur temporär vereint, wenn es um die Vertreibung der Römer oder einfallender Stämme aus dem Osten ging.

Wenn man überhaupt von einem bedeutsamen Handel sprechen kann, dann entlang der bereits von den Römern durch Anlage von Treidelpfaden schiffbar gemachten Flüsse von Rhein und Donau. Folgerichtig lag der Handel entlang des Rheins vorwiegend auch in der Hand der Römer und entlang der Donau bis zum Schwarzen Meer in der Hand der Juden.

Maßgeblichen Anteil an der Entwicklung des Handels im heutigen Deutschland hatte die Befriedung der germanischen Stämme und Zusammenfassung zu einem Kaiserreich beginnend mit **Karl dem Großen**. Auch wenn von „blühendem Handel" noch keine Rede sein konnte, entwickelten sich doch in den folgenden Jahrhunderten allerorts Gewerbe – von Gerbern bis zu Webern – und damit ein Angebot an Tauschgütern. Gleichzeitig wurde der Abbau der überall begehrten Erze intensiviert und auch die Landwirtschaft entwickelte sich dank des von Konrad II. ursprünglich für Italien erlassenen Gesetzes der Erblichkeit der niederen Lehen.

Zu etwas Wohlstand gekommen, entwickelten Gewerbe und Handel ein neues, ein gestärktes Selbstbewusstsein. Die Gewerbe organisieren sich in **Zünften**, der Handel in **Gilden** und nehmen mehr und mehr politischen Einfluss. Sie trotzen dem Adel Freiheitsrechte ab. Aber vor allem nehmen sie mehr und mehr Einfluss auf die Verteilung des Wohlstands. Es entsteht eine Schicht wohlhabender Bürger und damit neben dem Adel eine für den Handel lukrative Käuferschicht. Eine wachsende Zahl der Bevölkerung hatte nun nicht nur Bedürfnisse, sondern auch die Mittel, diese zu befriedigen. Der Handel nimmt Fahrt auf.

Die treibenden Kräfte des Handels

Die Fugger: Handel mit Leinen und Baumwolle

Die bekanntesten Beispiele für die rasante Entwicklung des Handels im späten Mittelalter sind wohl der **Aufstieg der Familie Fugger** sowie die **Entwicklung der Hanse**. In Deutschland verbreitet war der Anbau von Flachs und dessen Verarbeitung zu Leinen. Im Norden hatte sich im 14. Jahrhundert Bielefeld als Zentrum der Leinenweberei etabliert. Im Süden wiederum wurde Flachs in der Region um Augsburg in großem Stil angebaut. Auch in Graben, einem Dorf nahe Augsburg, in dem die Bauernfamilie Fugger den Flachs anbaute und große Mengen Leinwand webte. Die Fugger waren tüchtig und strebsam, so dass sie bald nicht nur ihre eigene Leinwand in Augsburg zum Kauf anbot, sondern auch die benachbarter Bauern. Im Jahr 1367 ist in den Büchern der Stadt Augsburg der Zuzug von Hans Fugger vermerkt. Mit dem beachtlichen Vermögen von 22 Pfund begann er den **Handel mit Leinen**. Eine segensreiche Entscheidung für die ganze Region. Denn warum hätten die Bauern mehr Flachs anbauen und weben sollen, als sie selbst verkaufen konnten? Erst mit der mutigen Entscheidung die Tücher aufzukaufen und andernorts anzubieten, machte das Sinn und brachte alsbald Wohlstand in die Region. Insbesondere die Idee, Leinen mit Baumwolle zu verweben, entwickelte sich zum Renner auf dem Markt. Die Beliebtheit des „Barchent" stieg ständig. Schließlich war dieser neue Stoff äußerst haltbar und dazu noch viel billiger als reines Leinen. Als Hans Fugger 1408 starb, hinterließ er ein Vermögen von 3.000 Gulden und eine Erwerbsquelle für die Menschen der Region.

Seine Söhne und Enkel bauten das Handelsgeschäft zu einem regelrechten Imperium auf. Sie bauten die Absatzgebiete aus und erweiterten die Handelspalette um Seiden-, Woll- und Damaststoffe, Gewänder, Gewürze und Spezereien und kauften Baumwolle und Farbstoffe für die Produktion. Für die Söhne des alten Jakob Fugger produzierten etwa 3.500 Webstühle.

Damit nicht genug. Jakob Fugger, der Jüngere, galt als besonders begabt. Bereits mit acht Jahren schickte man ihn nach Venedig, wo er alles über den Welthandel und den Tausch von morgenländischen Spezereien, griechischen Weinen, venezianischen Spitzen, Glas und Seidenwaren gegen Metalle, Holz, Getreide, Leder, Woll- und Leinwandstoffe und gegen Pelze aus dem Norden tauschte. Er erlernte die doppelte Buchführung und erkannte die Zusammenhänge zwischen Geschäft und Politik. Er lernte das Geld- und Kreditgeschäft der großen Florentiner Bankhäuser wie dem der Medici kennen, aber auch die Gefahren, die mit diesem Geschäft verbunden sind. Trotzdem stieg Jakob Fugger ins **Kreditgeschäft** ein und eröffnete sich damit den

Zugang zu dem **Geschäft mit Metallen** wie Eisen, Kupfer, Zinn, Silber und Gold. Die Nachfrage dieser Metalle stieg permanent und der Handel damit versprach hohe Gewinne. Als die Venezianer 1487/88 Erzherzog Sigismund von Tirol besiegten, der zuvor kurzerhand deren Bergwerke beschlagnahmte, musste er 85.000 Gulden an Schadenersatz leisten. Da er nur für 60.000 Gulden Kupfer liefern konnte, besorgte er sich den Rest von Jakob Fugger als Kredit gegen eine Bürgschaft der Schwazer Gewerke, die als Unternehmen die gerade erst richtig erschlossenen besten Silbergruben ausbeuteten. Geschickt handelte Jakob Fugger einen Festpreis aus, der in dem Angebotsmarkt einen Gewinn garantierte, dessen stattliche Höhe nur davon abhing, wem er das Silber zu liefern versprach. Der Erzherzog war kein Kaufmann und besser darin, das Geld auszugeben, das er nicht hatte. Für Jakob Fugger die Möglichkeit, das Silbergeschäft weiter auszubauen.

Kupfer war im rohstoffarmen Orient und in Indien besonders begehrt. Die Zusammenarbeit mit den durch Heirat auch verwandtschaftlich verbundenen Turzos, einer Familie, die aus Niederösterreich stammte und über den europaweiten Rohstoffhandel sowie den Bergbau im damaligen Königreich Ungarn reich geworden war, bot sich die Gelegenheit, in dieses Geschäft groß einzusteigen. Mit dem Geld der Fugger, die den Vertrieb übernahmen, wurden die technischen Anlagen zum Scheiden des Silbers von den Kupfererzen verbessert. Dann galt es, die Ausfuhrgenehmigung vom ungarischen König und die Durchfuhrgenehmigung der Donau-Anrainerstaaten zu besorgen. Die guten Beziehungen zu Kaiser Maximilian und dessen permanent leeren Kassen waren dabei sehr hilfreich. Als sich 1496 die Reichsstädte weigerten, dem Kaiser zur Finanzierung seiner Heerfahrt nach Italien einen Vorschuss auf den „Gemeinen Pfennig" zu gewähren, bot Jakob Fugger an, gegen Verpfändung der Tiroler Kupferbergwerke einzuspringen. Von dem Darlehensbetrag zogen die Augsburger allerdings den noch ausstehenden Restbetrag aus früheren Silberanleihen ab und zahlten der Tiroler Landesregierung, was sie von ihrem Habsburger Landesherrn noch zu fordern hatten. Was übrig blieb, reichte wieder nicht und ein weiteres Darlehen gegen weitere Silberlieferungen stand an.

Mit der Ausbeute der Kupfer- und Silberminen Ungarns und Tirols für viele Jahre im Rücken und den Ausfuhr- und Durchfahrtsrechten auf der Donau bis in Schwarze Meer stand den Fuggern das Tor zum Orienthandel offen. Sie stiegen alsbald groß in das Pfeffergeschäft in Antwerpen ein. Der Versuch, mit der Hanse ins Direktgeschäft mit Westindien einzusteigen, scheiterte jedoch am Widerstand der Portugiesen. Über einen Faktor in Lissabon und einem eigenen Haus in Antwerpen gelang es trotzdem, die führende Rolle auf dem Pfeffermarkt weiter auszubauen.

Die treibenden Kräfte des Handels

Ohne Tauschgut kein Handel

Das Beispiel der Fugger zeigt, dass sich Handel nur dann entwickeln und Wohlstand bringen kann, wenn ein geeignetes Tauschgut vorhanden ist. D.h., es ist nicht entscheidend, ob die Augsburger nicht befriedigte Bedürfnisse hatten. Entscheidend ist, dass sie etwas anzubieten hatten, was auf die Bedürfnisse anderer stößt. Das Beispiel der Fugger zeigt auch darüber hinaus, dass der Handel die Brücke schlägt zwischen Menschen mit unterschiedlicher Wertschätzung einer Sache, die aus dem Grad der Bedürfnisbefriedigung resultiert. Handel funktioniert nur nach dem Prinzip von Leistung und Gegenleistung. Die Bilanz musste ausgeglichen sein. Den Verbindlichkeiten hatten Forderungen und Warenbestände in mindestens gleicher Höhe gegenüberzustehen und den Kosten regelmäßig höhere Erträge.

Ganz anders die Motivation der europäischen Königshäuser. Ruhm, Ehre und Anerkennung durch Ihresgleichen waren wichtiger als erwirtschaftete Erträge, aus denen die Kosten bestritten wurden. Schließlich gab es ja Banken und die zu Reichtum gekommenen Handelshäuser wie das der Fugger. So wie die Kreditvergabe zum Ausgleich der Haushaltsdefizite den Einstieg in lukrative Geschäftsfelder eröffnete, so wurden die Forderungen nach neuem Geld der Königshäuser immer unverschämter und rissen letztlich so wohlhabende Kaufmannsfamilien wie die Fugger mit ins Verderben.

Was die großen Handelsfamilien wie die Fugger und Walser für den Süden Deutschlands waren, war die Hanse im Norden. Die Kaufleute des Nordens waren auch Seefahrer und bereisten insbesondere die Ostsee und Nordsee, aber auch den nördlichen Atlantik bis Island. Die Seefahrt auf dem Mittelmeer war schon gefährlich. Aber die nördlichen Meere stellten noch höhere Ansprüche an Mensch und Material. Darüber hinaus gab es auch hier Seeräuber und auch der eine oder andere Herrscher glaubte, sich an den Händlern und ihrer Fracht bereichern zu können. So entstand Mitte des 12. Jahrhunderts die Hanse als eine Art Beistandsbund der seefahrenden Händler. Als Bund, der mit einer Stimme sprach, hatten sie Einfluss und ein starkes Druckmittel, ihr Recht durchzusetzen. Diese Macht nahm noch einmal deutlich zu, als sich Mitte des 14. Jahrhunderts die Kaufmannshanse in eine Städtehanse wandelte.

Die Hanse wuchs schnell und nicht nur um die Städte an Nord- und Ostsee. Auch Städte wie Köln, Dortmund, Magdeburg, Braunschweig und Stendal wie weitere 195 Städte von Groningen bis Riga gehörten zwischen dem 14. und 17. Jahrhundert zumindest zeitweise der Hanse an. Mitglied der Hanse zu sein, lohnte sich, da sich wie in der Europäischen Gemeinschaft den Mitgliedern für ihre Waren der Zugang zu lukrativen Märkten eröffnete. Denn es war nicht der glanzvolle Handel mit den Luxusgütern des Orients, auf dem der Wohlstand der Kaufleute der Hanse beruhte. Gehandelt wurden überwiegend Massengüter wie Wolle aus England, Heringe aus Südschweden und Wachs, Honig, Teer und Pech sowie Holz, Holzkohle und Pottasche aus den unendlichen Wäldern Russlands. Aber vor allem und überall begehrt waren Rauchwerk, die Pelze, die vom Weißen Meer und Sibirien zu den Handelsstädten der Ostsee gebracht wurden. Das Tauschgut kam aus dem Hinterland. Das insbesondere für die Heringsfänger unentbehrliche Salz kam aus Lüneburg, das Tuch aus Flandern, Leinen aus Bielefeld, das Getreide aus Polen, Wein aus Köln und Bier aus Einbeck und Wismar, aber vor allem aus Hamburg dank Braumalz aus Holstein, Altmark, Brandenburg, Mecklenburg und Pommern. Ebenfalls als Tauschgut sehr begehrt waren von den Handwerkern hergestellte Waffen, Rüstungen und Gebrauchsgüter aus Metall.

Die Kunden der Hansekaufleute waren überwiegend einfache Menschen und genau darin liegt der große Unterschied. Oder soll man sagen: die große Veränderung im Handel, der einem Quantensprung gleichkommt? Gewinnaufschläge wie bei den Gewürzen aus dem Orient waren da nicht drin. Auch auf Preisschwankungen reagierten die Kunden heftig. Nicht im Bewusstsein einer Einkaufsmacht, sondern weil sie sich nicht mehr leisten konnten. Andererseits war es undenkbar, dass der Hering einmal nicht gekauft wurde, dass man kein Holz für den Schiffsbau brauchte oder dass die durstigen Matrosen nicht nach Bier und Wein verlangten. Der Hansekaufmann spekulierte nicht und war auch mit kleinen Margen zufrieden. Er hatte ja die Kogge und später den Holk, Schiffe, die in ihrer Zeit an Stabilität und Ladevolumen überlegen waren. So war auch mit kleinen Margen gutes Geld zu verdienen, was beweist, dass die Bedürfnispyramide von Maslow wohl doch nicht so falsch sein kann.

Kontakte nach Übersee

Von der regen **Handelstätigkeit der Hanse** profitierten auch die Landwirtschaft und das produzierende Gewerbe im gesamten Umfeld der Hansestädte. Bis, ja bis die Portugiesen den Seeweg nach Indien entdeckten und Kolumbus Amerika. Nicht dass deswegen der Handel auf Ost- und Nordsee eingestellt wurden. Aber aus dem, was uns die Geschichtsbücher als die größte Entdeckung der Neuzeit schildern, entstand ein gefährlicher Cocktail aus Habgier, Geltungssucht und Dummheit bzw. Unvermögen, die Zusammenhänge der Wirtschaft zu verstehen und stürzte den gesam-

Die treibenden Kräfte des Handels

ten Fernhandel in Nordeuropa in eine tiefe Krise bzw. löschte ihn fast vollständig aus. Doch darüber haben wir bereits im Kapitel 3 ausführlich berichtet. Hier geht es schließlich um menschliche Bedürfnisse als treibende Kraft des Handels. Und die Bedürfnisse hatten sich nicht geändert – allerdings die Beschaffungswege. Die Kaufleute der Hanse fühlten sich sicher in ihrem Geschäft an Nord- und Ostsee und sahen keine Notwendigkeit, sich für den Handel mit Amerika zu interessieren. Anders als die Engländer, die sich als Seefahrer neu entdeckten. Auf ihren Fahrten nach Amerika machten sie zwar zunächst keine großen Geschäfte. Wie auch? Es gab ja keine Händler, die ihnen bei ihrer Ankunft Waren zum Tausch angeboten hätten. Aber sie entdeckten den überaus großen Fischreichtum vor der Küste Neufundlands. Von jeder Fahrt kamen die Schiffe voll beladen zurück und machten dem Heringshandel mächtig Konkurrenz. Natürlich mit entsprechender Auswirkung auf die Preise, die den Fisch für weitere Bevölkerungsgruppen als erschwingliches Nahrungsmittel interessant machte und die Nachfrage steigen ließ.

Als die ersten Siedler den Kontakt zu den einheimischen Indianern hergestellt hatten, wurden ihnen Pelze bester Qualität im Tausch gegen billigen Tand, meist Glasperlen angeboten. Allerorts besonders beliebt war das Fell des Bibers, der schon bald an der Ostküste rar wurde. Abenteurer brachen ins Landesinnere auf, um selbst Fallen zu stellen und von den freundlich gestimmten Indianerstämmen Felle zu kaufen, mit denen sich gute Geschäfte machen ließ. Allerdings zu Lasten des von den Hansekaufleuten dominierten Handels mit russischem Rauchwerk.

Weiter südlich entstanden die ersten Plantagen. Die Ureinwohner zur Bewirtschaftung einzusetzen scheiterte kläglich und selbst waren die Europäer nicht gewohnt, bei diesen hohen Temperaturen und vor allem Luftfeuchtigkeit körperliche Arbeit zu verrichten. Körperlich belastbare Arbeitskräfte mussten her. Fündig wurde man in Afrika und so entstand alsbald ein schwunghafter Handel im Dreieck zwischen Europa, Afrika und Amerika.

An dieser Stelle ist es an der Zeit, noch einmal auf Herrn Maslow zurückzukommen. Was die aufgelisteten Bedürfnisse anbelangt, beweist der Ausflug in die Geschichte, dass diese bei den Menschen aller Epochen und Kulturen latent vorhanden waren. Die Geschichte zeigt aber auch, dass der Handel zwar viele, aber nicht alle Bedürfnisse befriedigen konnte und vor allem nicht die Bedürfnisse aller. Ersteres deshalb, weil der Gegenstand des Handels Dinge waren, die selbst z. B. das Bedürfnis nach Status nicht erfüllen können. Sie können aber durch ihren Besitz anderen vermitteln, dass man einen bestimmten Status genießt bzw. zu einer wohlhabenden und erfolgreichen Schicht gehört. Oder: Keine Sache der Welt befriedigt das Bedürfnis nach Liebe und Zuneigung. Aber wertvolle Geschenke (Schmuck, Kleider) sind sehr hilfreich, um sich die Liebe und Zuneigung anderer Menschen zu sichern. Aber auch wenn der Bedarf an Gütern noch so groß war: Der Handel konnte sich nur in dem Rahmen entwickeln, wie er die Beschaffungsquellen kannte und er über die Möglichkeiten verfügte, die Güter vom Ort des Überschusses zum Ort des Bedarfs zu bringen. Aber selbst das reicht nicht für die Entwicklung eines schwungvollen Handels. Da der Handel sich die Güter des Bedarfs nicht durch Gewalt aneignet, bedarf es auch eines geeigneten **Tauschgutes** und letztlich war und ist der Händler auch nur ein Mensch mit all seinen Bedürfnissen und bestrebt, deren Befriedigung durch sein Tun näherzukommen. Über viele Jahrtausende war der Handel mehr oder weniger auf die Reichen und Mächtigen dieser Welt ausgerichtet. Nur die verfügten über die Macht und die Mittel, tauschbare Güter zu beschaffen und versprachen dem Händler einen Gewinn, für den sich das Risiko, sein Vermögen oder gar sein Leben zu verlieren, lohnte.

Die **Entwicklung des Gewerbes** erschloss zwar für viele Menschen eine Einkunftsquelle, die das Überleben sicherte. Aber reich und damit relevant für den Handel wurden nur wenige. So wenige, dass sich bis ins späte Mittelalter kein nennenswerter stationärer Handel etablierte. Schließlich durfte in den Städten des Mittelalters aus falsch verstandenem Protektionismus nur gehandelt werden, was das örtliche Handwerk nicht selbst herstellte. Da blieb nicht genug Nachfrage für die Entwicklung eines nennenswerten stationären Handels und so trafen die Fernhändler ihre Kunden auf den **Messen** und Märkten, die mehrfach im Jahr in den bedeutenden Städten stattfanden, oder besuchten ihre Kunden selbst.

Das Zeitalter der Industrialisierung

Ein tiefgreifender Wandel vollzog sich erst aufgrund der **Industrialisierung**, die Mitte des 18. Jahrhunderts von England ausging und erst mit hundertjähriger Verspätung auch in Deutschland ankam. Bisher handwerklich geprägte Fertigung wich der industriellen Fertigung, bei der die Maschinen die Kraft zur Verfügung stellten, die zuvor von Mensch und Tier bzw. standortabhängig von Wind und Wasser geliefert wurde. Zwar war man durch die Maschinen nun weitgehend standortunabhängig, aber die Maschinen waren teuer und rentierten sich nur, wenn sie in großen Fabriken ihre volle Leistung entfalten konnten. Es entstanden Industriezentren, Ballungszentren, die immer mehr Menschen in der Hoffnung, dort ihr Glück zu finden, anzogen. Insbesondere junge Menschen, die auf dem Land allenfalls die Chance auf ein eher dürftiges Leben als Knecht oder Diener eines Gutsherren oder Adeligen gehabt hätten. Die **Städte**, insbesondere in den Ballungszentren der Industrie, explodierten regelrecht. Als Arbeiter in der Stadt waren aber auch die Möglichkeiten der Selbstversorgung sehr beschränkt, die in dem bisher trotz dem im internationalen Vergleich recht ansehnlichen Gewerbe eher agrarwirtschaftlich geprägten Deutschland die Regel war. Immer mehr Menschen waren für ihre Versorgung auf den Händler angewiesen.

Umgekehrt entstand durch die Industrialisierung trotz aller sozialer Probleme wie Ausbeutung der Arbeiter und Kinderarbeit nach und nach eine **breitere Mittelschicht**, die sich auch die Waren des Händlers leisten konnte. Zu dieser neuen Mittelschicht gehörten auch die vielen neuen Staatsdiener und Kommunalbeamten. Schließlich musste die industrielle Revolution verwaltet werden. Dank der steigenden Steuereinnahmen war das ja kein Problem und auch für einen kostspieligen Militärapparat blieb noch genug übrig. All diese Menschen hatten Bedürfnisse, die nur der Handel als Bindeglied zwischen Industrie und Verbraucher erfüllen konnte.

Nun sollte man allerdings nicht glauben, dass die Supermärkte und Kaufhäuser wie Pilze aus dem Boden schossen. Der **stationäre Handel** entwickelte sich eher im Verborgenen. Im Souterrain, um genauer zu sein. Ohne Schaufenster und meist nur aus einer Theke bestehend, an der der Kunde seine Wünsche äußerte. Daraufhin entschwand der Händler in den Untiefen seines Lagers und legte auf den Tisch, was seiner Meinung nach dem Wunsch des Kunden entsprach. Mehr war nicht erforderlich. Schließlich hatten die Kunden Bedürfnisse und die Händler waren sich einig. So stand in der „Mayntzischen Policey Ordnung" des 18. Jahrhunderts zu lesen, „dass niemand den anderen vom Kauf abtreiben oder mit höherem Bieten demselben eine Ware verteuern soll. Niemand soll sich in des anderen Handel eindrängen oder seinen eigenen so stark führen, dass andere Bürger darüber zu Grunde gehen".

Wie im Paradies auf Erden müssen sich die **Pariser Bürger** gefühlt haben, als 1852 Boucicaut sein erstes Warenhaus, das **Bon Marché** eröffnete. In großen, hellen Schaufenstern gab er den vorbeiflanierenden wohlhabenden Bürgern einen Einblick in die Warenvielfalt, die sie in den Verkaufsräumen erwartete. Insbesondere die Damenwelt drückte sich die Nase platt, überwältigt von dem Angebot an Stoffen, Kurz- und Schnittwaren, Kleider, Röcke, Schuhe, Tisch- und Bettzeug, Porzellan, Silber- und Glaswaren. Mit **Umtauschrecht** und vor allem **niedrigeren Festpreisen** lockte er die Kunden in sein Warenhaus und auch hier wurde präsentiert, was die

Welt an Konsumgüter zu bieten hatte. Erstmals konnte nun der Kunde selbst nach dem suchen, was sein Bedürfnis am ehesten befriedigte. Der Kunde bestimmte und nicht der Kaufmann. Wenn der Kaufmann nicht das Richtige zu bieten hatte, konnte man den Laden auch wieder verlassen, ohne Gefahr zu laufen, dass in der Nachbarschaft schlecht geredet wurde. Ab sofort sollte der **Kunde König** sein und Boucicaut tat alles dafür, dass er sich auch so fühlte. **Wertschätzung** war das Bedürfnis, das er zu befriedigen wusste.

Besonders seine Überlegungen über den **funktionalen Zusammenhang von Preis und Nachfrage** erwiesen sich als Volltreffer. Üblicherweise kalkulierten die Händler ihre Stoffe mit einer Rohgewinnspanne von ca. 50–60 % und ließen sich von den Kunden auf ca. 40 % heruntergehandeln, um ihnen das Gefühl zu geben, einen guten Preis ausgehandelt zu haben. Boucicaut agierte mit Festpreisen, aber die waren nur mit einer Rohgewinnspanne von 20 % kalkuliert. Seine Überlegung war, dass nach Abzug aller Kosten etwa 5 % statt 25 % vom Umsatz übrig blieben, aber der Preisvorteil von 20 % den Umsatz um mehr als das Fünffache nach oben treiben würde. Er sollte recht behalten. 1852 betrug sein Umsatz noch 500.000 Franken. 1860 waren es bereits 5 Millionen Franken.

Das **Konzept hoher Umsatz, feste Preise, kein Kaufzwang** und **großzügiger Umtausch** fand bald überall seine Nachahmer. *Macy* eröffnete 1858 sein erstes Warenhaus in New York, *Wanamaker* folgte 1861 in Philadelphia. In London folgten *Harrods, Lewis, Whiteley* und *Selfridge* 1909. *Karstadt* eröffnete das erste deutsche Warenhaus 1881 in Berlin gefolgt von *A. Wertheim* und *Herrmann Tietz*. Zugegeben anfangs nicht unbedingt für den kleinen Mann, aber für eine wachsende Konsumentenschicht des wohlhabenden Mittelstands.

Möglich wurde dies alles durch die **Industrialisierung**. Durch **Rationalisierung der Produktionsabläufe** und den **Einsatz von Maschinen** konnten der Produktionsausstoß erheblich gesteigert und die Stückkosten gesenkt werden. Die Märkte insbesondere in Übersee saugten alles auf, was die Industrie produzierte. Tuche, Eisenwaren, Waffen und Maschinen stießen auf hohe Nachfrage, was die Importe verbilligte. Der Auf- und Ausbau der Infrastruktur, insbesondere des Bahnnetzes, der Binnen- und Seehäfen und der Einsatz leistungsfähigerer Schiffe hatten ebenfalls seinen Anteil daran, dass sich immer mehr Menschen leisten konnten, in den neuen Läden einzukaufen. Veranschaulicht wird dies sehr schön durch nachfolgende Grafik, in der die Entwicklung des Pro-Kopf-Einkommens über die Jahrhunderte dargestellt wird. Deutlich erkennbar werden die Auswirkungen des Ersten und Zweiten Weltkrieges,

Die treibenden Kräfte des Handels

Entwicklung des Pro-Kopf-Einkommens

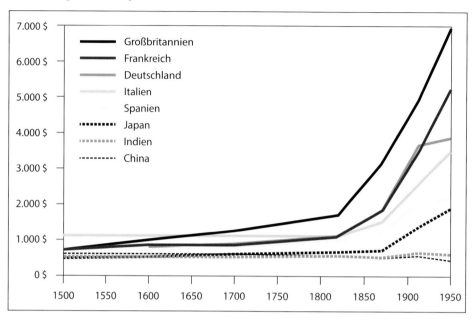

Quelle: Wikipedia/Maddison, Oxford University Press 2007

die das Pro-Kopf-Einkommen in der ersten Hälfte des 20. Jahrhunderts in Deutschland nur aufgrund der „Goldenen Zwanziger" noch etwas ansteigen ließ.

Das Wirtschaftswunder verändert die Handelslandschaft

Nach der Währungsreform 1948 startet das deutsche **Wirtschaftswunder**, an dem sich das Zusammenspiel von Bedürfnissen einerseits sowie der notwendigen Rahmenbedingungen andererseits aufzeigen lässt.

Starten wir bei den **Bedürfnissen**. Nach dem wohl verheerendsten Konflikt in der Menschheitsgeschichte, der unsagbares Leid über die beteiligten Völker brachte und auch für die deutsche Bevölkerung von großen Entbehrungen gekennzeichnet war, wollten die Menschen zunächst einmal nur eins: sich endlich wieder satt essen! Nachdem es wieder genug zu essen gab, wollten die Menschen endlich heraus aus den notdürftig bewohnbar gemachten Wohnungen. Es begann die große Zeit der **Wohnbaugenossenschaften** und **Bausparkassen**. Es entwickelte sich ein regelrechter Bauboom. In den eigenen vier Wänden sollten aber bald auch neue Möbel und vor allem die Wohlstandsattribute ihren Platz finden. Der Kühl- und Gefrierschrank für die Küche und Fernseher sowie Stereoanlage für das Wohnzimmer. Für die Mobilität das Motorrad und dann das Auto vor der Tür. Und dann entdeckten die in ihrem Selbstbewusstsein durch die wirtschaftlichen Erfolge wieder bestärkten Deutschen die Nachbarländer als Reiseländer.

Die verfügbaren Einkommen der Bundesbürger (nur Westdeutschland) stiegen seit 1950 von gerade einmal 3.392 Euro (in Preisen von 2007) auf 18.450 Euro pro Kopf in 2007. Ein immenser Zuwachs. Zwischen 1950 und 1991 ist das verfügbare reale Pro-Kopf-Einkommen in den alten Bundesländern auf den fünffachen Wert gestiegen und im vereinigten Deutschland dann noch einmal um 8 Prozent. Allein für die neuen Länder ergibt sich ein Plus von 31 Prozent – die massiven Kaufkraftgewinne durch die Währungsreform 1990 nicht eingerechnet.

Diese Entwicklung wäre aber – Bedürfnisse hin, Bedürfnisbefriedigung her – nicht ohne die günstigen Rahmenbedingungen möglich gewesen. Die zunächst als Katastrophe empfundene Deportation der Maschinen und Produktionsanlagen erwies sich im Nachhinein als regelrechtes Glück. So konnte der Wiederaufbau ohne Rücksicht auf vorhandene Produktionsanlagen mit den modernsten Maschinen und unter Berücksichtigung der neuesten Erkenntnisse der Produktionstechnik sowie Produktionsabläufe erfolgen. Theoretisch – wenn das notwendige Geld dafür vorhanden war. Selbst hatten das kriegsgebeutelte Deutschland wie auch die ehemaligen Feinde nur Schulden. Dank dem vom US-Kongress 1948 beschlossenen Marshall-Plan (offiziell: European Recovery Program) förderten die Amerikaner mit 13,1 Milliarden Dollar (entspricht ca. 75 Mrd. € 2007) in den nächsten vier Jahren den wirtschaftlichen Aufbau des zerstörten Europas. Aber so hilfreich und wichtig diese Anschubfinanzierung für das starke Wirtschaftswachstum nach dem Krieg auch war – entscheidender für das schnelle Wachstum der westeuropäischen Länder und damit auch Deutschlands nach dem Krieg war die Liberalisierungspolitik, die dafür sorgte, dass zwischenstaatliche Handelsbeschränkungen reduziert oder abgeschafft wurden. Im April 1948 erfolgte die Gründung der OEEC unter Teilnahme Westdeutschlands und in der Folge wurden die Zollbarrieren abgebaut.

Nun gab es also eine **Anschubfinanzierung** und einen großen weitgehend **zollfreien Raum**. Es wurde wieder produziert und die Produkte trafen auf einen großen Markt ohne protektionistische Hemmnisse. Fehlte nur noch eine stabile Währung. Die folgte dann auch schon im Juni 1948 in Form der Deutschen Mark.

Die treibenden Kräfte des Handels

Der Handel mit Konsumgütern

Diese Darstellung ist zugegeben sehr stark verkürzt und soll die große Leistung der vielen, für den wirtschaftlichen Aufschwung Verantwortlichen, nicht schmälern. Aber im Kern sind es die dargestellten Faktoren, gepaart mit Fleiß, Beharrlichkeit, einem hohen Stand der Wissenschaft und Forschung sowie dem Erfindungsgeist der Menschen im neu entstandenen Deutschland, die für den Wohlstand verantwortlich sind, den wir heute genießen. In diesem Umfeld konnte sich selbstverständlich auch der Handel mit Konsumgütern sehr gut entwickeln.

Betrug die Verkaufsfläche des Einzelhandels Anfang der 50er Jahre noch deutlich weniger als 20 Mio. Quadratmeter, stieg sie bis 2010 auf 122 Mio. Quadratmeter. Durch die Wiedervereinigung 1989 geben die absoluten Zahlen diese Entwicklung allerdings nicht zutreffend wieder. Aber auch umgerechnet auf die Quadratmeter pro Kopf der Gesamtbevölkerung ergibt sich eine deutliche Steigerung. Lassen wir die ersten zehn Jahre als Jahre des Wiederaufbaus außen vor, so hat sich die Verkaufsfläche pro Kopf bis 2010 um den Faktor 3,5 auf 1,5 Quadratmeter erhöht.

In den 1950er, 1960er und für einige Warengruppen vielleicht auch bis in die 1970er Jahre handelte es sich noch um einen **Angebotsmarkt** und die Flächenexpansion füllte Versorgungslücken. Mal früher, mal später, von Warengruppe zu Warengruppe unterschiedlich, änderte sich so langsam das Bild. Aus dem Angebotsmarkt wurde ein **Nachfragemarkt** und nicht jede neue Ladenfläche war ein Garant für wirtschaftlichen Erfolg.

Was war passiert? Sehr viel! Zum einen hatten die Menschen wieder Arbeit und verfügten damit über ein geregeltes Einkommen, das auch infolge der guten wirtschaftlichen Entwicklung jährlich stärker stieg als die Inflation. Man hatte wieder ausreichend zu essen, besaß genügend Kleidung und ein Dach über dem Kopf. Immer mehr Menschen hatten sogar noch etwas übrig und konnten sich einen Urlaub im Ausland erlauben. Nun durfte es ruhig etwas mehr sein. Zumindest das, was man im Urlaub kennen gelernt hatte. Anstatt nur gekleidet wollte man modisch gekleidet sein. Auch die Möbel sollten nicht mehr an die Zeit der Entbehrungen erinnern und so hielten „Nierentisch und Co" Einzug. Man war wieder wer, und das wollte man auch genießen (und zeigen). Eine **Mixtur aus Bedürfnissen** einerseits und **technischem Fortschritt** andererseits sorgte für gravierende Veränderungen in der Handelslandschaft. Erste Leidtragende waren die kleinen Kramläden, in denen nur der Händler wusste, wo etwas lag. Das **Selbstbedienungskonzept**, bei dem der Verbraucher alles sehen konnte, was der Händler anzubieten hatte und selbst bestimmte, welchen der angebotenen Artikel er kauft, war nicht mehr aufzuhalten. Die Verbraucher wollten noch mehr – mehr Auswahl! In den Innenstädten schwer zu realisieren. Waren 1955 gerade mal 349.000 Autos auf Arbeitnehmer zugelassen, stieg deren Zahl im Jahr 1965 auf 6.606.000 und damit auf das 20fache. Also lag es nahe, auf der grünen Fläche neue, große Märkte zu bauen, in denen der Verbraucher in die große Welt des Konsums eintauchen konnte. Angefangen beim klassischen Sortiment des LEH über Bekleidung, Haushaltsartikel bis hin zur Unterhaltungselektronik boten die großflächigen Warenhäuser ein breites Sortiment und zogen die Verbraucher mit dem Argument des „**One-stop-shopping**" hinaus.

Gleichzeitig hielt das **Discount-Format** in Deutschland Einzug. 1960 brachten es die Gebrüder Albrecht auf 300 Filialen. Zwar nicht vom Markenhersteller, aber zu unschlagbar günstigem Preis boten die Aldi-Filialen ca. 280 Artikel aus dem Lebensmittel-Grundsortiment ohne Frische, Obst und Gemüse oder Tiefkühlkost und Getränke. Alles Produkte, die zur Weiterverarbeitung in der Küche vorgesehen waren. Oder anders ausgedrückt, deren Endprodukt man die Herkunft der Zutaten nicht ansah.

Aber was passiert, wenn konkurrierende Produkte in großen Mengen auf einem Markt zusammentreffen? Übliche Antwort: Der Preis geht runter. Stimmt und viele Konsumgüterhersteller mussten schon das Handtuch werfen, wenn sie ihre Produktion nicht schnell genug in so genannte Billiglohnländer verlegten.

„Gleiche Faktoren" bieten Kaufanreize

Aber was tun, wenn alle unter günstigsten Bedingungen produzieren? Es kann ja weder im Interesse der Konsumgüterindustrie noch des Handels sein, immer niedrigere Durchschnittsbons zu akzeptieren. „Innovation" heißt das Zauberwort, wobei man mit dem Begriff etwas vorsichtig umgehen sollte. Bei näherer Betrachtung entpuppt sich so manche Innovation als Mogelpackung. Davon aber einmal abgesehen ist der Gedanke richtig. Wie soll man einen Konsumenten davon überzeugen, Geld für etwas auszugeben, das er im Prinzip schon hat? Da bleibt doch nur, ihm klar zu machen, dass es sich um etwas Neues handelt und er nicht mehr „in" ist, wenn er sich dem Erwerb widersetzt. Es drohen Statusverlust und Entzug der Anerkennung durch die Gruppe.

Exkurs I: Der Kaffee-Vollautomat

Dabei geht es gar nicht um die Frage, ob man den Gegenstand objektiv braucht. Es geht darum, **Bedürfnisse zu befriedigen**, die mit dem Produkt oder der originären Leistung des Produkts relativ wenig zu tun haben. Ein guter Espresso ist ein Genuss und es ist nachvollziehbar, dass man sich dieses Genussmittel gönnt. Objektiv betrachtet braucht man zur Herstellung aber keinen Kaffee-Vollautomaten. Trotzdem waren die Kaffee-Vollautomaten die Verkaufsschlager der letzten Jahre und die Frage, welches Gerät wohl den besten Espresso liefert, gehörte zum Standard des gepflegten Small Talks. Wer in einer solchen Gruppe nach Anerkennung strebte, musste schon mit einem Gerät jenseits der 1.000,- €-Klasse aufwarten. Mittlerweile gehört der Kaffee-Vollautomat schon fast zur Standardeinrichtung eines gut ausgestatteten Haushalts und seine Bedeutung, anderen Menschen den eigenen Status zu vermitteln, nimmt ab. Man darf gespannt sein, welche Raffinessen die nächste Generation von Kaffee-Vollautomaten bieten, um sie zum begehrenswerten Objekt all derer zu machen, die „dazu gehören" wollen.

Exkurs II: Das Auto

Das **Statussymbol** der Deutschen ist aber das **Auto**. So beschwerte sich einmal ein Handelsvertreter darüber, dass er so viel Geld für das neue Oberklassenmodell ausgeben müsse. Auf die Frage, warum er denn nicht zu einem kleineren Modell oder preiswerteren Marke greife, antwortete er, dass er das bereits vor ein paar Jahren versucht habe, worauf ihn seine Kunden fragten, ob seine Geschäfte so schlecht laufen, dass er am Auto sparen müsse.

Ein Bekannter, der in seiner Freizeit als Privatfahrer an Bergrallyes teilnahm, stieg in die Führungsriege seines Unternehmens auf mit Anspruch auf einen Firmenparkplatz in der ersten Reihe neben dem Haupteingang. Nach kurzer Zeit legte man ihm nahe, sich entweder ein standesgemäßes Auto zuzulegen oder auf dem Mitarbeiterparkplatz zu parken.

Zwei Beispiele dafür, wie sehr das Auto die Deutschen in Klassen einteilt und mit Marke und Modell der soziale Auf- oder Abstieg verbunden wird. Das obwohl bekannt ist, dass die wenigsten Fahrzeuge der gehobenen und Oberklasse dem Fahrer gehören, sondern seinem Arbeitgeber, einer Leasinggesellschaft oder der finanzierenden Bank. Und in schöner Regelmäßigkeit steht der nächste Modellwechsel an und von Monat zu Monat wächst der Kaufzwang. Dabei rechtfertigt in den seltensten Fällen die technische Innovation die Anschaffung eines neuen Fahrzeugs. Wir sind alle keine „Schumachers" und würden wahrscheinlich den Unterschied gar nicht merken, wenn im nächsten Modell die bisherige Technik verbaut würde. Hinzu kommt, dass die Verkehrssituation in der Regel die Ausschöpfung des Potenzials nicht zulässt bzw. die Obergrenze von den Herstellern ohnehin freiwillig auf 250 km/h begrenzt wurde. Aber die größte Begrenzung ist der Mensch selbst. Demzufolge betreffen die meisten Innovationen dann auch die so genannte Sicherheitstechnik und nicht das Auto an sich. Ob allerdings diese wirklich die Sicherheit erhöht oder letztlich dem Zwang geschuldet ist, etwas Neues auf den Markt bringen zu müssen, hinterfragen mittlerweile auch diejenigen, die sich von Berufs wegen mit dem Auto auseinandersetzen. Aber noch läuft dieser Mechanismus und die Konsumenten werden wohl auch den nächsten Modellwechsel innerhalb von ein bis maximal zwei Jahren vollziehen, um ihren Status zu dokumentieren und keinen Zweifel daran aufkommen zu lassen, dass man es sich leisten kann.

Innovation stößt aber nicht nur an sachliche Grenzen. Innovation stößt auch an menschliche Grenzen. Die Fähigkeit der Konsumenten Innovationen aufzunehmen, zu verarbeiten und zu verstehen, ist begrenzt. Ein Beispiel dafür sind die **Innovationszyklen in der Unterhaltungselektronik**, zu der man auch die Informationstechnologie für den privaten Bereich zählen muss.

Innovation war aber nicht nur im technisch orientierten Konsumbereich das Zauberwort zur Lösung des Problems der Umsatzsteigerung in gesättigten Märkten. Auch die Lebensmittelindustrie hat sich daran kräftig beteiligt, ganz nach dem Motto: Wenn nicht „mehr" gegessen wird, dann muss das, was zum Essen gekauft wird, mehr Umsatz bringen. Das geht am Besten, wenn die Nahrungsmittel mit einem zusätzlichen Nutzen verbunden werden, die spezifische Bedürfnisse der Konsumenten ansprechen, die über die schmackhafte Befriedigung des Hungers hinausgehen. Dazu findet eine Verarbeitung statt, d. h., die Wertschöpfung wird erweitert.

Ähnliches ist in der **Bekleidungsindustrie** zu beobachten. Bei Schuhen und Sport- und Freizeitkleidung müssen es „High-Tech-Materialien" sein, die den Körper nicht nur wärmen, sondern bspw. für Feuchtigkeitstransport von innen nach außen und Wasserundurchlässigkeit von außen nach innen sorgen. Dabei sollen Schuhe und

Kleidung leicht sein und sich jeder Körperbewegung anpassen. Und ja, Körpergeruch sollen diese Materialien natürlich auch vermeiden. Spätestens jetzt müssen die alten Sachen aus dem Schrank genommen und durch neue ersetzt werden. Kaum getan, wechselt die Modefarbe und das in immer kürzeren Abständen.

Aber welche **Motivation** macht das möglich? Die Aussicht auf die **Befriedigung der Bedürfnisse**. Bei genauerer Betrachtung eigentlich fast aller, die von Maslow und Kollegen aufgelistet werden. Je nach Artikel und Hersteller andere, aber in der Summe wird die gesamte Bedürfnispalette abgedeckt, die man nur irgendwie mit Konsumgütern in Verbindung bringen kann. Beispiele aus dem Lebensmitteleinzelhandel?

Ein ganzes Sortiment könnte man z. B. unter dem Aspekt „Kalorienreduziert" bzw. „Fettarm" und „Leicht und Lecker" zusammenstellen. Suggeriert wird damit, dass der Genuss dieser Artikel sich nicht nachteilig auf die Figur auswirkt oder gar die Figurprobleme durch Verzehr dieser Artikel in den Griff zu bekommen sind. Wieso Figurprobleme? Weil nach allgemeiner Auffassung nur schlanke Menschen gesund, dynamisch und erfolgreich sind.

Gesundheit ist ein weiteres Bedürfnis, dem sich die Lebensmittelindustrie ausgiebig widmet und die Regale im Handel füllen. Da wird die „Extraportion Milch" genauso wie die Anreicherung mit Vitaminen und Mineralien angepriesen und dem Konsumenten erklärt, dass sich Magen und Darm nur bei täglichem Genuss spezieller Joghurtkulturen wohlfühlen.

Ein **glückliches Familienleben** kann man natürlich nur dann führen, wenn für die Kleinen immer genügend von den kleinen fruchtigen Joghurtbechern im Kühlschrank stehen. Und wenn Papa mal kocht, dann strahlt die ganze Familie nur, wenn Geschmack und Zutaten aus der Tüte kommen.

Selbst die Bedürfnisse nach Freundeskreis, Partnerschaft, Liebe, Intimität, Wertschätzung, Wohlstand, Status und Erfolg werden mehr oder weniger direkt über Lebensmittel angesprochen.

Das Bedürfnis nach Sexualität wird am stärksten seitens der Bekleidungsbranche thematisiert. Aber auch andere Branchen wie z. B. die Automobilindustrie wissen dieses Bedürfnis geschickt mit ihren Produkten zu verbinden. Immer geht es darum, dem Konsumenten das Gefühl zu vermitteln, durch den Kauf dieses Artikels der Befriedigung seines Bedürfnisses, wonach auch immer, ein wesentliches Stück näher zu kommen. Und es scheint kaum ein Bedürfnis zu geben, das nicht durch Konsum zu befriedigen wäre.

4.3. Zwischenfazit und Umfeldbedingungen heute

Fazit: Der Mensch handelt entsprechend seiner Bedürfnisse und diese Bedürfnisse bzw. die Möglichkeiten, sie mittels Konsumgütern zu befriedigen, treiben den Handel voran. Wahr ist aber auch, dass nicht allein das Bedürfnis des Konsumenten den Handel treibt, sondern auch die Fähigkeit des Konsumenten-Käufers, für die Befriedigung seiner Bedürfnisse einen adäquaten Preis zahlen zu können. Zugleich gilt es aber auch festzuhalten, dass der deutsche Konsument in der Bedürfnishierarchie nach Maslow auf einem recht hohen Niveau angekommen ist. Auch dank der rasanten Fortschritte der angewandten Naturwissenschaften hat man als Verbraucher das Gefühl, im Schlaraffenland zu leben. Alles ist jederzeit und überall verfügbar. Es geht schon lange nicht mehr um die Befriedigung von Grundbedürfnissen. Ginge es nur darum, lägen die Konsumausgaben aufgrund rationeller Produktionsverfahren weit unter dem heutigen Niveau. Das wird besonders deutlich, wenn man betrachtet, wohin die Konsumausgaben fließen. Laut volkswirtschaftlicher Gesamtrechnung des Bundes ergibt sich folgendes Bild:

Verwendung der Konsumausgaben 1991–2010 in Deutschland

Verwendungszweck	1991		1995		2000		2005		2010	
	Mrd. €	%	Mrd. €	%	Mrd. €	%	Mrd. €	%	Mrd. €	%
Nahrungsmittel, Getränke, Tabakwaren	150,4	17,7	162,9	16,1	170,5	15,1	179,1	14,5	190,9	14,1
Bekleidung und Schuhe	67,4	7,9	67,3	6,7	68,4	6,0	63,6	5,1	68,3	5,1
Wohnungsmiete, Wasser, Strom, Gas u.a. Brennstoffe	163,4	19,2	228,2	22,5	258,9	22,9	298,5	24,1	331,9	24,6
Einrichtungsgegenstände für den Haushalt	70,6	8,3	82,6	8,1	89,3	7,9	81,9	6,6	83,2	6,2
Verkehr und Nachrichtenübermittlung	141,8	16,7	157,5	15,5	185,6	16,4	211,1	17,1	218,0	16,2
Freizeit, Unterhaltung und Kultur	81,0	9,5	93,8	9,3	112,9	10,0	115,5	9,3	123,6	9,2
Beherbergungs- und Gaststättendienstleistung	48,0	5,7	56,5	5,6	64,4	5,7	67,0	5,4	77,6	5,7
Übrige Verwendungszwecke	127,1	15,0	163,8	16,2	180,9	16,0	221,4	17,9	255,5	18,9
Konsumausgaben der privaten Haushalte im Inland	849,8	100,0	1.012,7	100,0	1.130,9	100,0	1.238,2	100,0	1.349,1	100,0

Quelle: Eigene Darstellung/Peter Schommer nach Daten der volkswirtschaftlichen Gesamtrechnung des Bundes.

Mit der **Entwicklung der Konsumausgaben** haben nämlich die Warenkategorien Lebensmittel, Schuhe und Bekleidung sowie Einrichtungsgegenstände nicht Schritt gehalten. Im Gegenteil ist deren Anteil an den Konsumausgaben deutlich zurückgegangen und nach Abzug der Geldentwertung bleibt auch von der absoluten Steigerung kaum etwas übrig. Zugleich handelt es sich aber auch um die Konsumgüter, die maßgeblich zum Wachstum der Handelsflächen beigetragen haben. Branchenschätzungen gehen im Lebensmitteleinzelhandel zum Beispiel von einem 30–40 %igen Flächenüberschuss aus. Diese Entwicklung kann natürlich nicht ohne Folgen bleiben.

„Geiz ist geil!"

In den Nachkriegsjahren eröffneten immer mehr selbständige Kaufleute Lebensmittelgeschäfte, Möbelhäuser und Textilfachgeschäfte. Da sie auf eine große Nachfrage stießen, liefen die Geschäfte durchweg gut. Mit der Zunahme der Konkurrenz nahm auch der Wettbewerb um den Kunden zu. Die zunehmende Mobilität der Verbraucher erhöhte die Wahlmöglichkeit der Einkaufsstätte. Die Verbraucher werden anspruchsvoller und verlangten nach mehr Auswahl. Mehr Auswahl erfordert größere Flächen und damit Investitionen. Das Gleiche galt für neue Formate wie die Selbstbedienung und das Discount-Format. Anstehende Investitionsentscheidungen gepaart mit ersten Nachfolgeproblemen in einem zunehmend umkämpften Markt führten zu ersten Geschäftsaufgaben bzw. Verkäufen. 1966 endete der erste Nachkriegsaufschwung und 1974 führte die Ölkrise zu einem Nachfrageentzug, auf den viele selbständige Einzelhändler nicht eingestellt waren. In den 80er Jahren nahm die Konzentrationsbewegung weiter Fahrt auf, u. a. auch infolge der zweiten Ölkrise. Multiplizierbare Handelsformate wurden entwickelt und von mutigen und visionären Handelsunternehmen ausgerollt. Kostendegression erhöhte den Druck auf den Markt. Erste Handelsunternehmen erreichten Größenordnungen, die den Großhandel und Einkaufsverbände in Preisverhandlungen mit der Industrie überflüssig machten. Die Preissensibilität spielte insbesondere dem Discountformat verstärkt durch die nächste Rezessionsphase 1993 in die Hände. Eigenmarken, von den Discountern schon bekannt, wurden immer beliebter und hielten auch in anderen Formaten Einzug. Die Konzentration im Lebensmitteleinzelhandel ging weiter. 2001 dann die nächste Schwächephase, die bis 2004 anhält. 2002 macht dann in einer groß angelegten Werbekampagne Media/Saturn auch dem letzten Verbraucher klar: „Geiz ist geil!". Nun reißen alle Dämme. Das Einzige, was noch zählt, ist der Preis. Geiz war plötzlich gesellschaftsfähig. Die Discounter hatten das Non-Food-Aktionsgeschäft aufgenommen und machten dem Fachhandel mit ihren saisonal angepassten Sortimenten der Wochenaktionen das Leben noch schwerer.

Mittlerweile schreiben wir das Jahr 2012 und haben auch die Finanz- und Wirtschaftskrise 2008/09 überstanden. Die indes nicht ruhende Konzentrationswelle hat einen Stand erreicht, bei dem die fünf größten Lebensmitteleinzelhändler knapp 80 % des Marktes beherrschen.

5. Vertikalisierung macht den Unterschied

Wenn sich wie im LEH letztlich fünf Unternehmensgruppen rund vier Fünftel eines Marktes teilen, spricht man gemeinhin von einem Oligopol und es besteht die Gefahr, dass der Wettbewerb zum Erliegen kommt. Diese Logik mag – so hat man zumindest den Eindruck – in anderen Branchen aufgehen. Nicht so im Lebensmitteleinzelhandel. Ausweislich der offiziellen Statistiken liegt das Preisniveau für Lebensmittel in Deutschland deutlich *unter* dem unserer Nachbarländer Dänemark, Belgien, Österreich, Italien, Schweiz, Großbritannien und nur knapp über dem Durchschnitt aller EU-Staaten. An einem niedrigeren Niveau der Einstandspreise kann es nicht liegen. Zum einen gehört Deutschland nicht zu den Ländern mit den niedrigsten Lohnkosten, und zum anderen stammt auch nur ein Teil der Lebensmittel aus deutschem Anbau und Verarbeitung. Die EU macht in ihrem Bericht aus 2006 den scharfen Wettbewerb, insbesondere den hohen Marktanteil der Discounter, als Ursache für das niedrige Preisniveau aus.

Tatsächlich ist der Marktanteil der Lebensmittel-Discounter trotz immer mal wieder geäußerter gegenteiliger Prognosen vieler Handelsexperten permanent gestiegen und hat 2010 den Stand von 43,9 % erreicht. Richtig ist auch, dass die Lebensmittel-Discounter sehr gute Qualität zu noch günstigeren Preisen anbieten. Das bestätigen sogar unabhängige Testzeitschriften regelmäßig. Trotzdem verdienen gerade die Discounter nicht schlecht. Wenn das Geld aber nicht über den Verkaufspreis verdient wird, bleibt nur die Kostenreduzierung als Ursache.

So genannte Handelsexperten werden nicht müde, die Einkaufsmacht und den Druck der Handelsriesen auf die Industrie dafür verantwortlich zu machen. Übersehen wird dabei, dass auch die Lebensmittelindustrie letztlich Geld verdienen muss und an ihre Grenzen stößt, dem Verlangen nach noch besseren Konditionen nachzugeben. Außerdem haben sich die Lebensmittelhändler schon seit langem entweder einem Einkaufsverbund wie Rewe, Edeka, Markant und anderen zusammengeschlossen oder haben selbst eine Größenordnung erreicht, mit der man der Industrie auf Augenhöhe zum Wettbewerb begegnet. So bestätigten denn auch gleich mehrere Top-Manager des Lebensmitteleinzelhandels, dass noch größere Einkaufsmengen keine signifikanten Auswirkungen mehr auf den Einkaufspreis haben.

Top Five des LEH in Deutschland

Unternehmen	Umsatz 2010 in Mio. Euro	Anzahl der Outlets
Edeka-Gruppe	45.309	7.831
Rewe-Gruppe	37.378	5.868
Metro-Gruppe	30.325*	943
Schwarz-Gruppe	28.400*	3.838
Aldi-Gruppe**	24.500*	4.305

Die Angaben beziehen sich nur auf die Aktivitäten in Deutschland.
* Geschätzt
** Aldi Nord und Aldi Süd
Quelle: Lebensmittel Zeitung

Es ist zwar wichtig, die Betriebskosten möglichst niedrig zu halten. Aber der Spielraum ist begrenzt. In Abhängigkeit vom Handelsformat nimmt der **Wareneinsatz** allein einen Anteil von bis zu 80 % der Kosten ein.

Nach dem Wareneinsatz spielen die **Personalkosten** die größte Rolle in der Gewinn- und Verlustrechnung eines Handelsunternehmens, sieht man mal von dem Posten „Sonstige betriebliche Aufwendungen" ab, hinter dem sich mehrere Kostenarten verbergen. Aber bei den Personalkosten sparen zu wollen ist problematisch. Der Handel zählt ohnehin nicht zu den Branchen mit den höchsten Tarifgehältern. Gute Mitarbeiter bekommt man aber nicht für schlechtes Geld. In dem harten Wettbewerbsumfeld braucht man die besten Mitarbeiter, um vorne mitspielen zu können. Hinzu kommt, dass die Mitarbeiter im Vertrieb das Gesicht des Unternehmens gegenüber den Verbrauchern sind und diese merken schnell, ob sie einen zufriedenen und motivierten Mitarbeiter vor sich haben oder nicht. Entsprechend gerne suchen sie den betreffenden Markt auf. Im Ergebnis kann man festhalten, dass Einsparungen an den Personalkosten nur dann Sinn machen, wenn sie auf effizientere Prozessabläufe zurückzuführen sind. Personalkosteneinsparungen durch Niedriglöhne oder höhere Arbeitsbelastung schlagen über kurz oder lang ins Gegenteil um. Aktuelle Beispiele belegen dies.

Ein weiterer wesentlicher Kostenblock sind die **Kosten im Zusammenhang mit den Immobilien**. Egal ob gemietet, geleast oder im Eigentum – die Einflussmöglichkeiten sind beschränkt. Die Bandbreiten der meisten Kosten wie Miete, Zinsen, Energie usw. sind durch den Markt vorgegeben. In dem durch Flächenüberhang gekennzeichneten Markt ist dann auch weniger der absolute Preis pro Quadratmeter entscheidend. Entscheidender ist das Verhältnis zur Standortqualität. Sich am oberen oder unteren Rand der Bandbreite zu bewegen, ist eine Folge der Qualität des Managements, womit sich der Kreis zu den Personalkosten wieder schließt. Eine Aussage, die man so auch für die IT-Kosten sowie die sonstigen Verwaltungskosten treffen kann.

Damit soll nicht gesagt sein, dass man diesen Kostenarten keine Beachtung zu schenken braucht. Bei Jahresüberschüssen in der Größenordnung zwischen ein und zwei Prozent des Umsatzes wirken sich schon kleine Nachlässigkeiten im Kostenmanagement prozentual erheblich auf die Gewinnmarge aus. Aber bei aller Notwendigkeit, diese Kostenarten im Auge zu behalten und kostenreduzierende Prozessoptimierungen umzusetzen, bleibt der Wareneinsatz der größte Posten in der Gewinn- und Verlustrechnung. Damit verspricht auch der Wareneinsatz das größte Potenzial zur Verbesserung der Ertragslage oder verbraucherfreundlichen Preisgestaltung. Aber hat da nicht eben noch jemand gesagt, dass noch größere Einkaufsmengen nicht zwangsläufig zu einer Verbesserung der Einkaufskonditionen führen? Ja, aber das bedeutet nicht, dass es keine Möglichkeiten mehr gibt, die Einstandspreise der Waren zu reduzieren.

Kosteneinsparungen im großen Stil

Die Markenindustrie ist in der Regel bereit, Kosteneinsparungen als Folge der Optimierung der Schnittstelle zwischen Handel und Industrie zu teilen. Aber weitaus größeres Potenzial verspricht die **Ausweitung der Wertschöpfungskette**. Eigentlich ist das ein alter Hut. Schließlich haben Aldi & Co. schon immer Regionallager unterhalten, von denen aus die Versorgung der Filialen mittels eigener Lkw-Flotte oder unter Vertrag genommener Frachtführer sichergestellt wurde. Die so genannten „Vollsortimenter" hielten sich aber noch lange mit Verweis auf die wesentlich höhere Anzahl der Lieferanten und Artikel und der damit verbundenen Komplexität zurück. Tatsächlich gab es vor zwanzig Jahren noch so genannte „Voll- bzw. Teilservice-Verträge", bei denen der Lieferant Dienstleistungen von der Aufnahme der Bestellmenge über die Anlieferung im Markt bis hin zur Regalbestückung übernahm. Auch Dank der

Informationstechnologie gehörte zunächst die Bestellaufnahme schnell der Vergangenheit an. Auch das Verräumen der Waren durch eigenes Personal kam den Handel günstiger und wurde umgesetzt. Als sich der Lebensmitteleinzelhandel in den 90er Jahren intensiver mit den Frachtkosten und dem Einsparungspotenzial durch Aufbau einer Zentrallogistik auseinandersetzte, wurde klar, dass der Handel über das größere Potenzial zur Gestaltung effizienter Logistikstrukturen verfügt. Innerhalb weniger Jahre bauten alle großen Lebensmittelhändler ihre Zentrallagerlogistik auf und aus. Zunächst 40 %, dann 60 % und 80 % der Handelsware wurde über die Zentrallager geliefert und von dort an die einzelnen Filialen. Zunächst Trockensortiment, später auch gekühlte und tiefgekühlte Ware sowie Non-Food. Das alles natürlich nicht, ohne den dafür von der Industrie kalkulierten Teil am Einkaufspreis abzuziehen.

Damit aber nicht genug. Die Lieferung von der Industrie an die Zentrallager des Handels stand als Nächstes zur Disposition. Natürlich wiederum verbunden mit der Kürzung des Einkaufspreises um den von der Industrie hierfür kalkulierten Teil. Mittlerweile werden nur noch wenige Artikel vom Hersteller direkt an die Filialen geliefert. Trotzdem gab und gibt es Optimierungspotenzial für die Logistik. Routenoptimierung, Cross-Docking und letztlich der Verkauf von Leerfrachten lassen das Pendel eindeutig zugunsten des Handels ausschlagen und in der Nachbetrachtung erweist sich der Griff nach diesem Teil der Wertschöpfungskette als richtig und aus Wettbewerbssicht auch als notwendig.

Eigenmarken – der neue Königsweg

Ebenfalls ein alter Hut, den Lebensmittel-Vollsortimenter aber erst in den 90er Jahren aufgegriffen haben, sind die **Eigenmarken des Handels**. Wieder haben es im Lebensmitteleinzelhandel die Discounter, im Möbelhandel Ikea und im Bekleidungshandel H&M, Zara, Pimkie, Orsay und viele mehr vorgemacht.

Eigenmarke des Handels bezeichnet aber zunächst einmal nur, wem die Marke, unter der ein Produkt vertrieben wird, gehört. Es sagt noch nichts darüber aus, wie die Prozesslandschaft dahinter aussieht. Aber gerade hier gibt es erhebliche Unterschiede, die auch einen Ausblick auf das Potenzial und die mögliche Entwicklung in der Zukunft aufzeigen.

Im Lebensmitteleinzelhandel hat alles eigentlich mit der Schaffung einer Win-Win-Situation angefangen. Es gab und gibt in der Lebensmittelproduktion einerseits die großen Konzerne wie Nestlé, Unilever, Kraft usw. und andererseits viele Tausend mittelständische Betriebe mit meist nur national oder gar regional bekannten Marken, denen die Großen mit ihrer Innovationskraft und der Macht der Marke das Leben schwer machen. Viele gaben auf oder wurden selbst Teil der großen Konzerne. Andere sahen in der Produktion für Handelsmarken die Möglichkeit, ihre Produktionskapazitäten auszulasten. Übrigens auch einige der großen Lebensmittelproduzenten und Tochterunternehmen der „Global Player". Natürlich zu deutlich niedrigeren Preisen, da der Handel weder den kalkulierten Preisanteil für Marken- und Kundenpflege sowie Teile der Vertriebs- und Verwaltungskosten zahlten. Für den Handel und hier zunächst für die Lebensmittel-Discounter ergab sich damit die Möglichkeit, einen Warenkorb mit Artikeln des täglichen Bedarfs zu präsentieren, deren Preise deutlich unter dem Niveau der Markenartikel lagen. Ein Teil der Kosten wie die Markenpflege entfiel ja gänzlich. Schließlich kauft niemand „Gartenkrone" (übrigens von Bonduelle), sondern „Aldi". Andere Kosten, z. B. die Logistikkosten, konnten durch Bündelung deutlich gesenkt werden. Der Preisunterschied überzeugte auch die Verbraucher.

Die großen Lebensmittelproduzenten zogen nach, realisierten Synergie- und Rationalisierungseffekte, die der Mittelstand schon allein aufgrund ihres Marktvolumens so nicht erzielen konnte, und präsentierten dem Markt differenzierende Preisschienen. Mittlerweile waren die Lebensmittel-Discounter schon so groß, dass deren Bedarf nicht mehr von einem, zwei oder drei mittelständischen Produzenten abgedeckt werden konnte. Von vielen selbständigen, mittelständischen Produzenten z. B. Marmelade zu kaufen und gleichzeitig sicherstellen, dass in allen Gläsern die gleiche Qualität steckt und auch der gleiche Geschmack, ist sehr schwer zu realisieren, wenn man weder auf die verwendeten Rohstoffe, Rezepturen noch Produktionsverfahren Einfluss nehmen kann. Aber egal in welcher der über 3.000 Filialen von Lidl oder 2.500 Filialen von Aldi Nord bzw. 1.700 Filialen von Aldi Süd der Kunde einkauft, erwartet er genau das.

Aber da gibt es noch ein weiteres Problem. Das Problem der **gegenseitigen Abhängigkeit**. Die Abhängigkeit der Produzenten, die sich auf die Produktion von Handelsmarken eingelassen haben, ist offensichtlich. Lastet der Handel erst einmal einen signifikanten Teil der Produktion aus, wird es schwierig bis unmöglich, einen drohenden Wegfall zu kompensieren. Sich diese Einkaufsmacht bewusst machend hat der Handel die Schraube auch immer weiter angezogen und die Produzenten gaben immer weiter nach. Selbst dann noch, als an dem Geschäft nichts mehr zu verdienen war.

Sensibel: Die Beziehung zu den Lieferanten

Was aber passiert, wenn die Machtverhältnisse nicht nur so ungleich verteilt sind, sondern auch über Gebühr ausgenutzt werden, wurde Mitte der 90er Jahre in der Automobilindustrie unter dem Begriff „Lopez-Effekt" deutlich. Qualitätsverlust und plötzlicher Ausfall von Lieferanten. In einem Markt mit einem so hohen Wettbewerb wie dem Lebensmitteleinzelhandel kann man sich aber keinen Qualitätsverlust leisten, zumal ständig irgendjemand irgendetwas testet und die Ergebnisse veröffentlicht.

Den plötzlichen **Ausfall eines Lieferanten** kann der Lebensmittelhandel dann verkraften, wenn das gleiche Produkt unter mehreren Marken auch von anderen Lieferanten im Regal steht bzw. der Lieferanteil eines Produzenten einer Marke durch die anderen Produzenten in gleicher Qualität ausgeglichen werden kann.

Seinen Lieferanten höhere Preise zu zahlen verbietet sich gleich aus zwei Gründen: Bei Lieferanten, die nicht ausschließlich an ein Handelsunternehmen liefern, würde lediglich der Druck abnehmen, Preiszugeständnissen gegenüber anderen Handelsunternehmen zu widerstehen. Außerdem steht dem die **Preissensibilität der deutschen Verbraucher** gegenüber, wie das Beispiel von Lidl zeigt, die nach dem Protest der deutschen Milchbauern einseitig vorpreschten und den Preis für die Milch um 10 Cent pro Liter, mit der Zusage, diese 1:1 an die Milchbauern weiterzuleiten, erhöhten. Die Verbraucher honorierten diese Aktion nicht und kauften nicht nur ihre Milch bei der Konkurrenz.

Discounter sind aber nicht nur wegen der niedrigen Einkaufspreise erfolgreich, sondern insbesondere deshalb, weil sie möglichst jegliche Form der Komplexität vermeiden. Nur einen oder wenige Lieferanten zu haben bedeutet ein hohes Risiko der Versorgungssicherheit. Der Versuch, dieses durch Offenlegung der wirtschaftlichen Verhältnisse des Lieferanten zu reduzieren, scheitert in der Regel am Widerstand der meist mittelständischen Lieferanten, die für ihre Verschwiegenheit bekannt sind. Außerdem waren sie es seit Jahren gewohnt, dass der Handel versuchte, jede Information in den Preisverhandlungen gegen sie einzusetzen. Das ist nicht gerade das Klima, in dem man mehr preisgibt als unbedingt notwendig.

Viele Lieferanten zu haben bedeutet aber zugleich eine höhere Komplexität für den Handel. Es müssen also neue Konzepte her, um einerseits eine Antwort auf die Preissensibilität der Verbraucher zu finden und andererseits die Versorgungssicherheit zumindest für die sensiblen Artikel des Sortiments zu gewährleisten. **Vertikali-**

sierung heißt die Lösung der Discounter, deren Umsetzung uns der Verantwortliche für den Einkauf eines namhaften Lebensmittel-Discounters am Beispiel der Kirschmarmelade darstellte.

Exkurs: Von der Süßkirsche zur Marmelade

Alles beginnt mit der Suche nach den besten Süßkirschen für die Marmeladenproduktion und dem Kontrakt mit einem Anbaugebiet zur Abnahme der gesamten oder bestimmter Teile der Ernte. Zugleich werden für die Erntezeit Frachtkapazitäten, in diesem Fall Lkw-Frachten für den Transport der Ernte aus dem Inland zum nächsten Hafen kontrahiert, in dem schon die unter Vertrag genommenen Schiffsfrachtkapazitäten darauf warten, die Ernte zu dem Land zu bringen, in dem die Verarbeitung stattfinden soll. Hier wurden Verträge mit geeigneten Produktionsstätten geschlossen, in denen innerhalb einer bestimmten Zeit eine bestimmte Menge Kirschmarmelade nach ebenfalls vereinbarter Rezeptur hergestellt und abgefüllt wird. Zutaten wie Zucker werden genauso termingerecht vom Discounter bereitgestellt wie die Gläser, Deckel und Banderolen. Wie im Vertrag vorgesehen, werden nach Vertriebsländern sortierte Partien termingerecht an der Laderampe bereitgestellt und per Schiffsfracht zum Zollfreihafen oder direkt per Lkw zu den Regionallagern der Länder transportiert. Natürlich wurde auch dieser Transport vom Discounter kontrahiert.

Oberstes Ziel: Komplexität reduzieren

Aber was ist mit der viel zitierten Komplexität, die es doch wo immer möglich zu vermeiden gilt? Bezogen auf diesen Lebensmittel-Discounter steigt natürlich die Komplexität. Dieser steht aber aufgrund der höheren Wertschöpfung ein Äquivalent gegenüber. Bezogen auf die gesamte Wertschöpfungskette sinkt jedoch die Komplexität insofern, als nicht mehr viele Produzenten nach den qualitativ besten und günstigsten Rohstoffen suchen, Verpackungsmaterial ordern und nur auf ihre Mengen beschränkt Verträge für den Transport von Rohstoffen und Waren kontrahieren. Alles erfolgt zentral aus einer Hand mit dem Effekt, Synergien im eigenen Haus heben und zugleich bessere Konditionen an den Beschaffungsmärkten durchsetzen zu können.

Die für die Kirschmarmelade aufgezeigte Prozesskette gilt in dieser oder ähnlicher Form selbstverständlich auch für andere Marmeladensorten und auch andere Artikel wie Obst und Gemüse, gefroren oder in Dosen und Gläsern, aber auch bestimmte Convenience-Produkte und in besonderem Maße bei Non-Food-Aktionswaren wie Textilien. Sie ist aber noch längst nicht bei allen Eigenmarken in dieser Form umgesetzt. Wo sie aber umgesetzt ist fragt sich, ob der Handel noch als Handel oder aber als Produzent anzusehen ist. In vielen Gesprächen mit den Verantwortlichen der großen Handelshäuser wurde zunächst ein entschiedenes „Nein" dagegengesetzt. Nachdem Schritt für Schritt die Verteilung von Chancen und Risiken diskutiert wurde, änderte sich das „Nein" in ein „Vielleicht – in Teilbereichen!".

Vom Handel zum Produzenten

Streng genommen fehlt es am Eigentum an den Produktionsmitteln. Wenn aber Chancen und Risiken der Materialbeschaffung, der Logistik, der Rezeptur und der Marke beim Handel liegen und Maschinen und Personal per Vertrag disponiert sind, kann man zumindest unter wirtschaftlicher Betrachtung von einem Wechsel der Produktionsfunktion auf den Handel sprechen. Schließlich verbleibt beim Produktionsunternehmen während der Auftragsabwicklung lediglich noch die Aufgabe der Steuerung des optimalen Einsatzes von Menschen und Maschinen.

Erreicht ist damit aber zunächst nur, dass Synergiepotenziale gehoben werden, die die **Preisführerschaft absichern**. Die Gefahr, dass ein Produzent nicht mehr zur Verfügung steht, bleibt genauso bestehen wie die Notwendigkeit, mit mehreren Produzenten zusammenzuarbeiten und die vorhandenen Produktionsanlagen nutzen zu müssen. Gerade im produzierenden Mittelstand trifft man häufig auf die Situation, dass entweder aufgrund des Preisdrucks die Mittel fehlten, der Umsatz die hohen Investitionen nicht rechtfertigte oder ganz einfach in den bestehenden Gebäuden der Platz fehlte, um Produktionsanlagen und -abläufe dem neuesten Stand der Entwicklung anzupassen.

Aber schon beschäftigen sich einige Lebensmittelhandelsunternehmen auch mit der Lösung dieses Problems. So ist aktuell zu beobachten, dass der Lebensmittelhandel sich nicht scheut, auch Eigentum an Produktionsmitteln zu erwerben – zumindest, wenn es sich um die Produktion strategisch wichtiger Artikel handelt und der Beschaffungsmarkt eng ist. Lidl hat sich z. B. bereits mit dem Erwerb der Mitteldeutschen Erfrischungsgetränke GmbH Mineralwasserquellen die Abfüllung und die Herstellung des Leergutes gesichert und baut die Kapazitäten weiter aus. In Übach-Palenberg entsteht gleich ein ganzer Gewerbepark und die ersten Produktionslinien mit Schokolade und Verpackung von Nüssen und Trockenfrüchten laufen schon. Über weitere Produktionslinien wird bereits laut nachgedacht. Dazu gehört die Herstellung von Teiglingen, wie sie in den Backstationen der Filialen benötigt werden.

Wer die Branche über viele Jahre beobachtet, wird nun sagen, dass Handelskonzerne auch früher schon Produktionsunternehmen ihr Eigen nannten, ob Fleischwerke, Schokoladenfabrik oder Großbäckerei. Das ist richtig. Nicht die Tatsache, einen Produktionsbetrieb zu besitzen, ist neu, sondern die Art und Weise des **Auf- und Ausbaus einer „Produktionssparte" als strategisches Element** und deren **prozessoptimalen Integration**. Man darf gespannt sein, welche Artikel als nächstes auf der Tagesordnung stehen. Mittelständische Unternehmen mit exzellentem Produkt- und Produktions-Know-how gibt es noch viele und die großen Handelskonzerne verfügen über genügend Kapital, den Aufbau modernster Produktionstechnik auf der grünen Wiese zu finanzieren.

Man darf auch auf die **Antwort der Markenindustrie** gespannt sein. Noch herrscht Gelassenheit, aber noch sind es ja auch nur Einzelfälle, die zwar unschön sind, aber der Markenindustrie, insbesondere den global aufgestellten Akteuren, noch nicht wirklich weh tun. Weh tut da eher die **Ausweitung der Eigenmarkenstrategie** bei den Vollsortimentern. Um nicht zu viel Marktanteil zu verlieren, liefern viele Markenhersteller selbst die Handelsmarke. Dabei deckt die Handelsmarke nicht nur den Preiseinstiegsbereich ab, sondern erobert sich auch den Premiumsektor. Der Wettbewerb „Herstellermarke vs. Handelsmarke" ist in vollem Gange.

Die Entwicklung in der Bekleidungsindustrie

Zwar anders, aber mit mehr oder weniger gleichem Ergebnis verlief die **Entwicklung im Bekleidungssektor**. 1950 war die Textil- und Bekleidungsindustrie in der damaligen BRD mit 700.000 Beschäftigten noch einer der wichtigsten Industriezweige. In 2010 beschäftigt dieser Industriezweig im wiedervereinigten Deutschland noch knapp 81.000 Mitarbeiter. Im gleichen Zeitraum ging die Anzahl der Unternehmen von über 4.000 auf 560 zurück. Dabei konnte sich die Textilindustrie durch Rationalisierungsmaßnahmen und die Entwicklung neuer Verarbeitungstechniken sowie der Kunstfasern und deren Verarbeitung mit 396 Betrieben und 53.049 Beschäftigten noch ganz gut behaupten. Im Gegensatz dazu hatte die sehr personalintensive Bekleidungsindustrie in Deutschland keine Chance, sich gegen die Folgen der Globalisierung zu behaupten. Zu groß waren einerseits die Differenzen in den

Lohnstückkosten und andererseits der Rückgang der Transport- und Kommunikationskosten, um noch ein „Made in Germany" zu rechtfertigen. Mit nur noch 164 Betrieben und 27.565 Mitarbeitern in 2010 und weiter abnehmender Tendenz sehen die Überlebenschancen der Bekleidungsindustrie in Deutschland nicht rosig aus.

Allerdings ist nirgends die Nähe zu den Märkten und den Kunden so wichtig wie in der Bekleidungsindustrie. Zwar spricht man auch von einer Globalisierung der Mode und trotzdem gibt es von Land zu Land Unterschiede. Unterschiede in Farben, Stoffen und letztlich Größen, die Großserien nur bei wenigen Bekleidungsstücken zulassen.

Die textile Kette

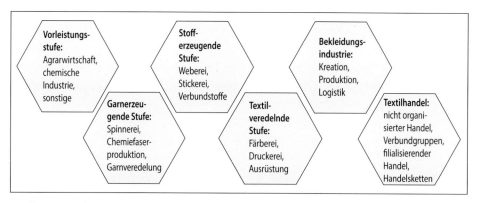

Quelle: Peter Schommer/eigene Darstellung

Im Gegensatz zu den Lebensmittelproduzenten bietet sich der Bekleidungsindustrie aber nicht nur die Möglichkeit, verstärkt auf „Marke" zu setzen oder als verlängerter Arm des Handels zu agieren. Kein Lebensmittelproduzent, auch nicht die ganz Großen der Branche, sind derzeit in der Lage, ein für die Hausfrau oder den Hausmann attraktives Angebot mit allen Produkten des typischen Warenkorbs aus dem eigenen Portfolio zusammenzustellen. Anders sieht es in der Bekleidungsindustrie aus. Es bedarf keiner grundsätzlich anderen Technik oder einer mit hohen Kosten verbundenen Umrüstung, um sowohl Röcke, Kleider, Hosen, Hemden oder Blusen zu nähen. Gemäß der oben dargestellten typisierten Wertschöpfungskette, wie sie auch in der Literatur überwiegend dargestellt wird, lagen die Funktionen Kreation und Logistik ohnehin seit jeher bei der Bekleidungsindustrie. Man war also schon immer darauf ausgerichtet, die Frau oder den Mann zu bekleiden, und das nicht nur mit einem Teil der Garderobe. Beste Voraussetzung also dafür, sich gegen eine Rückwärtsintegration des Handels durch eine rückwärts wie vorwärts gerichtete Integrationsstrategie zur

Wehr zu setzen. Nur die eigentliche Produktion, d. h. die Konfektionierung auf deutschem Lohnniveau, passte nicht mehr ins Konzept konkurrenzfähiger Preise.

Den heutigen Shops mit (fast) ausschließlich eigener Marke, oft auch nur als „Kette" bezeichnet, ist es kaum noch anzusehen, ob es sich um einen ehemaligen Produzenten handelt, der seine Produkte über eigene Shops vertreibt, oder ob es sich um einen filialisierenden Händler handelt, der sich auf den ausschließlichen Vertrieb der eigenen Marke konzentriert hat. Beiden Varianten gemein ist, dass die Konfektionierung in der Regel ausgelagert ist. Zuerst in europäische Nachbarländer wie Portugal, Türkei sowie osteuropäische Länder, und, nachdem auch dort das Lohnniveau stieg, in Ländern Ostasiens. Dabei wurde in der Regel darauf verzichtet, in diesen Ländern eigene Produktionsstätten zu unterhalten, um sich die Flexibilität zu wahren, den niedrigsten Lohnstückkosten folgen zu können.

Ob Adidas oder Zara, ob Esprit oder s.Oliver, in Europa wird meist nur designed, beschafft, vertrieben und die Logistik organisiert. Produziert wird in anderen Teilen der Welt. Was für die Ketten gilt, gilt zumindest, was die Konfektionierung betrifft, auch für die Herstellermarken. Auch hier hat eine weitgehende Verlagerung ins Ausland stattgefunden, um den Preisabstand zum Angebot der Ketten nicht zu groß werden zu lassen.

Produktions- und Beschaffungsstrategien der deutschen Bekleidungsindustrie

Jahr	Eigen- und Lohnfertigung im Inland	Eigenfertigung im Ausland	Zukauf von Fertigware (Vollimport)	Lohnfertigung im Ausland/ Passive Veredelung
1982	77%	3%	10%	10%
1993	24%	5%	17%	54%
1996	16,5%	14,8%	15,5%	53,2%

Quelle: Fissahn, Juliane: Marktorientierte Beschaffung in der Bekleidungsindustrie, Diss. Münster 2000, S. 12.

Und selbstverständlich gibt es gerade auch im Bekleidungsfachhandel die so genannte Handelsmarke.

Von den **Textildiscountern** als auch den branchenfremden Discountern mit ihrer textilen Aktionsware brauchen wir erst gar nicht zu sprechen. *Vertikalisierung gehört zum normalen Tagesgeschäft.* Beim Verbraucher kommt das offensichtlich an.

Vertikalisierung macht den Unterschied

Die Tendenz zu Lasten der Kaufhäuser, Warenhäuser, dem Fachhandel und zu Gunsten der Versender, Discounter und insbesondere der Vertikalen hält an. So ist die Gesamtzahl der Unternehmen im Zeitraum 2000 bis 2009 von 35.292 auf 24.187 zurückgegangen. Gleichzeitig hat in diesem Zeitraum eine deutliche Verlagerung des Gesamtumsatzes auf Unternehmen mit mehr als 100 Mio. € stattgefunden. Partizipierten diese Unternehmen 2000 noch mit 36,5 % am Gesamtumsatz, ist ihr Anteil in 2009 auf 46,0 % gestiegen.

Die **Möbelproduktion** ist wohl das kapitalintensivste Segment im Vergleich zum Segment Lebensmittelproduktion und Bekleidungsindustrie. Aber auch hier zeigt Ikea, wie erfolgreich die Vertikalisierung umgesetzt werden kann. Was sich so logisch und einfach anhört, ist in der Realität mit vielen und teils noch ungelösten Problemen verbunden. Problem Nummer 1 ist wie so oft der Mensch. Noch immer bilden wir Industriekaufleute und Handelskaufleute aus. Dabei haben wir doch gerade gesehen, dass die Grenzen verwischen und die traditionelle Rollenverteilung mehr und mehr in den Hintergrund rückt. Ging es gestern darum, entweder den Handelserfolg oder den Produktionserfolg zu optimieren, geht es in weiten Teilen heute schon und künftig wohl noch mehr darum, die **Wertschöpfungskette zu optimieren**. Dazu reicht es weder aus, wie ein Händler zu denken und zu agieren, noch wie ein Produzent. Suboptimale Lösungen in einem Teil der Kette können durch optimale Lösungen in einem anderen Teil mehr als kompensiert werden und den Gesamterfolg erhöhen. Künftig sind also mehr denn je Menschen gefordert, die in gesamtheitlichen Prozessen denken und weniger diejenigen, die in Funktionen denken.

Noch ist es oftmals so, dass entweder der Handel oder die Produktion den Gesamtprozess dominiert. Die Folge ist entweder, dass zwar die Produktion kostenoptimal ausgerichtet ist, während sich in den Shops die Ware zur Unzeit stapelt und die Abschriften das tolle Produktionsergebnis zunichte machen. Oder der Handel hat seine Wünsche zur Optimierung des Handelsergebnisses durchgesetzt und in der Produktion fallen Rüstkosten an, die die gesamte Vertikalisierungsstrategie infrage stellen.

Ein weiterer Problembereich ist der *König Kunde* mit seinen Ansprüchen nach immer mehr. Mehr im Sinne von neuer, besser, vielfältiger, anders. Die Vertikalen im Bekleidungssektor sehen sich nicht mehr nur der Forderung nach einer Winter- und einer Sommerware gegenüber. Mindestens vier Kollektionen, Frühjahr, Sommer, Herbst und Winter, müssen in kürzester Zeit durch die Wertschöpfungskette gejagt und rechtzeitig, in der Regel Monate vor der eigentlichen Saison, in die Shops gebracht werden. Die Besten der Vertikalen schaffen es sogar auf 12 und mehr Kollektionen pro Jahr und lassen die üblichen saisonalen Abgrenzungen verschwimmen. Immer darauf bedacht, dem Kunden einen Grund für den nächsten Besuch zu geben.

Bei den Lebensmitteln stehen die saisonalen Wechsel zwar nicht so im Vordergrund wie in der Mode. Aber auch hier sind die *Ansprüche der Verbraucher* gestiegen. Weihnachten fängt heute bereits im Oktober an, wenn die ersten Christstollen und Lebkuchen die Regale erobern. Kaum dass die Festtagsbraten der Adventstage, zu St. Martin, St. Nikolaus und natürlich der Weihnachtstage verdaut sind, wechseln schokoladene Weihnachtsmänner mit Osterhasen die Plätze. Weitere Feiertage wie Pfingsten und Christi Himmelfahrt werden zu kulinarischen Höhepunkten erhoben, begleitet von der mittels Werbung suggerierten Pflicht, seinen Lieben Gutes zu tun. Sind gerade keine Feiertage verfügbar, werden kulinarische Wochen rund um die Welt ausgerufen. Ob italienische, französische, chinesische – die Welt ist groß. Dann gibt es ja noch den Sommer und die Grillwochen mit kompletten Sets, bestehend aus verschiedenen Fleischsorten, Grillsoßen und Einmalgrill.

Aber damit nicht genug. Der Verbraucher will nicht mehr darauf warten, bis für Obst und Gemüse hierzulande Saison ist. Erdbeeren zu Weihnachten, Kirschen zu Ostern und Äpfel zu jeder Zeit. In den Supermärkten soll immer Saison sein und viele Menschen wissen nicht mal mehr, wann der Weißkohl auf deutschen Äckern geerntet wird. Warum auch? Schließlich ist die Erde eine Kugel und irgendwo wird immer geerntet.

Trotzdem will der Verbraucher noch mehr. Noch mehr an neuen Geschmackserlebnissen und noch mehr an Bequemlichkeit. Das Ganze bitte mit „Gesundmacher" oder vielleicht doch lieber mit „gesunden Schlankmachern"? Der Markt für Convenience-Produkten scheint unendlich. Täglich erscheinen neue Produkte auf dem Markt und als kritischer Beobachter fragt man sich, wie man es geschafft hat, auch ohne all diese Produkte überlebt zu haben.

Der Handel soll all diesen Wünschen gerecht werden. Der Kunde hat ja schließlich die Wahl. Die Wahl des Händlers, dem er vertraut, all diesen Wünschen gerecht zu werden. Vor allem aber auch dem Wunsch, den günstigsten Preis gezahlt zu haben. Nicht dass die Verbraucher immer nur den billigsten Artikel in den Warenkorb legen. Aber ihn nicht im Angebot zu haben, suggeriert ein allgemein höheres Preisniveau. Aber ohne Eigenmarke, d. h. Vertikalisierung, ist die Preiseinstiegsschiene nicht zu halten. So macht die Vertikalisierung, auch nicht vor Convenience und Funktional Food halt und der Lebensmittelhandel wird komplexer.

„Vertikalisierung macht den Unterschied!" Nur eine konsequente Optimierung der Prozesse über die gesamte Wertschöpfungskette vom Kunden ausgehend sowie Nutzung von Größenvorteilen in der Beschaffung von Roh-, Hilfs- und Betriebsstoffen sowie Dienstleistungen für alle Prozessbeteiligten sichert dauerhaft die Kostenführerschaft bei hoher Qualität. Noch haben das nicht alle Händler verstanden, aber es werden immer mehr. Diejenigen, die es verstanden haben, sind in der Umsetzung unterschiedlich weit und auch unterschiedlich erfolgreich. Für diejenigen, die es noch nicht verstanden haben, könnte es schon bald zu spät sein.

6. Nachhaltigkeit – Chance und Herausforderung für den Handel

„Darf es etwas mehr sein?", lautet die fast obligatorische Frage, wenn man in der Metzgerei 100 g Wurstaufschnitt bestellt. Genauso obligatorisch lautet die Antwort „Ja". Für eine nach wie vor wachsende Gruppe von Verbrauchern darf es auch etwas mehr sein, wenn es um die Erhaltung einer gesunden Umwelt und die soziale Gerechtigkeit bei der Herstellung und dem Vertrieb von Konsumgütern geht. Aber warum und warum gerade jetzt? Schließlich hat es doch früher niemanden interessiert, warum man sich die tägliche Portion Fleisch auf dem Tisch leisten kann und warum die Menschen in Schwellen- und Entwicklungsländern immer seltener in diesen Genuss kommen. Noch vor Hundert Jahren hat es auch kaum jemanden interessiert bzw. war es sogar gesellschaftlich anerkannt, und zwar nicht nur in den Ländern der „Dritten Welt", dass Kinder arbeiteten und für lebensgefährliche Arbeiten Sträflinge eingesetzt wurden. Es hat auch kaum jemanden interessiert, dass die Abwässer ungeklärt in die Flüsse und Seen geleitet wurden. Obwohl die Mengen als auch toxische Verunreinigung der Abfälle nicht mit heute vergleichbar sind: Die Flüsse müssen z. T. bestialisch gestunken haben. Aber den Menschen war nicht bewusst, was sie anrichteten, wenn sie dieses Wasser trotzdem nutzten.

Mit gutem Gewissen konsumieren

Heute befinden sich Wissenschaft und Bildung auf einem wesentlich höherem Niveau und was die Medien angeht gilt, dass jeder alles erfahren kann, wenn er es denn will. Selbst wenn er es nicht will, greifen die Mechanismen der Medienwelt. Gemäß der Weisheit „Bad news are good news!" werden reihenweise Skandale ausgegraben, die mit den Moralvorstellungen der Leser nicht vereinbar sind. Mal sind es erschütternde Bilder aus der gewerblichen Tierhaltung mit der unterschwelligen Botschaft, durch das eigene Konsumverhalten solche Auswüchse zu fördern. Mal sind es Bilder von Kindern aus der sog. Dritten Welt, die in dunklen Hinterhäusern für westliche Marken gerben, färben und nähen, statt in der Schule für die Chance auf ein besseres Leben zu lernen oder sich lachend und unbeschwert am kindlichen Spiel zu erfreuen.

Wenn also mehr und mehr Menschen sagen: „Ja, es darf etwas mehr sein", dann geht es darum, „mit gutem Gewissen zu konsumieren". Schauen wir noch mal zurück auf die Bedürfnispyramide von Maslow. Schon seit einigen Jahren hat für die Mehrheit der deutschen Verbraucher die Befriedigung der Defizitbedürfnisse allein nicht mehr die entscheidende Bedeutung für die Auswahl seiner Einkaufsstätte. Einerseits hat man die Mittel und andererseits das Angebot. Die Verbraucher sind mobiler, was den Aktionsradius erhöht. Jedes noch so kleines Verlangen nach Nahrung und Kleidung wird umgehend befriedigt, wofür ihm der Handel fast rund um die Uhr zur Verfügung steht. Und schließt der Handel seine Pforten, bleiben für den Notfall noch immer Tankstellen und Bahnhofshops. Bietet der stationäre Handel nicht den Artikel der Begierde, schließt der Internethandel die Lücke.

Auch der Wohnstandard der Deutschen liegt auf hohem Niveau. Laut statistischem Bundesamt verfügt fast jeder Zweite über Haus- und Grundbesitz und wer seine Wünsche nicht in den eigenen vier Wänden verwirklicht, findet auf dem Mietmarkt Wohnungen, deren Ausstattung keine Wünsche offenlassen. Entsprach die Möblierung im letzten Jahrhundert noch dem absolut Notwendigen und wurde in der Regel für das ganze Leben angeschafft, erfüllt die Möblierung heute ganz andere Zwecke. Möbel sind gestalterisches Element der Wohnung und Ausdruck unseres individuellen Geschmacks und Lebensstils. Design und Farbkomposition sind fast wichtiger geworden als die Funktion.

Zum Glück hat der Mensch mehr Bedürfnisse, die man mit Konsumgütern befriedigen kann, als nur essen, trinken, wohnen und sich kleiden. Gemeint sind insbesondere die **Bedürfnisse nach Zugehörigkeit, Status, Respekt und Anerkennung.** Wie sonst kann man einen Menschen davon überzeugen, dass er in der Küche auf jeden Fall einen Induktionsherd braucht, einen Dampfgarer und natürlich auch einen elektrischen Backstein für die Steinofenpizza. Alles natürlich integriert, weshalb die Küche gleich mit ersetzt wird. Schauen Sie etwa noch zweidimensional fern? Sie haben noch eine Stereoanlage, ein Telefon und einen PC statt einem drahtlos vernetztem Home Entertainment? Wer den Anschluss nicht verlieren will, ist jederzeit verfügbar per Telefon, per Mail, per SMS und pflegt einen großen Freundeskreis in den sozialen Netzwerken.

Es ist anstrengend geworden, sich mit all dem zu versorgen, was Status, die Zugehörigkeit und Anerkennung durch die Umwelt verspricht. Schnell löst beispielsweise ein Modetrend den anderen ab und erscheinen technisch noch leistungsfähigere Geräte auf dem Markt, so dass man sich in die Geschichte mit dem Hasen und dem Igel versetzt fühlt.

Da kommt die Frage auf, ob noch mehr und noch leistungsfähiger und noch trendiger überhaupt noch einen zusätzlichen Nutzen generiert. Und was tun wir uns selbst und unserer Umwelt und damit unseren Nachkommen an, wenn wir permanent konsumieren, ohne die Frage nach den Folgen zu stellen?

Ein neuer USP für Hersteller, Händler und Konsumenten: Der verantwortliche Umgang mit den Ressourcen

Nachdem wir schon mehr haben als wir tatsächlich brauchen bzw. nutzen und am Zugewinn von Status und Anerkennung durch Konsum mehr und mehr Zweifel entstehen, entdecken immer mehr Menschen ihre Verantwortung für sich, ihre Kinder, die Gesellschaft. Natürlich wollen die Menschen sich weiterhin mit den Wohlstandsattributen umgeben und auf die Bequemlichkeit nicht verzichten. Aber wenn schon konsumieren, dann doch bitte mit gutem Gewissen. Um mit Maslow zu sprechen, haben immer mehr Menschen das Bedürfnis der „Selbstverbesserung".

Gegen Ende eines nach konventionellen Maßstäben äußerst erfolgreichen Lebens und gezeichnet vom Kampf gegen den übermächtigen Gegner Krebs beschrieb Steve Jobs seinem Biografen Walter Isaacson das folgendermaßen: „Das ganze Leben ist ein Streben nach Erleuchtung. Dabei ist der Weg selbst das Ziel und ebenso wichtig wie das Finden einer Antwort." Die Menschen wollen das Richtige tun; sie wollen gut sein. Nicht nur durch eine Spende für notleidende Kinder, sondern auch durch ihr Verhalten als Konsument.

Als Leser sollten Ihnen erste Zweifel kommen, ob der oben geschilderte Zustand tatsächlich auf eine signifikante Gruppe von Menschen zutrifft. Schließlich ließt man in der Zeitung doch Überschriften wie „Die Einkommensschere klafft immer weiter auseinander" oder „Die Armut in Deutschland steigt" oder „Die Mittelschicht stirbt aus". Die offizielle Statistik könnte das belegen:

Allerdings ist das mit der Statistik eine Sache für sich. Da wäre z. B. das Problem, wie über die Jahre 1993–2009 die Gruppen derer mit niedrigen, mittleren und hohen

Nachhaltigkeit – Chance und Herausforderung für den Handel

Einkommensgruppen in Deutschland

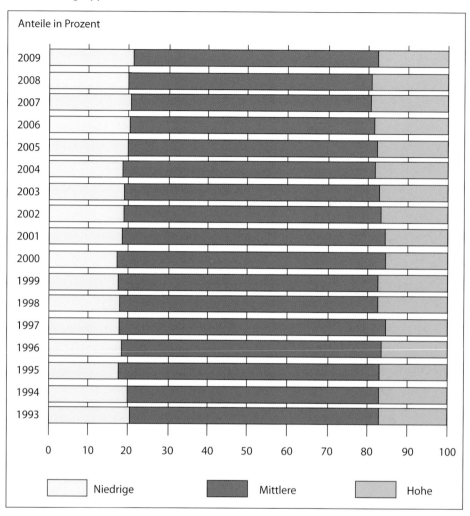

Quelle: Bundesamt für Statistik

Einkommen gebildet werden. Dazu greift man in der Regel zu relativen Größen. So wird z. B. die Armutsgrenze in Abhängigkeit vom Durchschnittseinkommen ermittelt. In der EU werden die in einem Haushalt lebenden Personen als „arm" bezeichnet, wenn das ihnen zuzurechnende Einkommen 50 % und mehr unter dem vergleichbaren durchschnittlichen Haushaltseinkommen liegt. Nach dieser Definition gibt es in jedem Land, egal wie hoch das Einkommen seiner Bürger ist, immer auch Menschen unterhalb der Armutsgrenze und je höher das Durchschnittseinkommen ist, desto höher ist auch das Einkommen derer, die als arm bezeichnet werden. Diese Statistik ist also bestenfalls dazu geeignet festzustellen, wie sich das Einkommen verteilt, aber nicht um festzustellen, ob die Armut steigt.

Worüber ebenfalls keine Statistik aufklären kann, ist die sehr unterschiedliche Einschätzung eines jeden Einzelnen, ab wann ein bestimmtes Bedürfnis befriedigt ist. Da gibt es doch auch in der heutigen Zeit Menschen, die keinen Mehrwert im Besitz eines modernen Flatscreens erkennen und deren Bedürfnis an Mobilität mit dem Besitz eines Fahrrads befriedigt ist. Im Gegensatz dazu gibt es aber auch Menschen, bei denen es schon ein Heimstudio sein muss und selbst der Besitz eines Pkw's der oberen Mittelklasse ihr Bedürfnis nach Status und Anerkennung nicht befriedigt. Da gibt es zugleich die Menschen, die ihre Garderobe leicht in einem Meter Kleiderschrank unterbringen, während andere in ihrem gut bestückten Ankleidezimmer stehen und behaupten, nichts zum Anziehen zu haben.

Wie steht es um den Grad der Bedürfnisbefriedigung der Deutschen?

Wie es also tatsächlich um den Grad der Bedürfnisbefriedigung der Deutschen aussieht und ob tatsächlich Aspekte wie Umwelt und soziale Gerechtigkeit beim Einkauf stärker in den Blickpunkt rücken, lässt sich also nur durch Befragung einer repräsentativen Auswahl an Verbrauchern in Erfahrung bringen.

In 2007 wurde eine solche Befragung von der Beratungsgesellschaft Ernst & Young durchgeführt. „Bio" steht nach dieser Befragung für die überwiegende Anzahl der Verbraucher für gesunde Nahrungsmittel, artgerechte Tierhaltung und Artenschutz sowie umweltschonender Anbau. 75 % der Befragten gaben an, zum Bio-Produkt zu greifen, wenn es als Alternative angeboten wird. Allerdings waren davon nur 77,6 % bereit, für „Bio" einen Aufpreis zu zahlen, wobei von diesen für 39 % bereits bei einem Aufpreis von 10 % das Preiszugeständnis an seine Grenzen stößt. Das bedeutet, dass sich nur 22,7 % der Verbraucher noch für ein Bio-Produkt interessieren, das um mehr als 10 % teurer als ein vergleichbares, konventionell erzeugtes Produkt ist. Das ist aber noch nicht gleichbedeutend mit der Aussage, das teurere Bio-Produkt tatsächlich zu kaufen.

Schwerer wiegt dagegen die Aussage von 56 % der Befragten, für ein besseres Bio-Angebot den Händler wechseln zu wollen, oder, anders gesagt: Der Verbraucher greift letztlich nicht zum Bioprodukt, aber er will zumindest die Wahl haben. Tatsächlich erfreut sich denn auch die Branche an den **hohen Wachstumsraten im Segment Bio-Produkte**. Ausgehend von 2,1 Mrd. € Umsatz mit Bio-Lebensmitteln in 2001 stieg dieser kontinuierlich auf 5,8 Mrd. € in 2008 und bis 2010 auf 5,9 Mrd. €.

War es das schon mit dem Potenzial derer, die an umweltverträglich produzierten Lebensmitteln interessiert sind? Wohl eher nein. Zum einen sind die im Schnitt zweistelligen Wachstumsraten bis 2008 auf die Verdichtung des Vertriebsnetzes und des schnell wachsenden Bio-Angebots der Lebensmittelproduzenten zurückzuführen. Zum anderen drückte insbesondere der Einstieg der Discounter auf die Preise, die ohnehin nach einigen Jahren des Anstiegs seit 2008 wieder auf dem Rückmarsch waren. Letztlich hat wohl auch die Wirtschafts- und Währungskrise ab Mitte 2008 ihren Anteil am moderateren Wachstum ab 2008.

Die **Wachstumsperspektiven** dürften weiter positiv sein. Zum einen zeigt die Studie, dass sich das Interesse an Bio-Produkten quer durch alle Bevölkerungsgruppen zieht, unabhängig von Alter, Familienstand und Einkommen. Auch wenn nach wie vor gilt, dass man sich das gute Gewissen auch leisten können muss, gaben selbst in der Gruppe mit niedrigem Einkommen nur 30 % an, beim Einkauf nicht auf Bio-Produkte zu achten.

Auch die **Verfügbarkeit an Bio-Produkten** verbessert sich kontinuierlich. Nicht nur, dass sich das Netz der reinen Bio-Supermärkte verdichtet. Auch die konventionellen Lebensmittelhändler erweitern ihr Bio-Sortiment kontinuierlich. Nicht zuletzt, weil auch das Bio-Angebot der Lebensmittelindustrie steigt. Es gibt kaum noch einen namhaften Lebensmittelproduzenten, der nicht auch eine Linie mit Bio-Lebensmitteln im Programm hätte. Letztlich steigt auch das Angebot der Handelsmarken im Bio-Sortiment. Rewe bietet unter dem Namen „Rewe bio" gleich eine ganze Produktpalette vom Bio-Ei über Bio-Milch und Bio-Schinkenwurst bis hin zu diversen Convenience-Produkten an. Edeka tut dies unter den Namen „Bio-Wertkost" und „Bio-Bio", Lidl unter dem Namen „Bioness", Aldi Nord unter „Prima Bio", Aldi Süd unter „Bio Smiley", Norma unter „Bio Sonne", Tengelmann unter „Naturkind" und Real unter „Grünes Land". Auch die reinen Bio-Supermarktketten haben die Eigenmarke für sich entdeckt. So zum Beispiel Basic. Bei Alnatura handelt es sich sowohl um ein Produktions- als auch um ein Handelsunternehmen für ökologisch hergestellte Produkte des täglichen Bedarfs. Dabei tritt Alnatura sowohl als Einzelhändler sowie als Großhändler insbesondere für das Bio-Sortiment in den Märkten von Globus, Tegut und dm auf. Als Grossist sowie als Einzelhändler für Bio-Produkte ist auch Denree tätig.

Heraus aus der Nische – hin zum Trendprodukt

Auch bei den Öko-Textilien ist eine Entwicklung aus der Nische raus und hin zum Trendprodukt erkennbar. Immer mehr Marken legen Wert auf die Verarbeitung ökologisch erzeugter Rohstoffe, eine umweltverträgliche Verarbeitung und die Einhaltung der international anerkannten Sozialstandards in der Wertschöpfungskette. Allerdings tun sich insbesondere die Bekleidungsketten im Gegensatz zum Lebensmittelhandel noch schwer mit der Kommunikation. H&M hat zwar einen *Sustainable Report 2010* veröffentlicht, in dem viel über die Unternehmensaktivitäten zur Abfallreduzierung, Verwendung von „Organic Materials", die Zusammenarbeit mit Partnern, die ihre Unternehmenswerte teilen, die Rechte ihrer Mitarbeiter, Maßnahmen zu Klima- und Ressourcenschutz, sowie soziale Projekte weltweit zu lesen ist. Aber eine klare Aussage direkt am Produkt über die Einhaltung der Nachhaltigkeitsgrundsätze ist für den Verbraucher nicht erkennbar.

Dabei gibt es im Gegensatz zu der unübersichtlichen Siegelvielfalt im Lebensmittelbereich für Textilien das Siegel „Textiles Vertrauen", das in der Version „Öko-Tex Standard 100" die Einhaltung humanökologischer Qualitätsstandards aller Bestandteile des Endprodukts bestätigt und in der Version „Öko-Tex Standard 1000" die umweltfreundlichen Produktionsbedingungen. Hersteller wie Olymp, Eterna oder Triumpf nutzen dieses Siegel. Aber vor allem nutzen es Handelsunternehmen wie C&A oder Lidl für ihre Eigenmarken im textilen Bereich.

Zumindest für die Lebensmittel kann man feststellen, dass „Bio" die Nische verlassen hat und die in der Ernst & Young-Studie getroffenen Annahmen im mittleren Szenario, nach denen ein Marktanteil von 20 % bis 2020 möglich ist, bereits als erfüllt betrachtet werden können. Daran wollen natürlich auch andere Anbieter teilhaben und so ist in den letzten Jahren ein weiteres Angebot auf dem Markt, das dem Bio-Sektor Konkurrenz macht. Immer mehr Produkte erscheinen mit dem Hinweis, **aus der Region** zu stammen und suggerieren dem Verbraucher Umweltfreundlichkeit und Gesundheit.

Aber Nachhaltigkeit ist mehr als die Verwendung natürlicher Rohstoffe aus ökologischem Landbau und artgerechte Tierhaltung, wie es die EU-Bio-Richtlinie es vorgibt. **Nachhaltigkeit umfasst den gesamten Prozess von der Rohstoffgewinnung über Produktion und Logistik bis in den Warenkorb des Verbrauchers.** Es geht darum, dass sich alle Beteiligten der Wertschöpfungskette, egal ob Landwirt, Produzent, Dienstleister oder Händler entsprechend den Anforderungen der Nachhaltigkeit verhalten. Das setzt voraus, dass sie als Ganzes oder soweit abgrenzbar zumindest in den von nachhaltigen Produkten betroffenen Teilen der Unternehmen umwelt- und ressourcenschonend arbeiten, menschenwürdige Arbeitsbedingungen bieten und soziale Gerechtigkeit üben. Produkte, die unter diesen Bedingungen in die Regale des Handels geraten, erwarten obiger Studie zufolge über 90 % der Verbraucher.

So eindrucksvoll diese Zahlen sind, muss man an dieser Stelle auch sagen, dass das tatsächliche Handeln am Point of Sale mit den Antworten im Rahmen einer Befragung nicht übereinstimmt. Das belegen zumindest die Abverkaufsdaten. Daher ist auch die Tendenz der Antworten auf solche Fragen vielleicht aussagefähiger als die absolute Zahl. Dazu sei auf eine Trendstudie im Auftrag der Otto Group aus dem Jahre 2009 verwiesen, die im Jahr 2011 wiederholt wurde. Auf der Basis von 1.000 befragten Verbrauchern gaben 2009 noch 26 % an, „häufig" und 41 % „ab und zu" beim Kauf auf ethisch korrekt erzeugte Produkte zurückzugreifen. 2011 waren es schon 41 % der befragten Verbraucher, die mit „häufig" und 43 %, die mit „ab und zu" antworteten.

Das sind Zahlen, die den Handel nicht unbeeindruckt lassen. Egal wie hoch der Prozentsatz derer ist, die es im Ernstfall zu Gunsten des Preises oder auch der Bequemlichkeit am Regal dann doch nicht so genau nehmen – der Anteil der Verbraucher, für die Nachhaltigkeit ein kaufentscheidendes Argument ist, steigt in beachtlichem Umfang.

Und die Branche reagiert. So widmete sich der HDE dem Thema gleich mit seinem *Factbook Einzelhandel 2011*, das sich gänzlich dem Thema Nachhaltigkeit im Handel widmet. Gleich im Editorial weist Herr Josef Sanktjohanser als Präsident des HDE darauf hin, dass Nachhaltigkeit noch vor zehn Jahren für viele Händler ein reines Imagethema ohne Auswirkung auf den wirtschaftlichen Erfolg eines Betriebes war. Weiter sagt er: „Das hat sich grundlegend geändert. Heute ist Nachhaltigkeit Chefsache. Wir haben gelernt, dass Nachhaltigkeit vieles umfasst: Produkte, umweltschonende und sozial gerechte Herstellung und Transport, die Präsentation in den Geschäften, den Umgang mit den Käufern und gleichermaßen den Mitarbeitern. Und als Unternehmer haben wir begriffen, dass sich Nachhaltigkeit rechnet. In dem Maße, in dem unsere Kunden nicht nur immer mehr konsumieren, sondern dies mit gutem Gewissen tun wollen, haben wir Nachhaltigkeit zum Bestandteil unserer Geschäftsgrundlage gemacht. Heute sind wir längst nicht mehr Verfolger dieser Entwicklung, sondern sind zu ihrem Treiber geworden."

Und das ist auch gut so, möchte man sagen. Geht es doch auch um die wie in den vorangegangenen Kapiteln festgestellt elementare Grundlage des Handels, dem **Vertrauen der Kunden**. Welch anderes Thema als das der Nachhaltigkeit ist enger mit dem Vertrauen des Kunden verknüpft und daher besser geeignet, verlorenes Vertrauen zurückzugewinnen oder sich das Vertrauen neuer Kunden zu erwerben.

Aber wehe, man verspricht etwas, das man nicht halten kann! Qualität kann man sensorisch oder mittels Laboruntersuchung feststellen. Ob der Transport umweltschonend erfolgte oder in der Produktion Kinder beschäftigt wurden, ist am Produkt und schon gar nicht von den Kunden festzustellen. Eine zunehmende Zahl von Dienstleistern bietet sich an, die Einhaltung der Nachhaltigkeitskriterien in der Wertschöpfungskette zu prüfen und mit ihrem Siegel zu garantieren. Meist aber nur punktuell und spezialisiert auf einzelne Produkte aus dem Spektrum des LEH's. So z. B. das MSC-Siegel als Garant für nachhaltige Fischerei. Dem Kunden droht damit eine ähnliche bzw. viel größere Siegelflut wie die im Bereich der Bio-Zertifizierung, die mehr verwirrt als aufklärt. Dabei will er doch nur mit gutem Gewissen genießen können.

Differenzierung ist ein seit Jahren immer wieder bemühter Begriff, wenn es um die Frage geht, wie sich ein Händler seinen Platz im Markt erobert. Sich vom Wettbewerb zu unterscheiden bietet auch das Thema Nachhaltigkeit. Insbesondere dann, wenn man bereit ist, mal einen anderen Weg zu gehen und sich nicht nur auf die Zertifizierung durch Dritte zu verlassen. Sich am Markt zu differenzieren und zugleich das Vertrauen der Verbraucher zu gewinnen, bietet sich dem Händler, der bereit ist, mit dem eigenen Namen für ein nachhaltiges Angebot in den Regalen geradezustehen.

„Das überfordert die Möglichkeiten des Handels", wird es jetzt heißen. Für alle Produkte in den Regalen und von heute auf morgen ja. Wenn aber mehr und mehr Produkte in die Regale gelangen, die einer vertikalisierten Wertschöpfungskette entstammen, sollte es zumindest möglich sein, die Einhaltung der Nachhaltigkeitskriterien zu garantieren.

Tue Gutes und rede darüber

So oder so steht der Handel vor großen Herausforderungen. Die Differenzierung über eine Nachhaltigkeitsstrategie wird nicht gelingen, wenn man Gutes tut und darüber schweigt. Die Grundsätze, für die man steht und wie man diese im täglichen

Geschäft lebt, den Kunden transparent zu machen, ist eine der großen Herausforderungen, vor denen der Handel steht. Schließlich bedeutet dies, andere hinter die Kulissen schauen zu lassen, und damit hat sich der Handel schon immer schwer getan.

Eine weitere Herausforderung wird darin bestehen, auf der langen Reise hin zum nachhaltigen Unternehmen die Menschen mitzunehmen. War der Einkauf bisher darauf getrimmt, zu Gunsten der Kunden am Beschaffungsmarkt die niedrigsten Preise zu verhandeln, soll er künftig darauf verzichten, wenn gegen die Kriterien der Nachhaltigkeit verstoßen wird. Wurde bisher die Regalanordnung allein vom Marketing bestimmt, spricht künftig der Energieexperte ein maßgebliches Wort mit, wenn es um die Anordnung von Tiefkühlgeräten und Backshop geht. In den Immobilien-/Bauabteilungen hat der Begriff des „Green Building" Einzug gehalten und die Wunschvorstellungen des Vertriebs müssen einen Kompromiss mit der Zielsetzung hin zum Null-Energie-Haus eingehen. Last but not least ist da noch der Mensch im Unternehmen mit seinen Bedürfnissen, die weit über eine bezahlte Arbeitsstelle hinausgehen.

Letztlich ist über die Nachhaltigkeit Buch zu führen. Ergänzend zum finanzwirtschaftlichen Controlling bedarf es einer Grundlage, die Auskunft über das Erreichte bzw. noch nicht Erreichte gibt, Verstöße frühzeitig erkennbar macht und die Gründe dafür analysieren lässt.

Der Weg hin zum nachhaltigen Handelsunternehmen ist weit und bis in jede Faser des Unternehmens verzweigt. Da ist die Befürchtung berechtigt, dass auch mal etwas daneben geht und der erste Wurf noch nicht perfekt ist. Verständlich ist in dem Zusammenhang auch die Befürchtung, dass die Presse auf solche Fehler nur wartet, um sie publizistisch auszuschlachten. Aber wer hat gesagt, dass es einfach sein wird?

6.1. Das „nachhaltige" Handelsunternehmen

Wenn also nachfolgend vom nachhaltigen Handel, dem nachhaltigen Handelsunternehmen oder der **Nachhaltigkeitsstrategie des Handels** die Rede ist, erschöpft sich die Nachhaltigkeit nicht nur in der nachhaltigen Unternehmensführung. Natürlich gehört auch diese zur Nachhaltigkeitsstrategie eines Handelsunternehmens. Sie allein beschert dem Handel vielleicht ein paar zusätzliche Sympathiepunkte, befriedigt aber nicht den Anspruch der Kunden, mit gutem Gewissen zu konsumieren. Die

Nachhaltigkeit muss sich also auch auf die *Produkte* erstrecken. Von der Erzeugung bzw. Gewinnung der Rohstoffe, deren Auf-, Be- bzw. Verarbeitung bis zum Endprodukt; über den gesamten logistischen Prozess, den Zwischenhandel bis in das Regal des Einzelhandels. Erst jetzt gelingt der Griff ins Regal mit gutem Gewissen und kann aus Kundensicht von nachhaltigem Handel bzw. einem nachhaltigen Handelsunternehmen gesprochen werden.

Nun klingt das ja alles recht wohlmeinend, wenn der Verbraucher sagt, dass er mit „gutem Gewissen konsumieren" möchte, und wenn der Handel, vertreten durch den Präsidenten des HDE antwortet, dass „der Handel gelernt hat, dass Nachhaltigkeit vieles umfasst". Aber was ist das genau oder welche **Kriterien** sind es, die zu erfüllen sind, um von einem nachhaltigen Handelsunternehmen sprechen zu können? Bisher ist nur klar – und das sieht so auch der HDE, dass der Kundenanspruch der Nachhaltigkeit nicht an der eigenen Haustür halt macht, sondern auch das Sortiment und damit die Unternehmen auf den vorgelagerten Wertschöpfungsstufen miteinbezieht.

Auch wenn bisher schon vieles über Nachhaltigkeit gesagt und Begriffe wie „schonender Umgang mit Umwelt und den Ressourcen", „menschenwürdige Arbeit" und „soziale Gerechtigkeit" genannt wurden, stellt sich die Frage nach der Vollständigkeit und was das im Einzelfall konkret bedeutet.

So einfach die Frage klingt, so schwer ist eine angemessene Antwort darauf. Die Schwierigkeiten fangen schon damit an, dass es keine allgemein gültige Definition des Begriffs „Nachhaltigkeit" und einen daraus abgeleiteten abschließenden Kriterienkatalog gibt und setzt sich damit fort, dass es nur für wenige Aspekte Messgrößen, aber in der Regel keine allgemein verbindlichen Grenzwerte gibt. Dafür gibt es viele Interessensgruppen mit unterschiedlichen Zielsetzungen, die sich dazu äußern, was unter Nachhaltigkeit zu verstehen sei.

Zu der Organisation mit der wohl breitesten Anerkennung gehört zweifellos die UNO, deren Weltkommission für Umwelt und Entwicklung 1987 den Bericht „Our Common Future" (besser bekannt unter „**Brundtland**-**Bericht**") veröffentlichte. Zur nachhaltigen Entwicklung sagt dieser Bericht:

1. „Dauerhafte Entwicklung ist Entwicklung, die die Bedürfnisse der Gegenwart befriedigt, ohne zu riskieren, dass künftige Generationen ihre eigenen Bedürfnisse nicht befriedigen können."

2. „Im Wesentlichen ist dauerhafte Entwicklung ein Wandlungsprozess, in dem die Nutzung von Ressourcen, das Ziel von Investitionen, die Richtung technologischer Entwicklung und der institutionelle Wandel miteinander harmonieren und das derzeitige und künftige Potenzial vergrößern, menschliche Bedürfnisse und Wünsche zu erfüllen."

Das hilft bei der Suche nach einer Antwort auch nicht so viel weiter. Gleichwohl beschreibt die **Enquete-Kommission des Deutschen Bundestages „Schutz des Menschen und der Umwelt"** auf Basis dieses Berichts Nachhaltigkeit als die Konzeption einer dauerhaft zukunftsfähigen Entwicklung der ökonomischen, ökologischen und sozialen Dimension menschlicher Existenz (Drei-Säulen-Modell). Dabei wird unter ökologischer Nachhaltigkeit eine Lebensweise verstanden, die die natürlichen Lebensgrundlagen nur in dem Maße beansprucht, wie diese sich regenerieren. Ökonomisch nachhaltig ist eine Gesellschaft, die wirtschaftlich nicht über ihre Verhältnisse lebt oder, anders ausgedrückt, so wirtschaftet, dass nachfolgende Generationen dadurch nicht belastet werden. Als sozial nachhaltig wird eine Lebensweise verstanden, die soziale Spannungen in Grenzen hält und Konflikte nicht eskalieren lässt, sondern auf friedlichem und zivilem Wege austrägt.

Auch diese Beschreibung der Nachhaltigkeit ist nur bedingt hilfreich. Zum einen, weil sie sich wie auch die der UNO sehr stark am jeweiligen Auftrag orientiert und zum anderen, weil sie, wie von vielen Kritikern beschrieben, sich schlecht operationalisieren lässt und sich daraus kaum praktische Konsequenzen ableiten lassen.

Schaut man bei den vielen **„Non Government Organisations"** (NGO's) nach, findet man mehr dazu, wogegen sie sind, als konkrete Aussagen darüber, was ein Unternehmen, insbesondere ein Handelsunternehmen, zu einem „nachhaltigen Unternehmen" macht.

Wohl oder übel muss man noch einmal zurück zu den Grundlagen und klären, was dies im täglichen Geschäft eines Händlers bedeutet. Um übertriebene Erwartungen gleich zu bremsen: Es wird nicht gelingen, einen Kriterien- bzw. Aktionsplan für jedes denkbare Handelsunternehmen zu entwickeln. Ziel sollte es aber zumindest sein, den das Thema Nachhaltigkeit umgebenden Nebel zu lichten und den Inhalten mehr Struktur zu verleihen.

Der Ursprung des Begriffs „Nachhaltigkeit"

Auf der Suche nach den Ursprüngen kommen Zweifel auf, ob die Frage nicht vielmehr lauten müsste, wann uns das nachhaltige Wirtschaften abhanden gekommen ist. Schließlich ist noch heute vielen Naturvölkern eigen, sich nicht mehr von der Natur zu nehmen, als sie zu regenerieren in der Lage ist. Von einem Naturvolk sind wir aber in Europa schon ein paar Tausend Jahre entfernt. Wir bezeichnen uns als „zivilisiertes Kulturvolk" und so ist es interessanter zu betrachten, wie wir zur Nachhaltigkeit zurückgefunden haben.

Bereits im späten Mittelalter wurde insbesondere in den Regionen Mitteleuropas mit ausgeprägtem Bergbau, Metallverarbeitung und Salzgewinnung die Kapazität der angrenzenden Wälder überschritten und ihre Begrenztheit deutlich. War bis dahin die Verjüngung den Wäldern meist selbst überlassen, entstand nun die aktive Bewirtschaftung der Wälder, die eigentliche Forstwirtschaft. Mit dem Ziel, die Holzversorgung der Untertanen und der gewerblichen Wirtschaft langfristig zu sichern, erließen die jeweiligen Landesherren Forstordnungen, deren älteste bekannte vom Bistum Speyer im Jahre 1442 erlassen wurde. Es folgten noch viele Forstordnungen, die immer wieder darauf hinwiesen, nicht mehr Holz zu schlagen als in der gleichen Zeit nachwachsen kann. Beachtet wurden sie allerdings selten.

Vor dem Hintergrund der zunehmenden überregionalen Holznot verwendet Hans Carl von Carlowitz 1713 in seiner „Sylvicultura Oeconomica" erstmals den Begriff des nachhaltigen Wirtschaftens. Einen wesentlichen Beitrag zur Durchsetzung des Nachhaltigkeitsbegriffes in der Forstwirtschaft lieferte Georg Ludwig Hartig mit seinem 1791 erschienenen Werk „Anweisung zur Holzzucht für Förster", in dem er schrieb: „Unter allen Bemühungen des Forstwirts ist wohl keine wichtiger und verdienstlicher, als die Nachzucht des Holzes, oder die Erziehung junger Wälder, weil dadurch die jährliche Holzabgabe wieder ersetzt, und dem Wald eine ewige Dauer verschafft werden muss."

In seinem 1804 erschienenen Werk „Anweisung zur Taxation der Forste oder zur Bestimmung des Holzertrags der Wälder" führt er aus: „Es lässt sich keine dauerhafte Forstwirtschaft denken und erwarten, wenn die Holzabgabe aus den Wäldern nicht auf Nachhaltigkeit berechnet ist. Jede weise Forstdirektion muss daher die Waldungen […] so hoch als möglich, doch so zu benutzen suchen, dass die Nachkommenschaft wenigstens ebensoviel Vorteil daraus ziehen kann, wie sich die jetzt lebende Generation zueignet."

Damit wäre eigentlich alles gesagt, wenn, ja wenn die Unternehmen nur eine Ressource nutzen würden und es sich dabei um eine nachwachsende bzw. regenerative Ressource handeln würde. Das ist aber nicht der Fall. Gravierende Einbußen des Lebensstandards wollen die Verbraucher ebenfalls nicht hinnehmen, wie zahlreiche Umfragen belegen. Demzufolge muss der absolute Anspruch im Umgang mit den Ressourcen für die nicht regenerativen wie Erze, Erdöl, Erdgas usw. insoweit relativiert werden, als damit möglichst schonend umzugehen ist.

Auch den Begriff der **Ressource** nur auf den verarbeiteten Rohstoff zu beschränken, wird der Sache nicht gerecht. In der volkswirtschaftlichen Literatur spricht man seit Adam Smith und David Ricardo von den **Faktoren Arbeit, Boden und Kapital**, wobei unter Boden nicht nur der Ackerboden, sondern die gesamte Umwelt oder die Ressource Natur verstanden wird und Kapital sowohl das Sachkapital wie Gebäude, Maschinen usw. sowie das Geldkapital umfasst. Die betriebswirtschaftliche Literatur greift diese Faktoren im Prinzip auf, gliedert sie aber differenzierter im Hinblick auf die darzustellenden betrieblichen Zusammenhänge.

Mit diesem, nennen wir es einmal „Grundwerkzeugkasten" könnte man sich nun auf den Weg machen und jeden einzelnen Prozess oder jede einzelne Funktion eines Handelsunternehmens hinsichtlich der dabei genutzten Faktoren und auf den nachhaltigen Umgang mit diesen untersuchen.

Nachhaltigkeit im Handel – was bedeutet das eigentlich?

Nachhaltigkeit					
Umwelt	Klima	CO_2-Emission	Logistik	Diesel	Lkw
				Benzin	Pkw
				Heizöl	Heizanlage
				Strom	Klimatisierung
					Kühlung
					Beleuchtung
			Einkauf	...	...
			Verwaltung	...	...
			Vertrieb	...	...
		andere			
	Grund/Boden	Abfall	...	...	...
		...	...	...	...
Arbeit	...	...	...	...	...

Quelle: Peter Schommer/eigene Darstellung

Nehmen wir als **Beispiel** den **Faktor Boden**, d. h. also die **Ressource Natur** bzw. **Umwelt** und den Anspruch, diese den Nachkommen so zu hinterlassen, dass sie zumindest den gleichen Nutzen aus ihr ziehen können. Dass insbesondere der CO_2-Ausstoß mitverantwortlich für die weltweite Erwärmung ist und klimatische Veränderungen auf den Kontinenten Auswirkungen auf Fauna und Flora nach sich ziehen, die diesem Anspruch nicht gerecht werden, wissen wir mittlerweile dank umfangreicher Forschungsergebnisse. CO_2 entsteht u. a. durch die Verbrennung fossiler Stoffe, also z. B. bei der Erzeugung von Licht, Wärme und Bewegungsenergie, direkt in Fahrzeugen und Maschinen oder indirekt über Strom. Geht man die Prozesse oder auch Funktionen eines Handelsunternehmens durch, stellt man fest, wo überall welche Form der Energie verbraucht wird und wie viel. Daraus wiederum lässt sich die CO_2-Emission ermitteln.

Das **Ziel** hinsichtlich der Klimabelastung wäre die CO_2-**Neutralität** durch Vermeidung oder Nutzung von Energiequellen, die keine CO_2-Emission verursachen. Dieses Ziel ist allerdings derzeit unrealistisch, wenn man z. B. an den notwendigen Transport der Waren denkt. Man kann den Treibstoffverbrauch aber reduzieren, wenn man auf den Einsatz energieeffizienter Transportmittel achtet. Aber auch da, wo Strom verbraucht wird, ist der ausschließliche Bezug aus regenerativen Quellen derzeit mangels ausreichendem Angebot zum Zeitpunkt des Verbrauchs nicht möglich. Da nutzt auch kein Vertrag mit einem Ökostrom-Anbieter, da die zusätzliche Abnahmemenge nicht 1 : 1 zur Erweiterung der ökologischen Produktion führt. Aber man kann den Verbrauch drastisch senken durch den Einsatz energieeffizienter Geräte und Beleuchtung. Man kann auch selbst in die ökologische Stromproduktion investieren und damit einen Beitrag zur gesamtwirtschaftlichen CO_2-Bilanz leisten. Zugleich wird damit auch die CO_2-**Bilanz des Handelsunternehmens** verbessert.

Mit dem gleichen Ansatz sind weitere, das Klima beeinträchtigende Faktoren zu untersuchen. Hat man das Thema Klima abgehandelt, geht es an weitere Bestandteile unserer Umwelt wie der Boden, das Wasser usw. und nach dem Faktor „Umwelt" beginnt das Gleiche mit dem Faktor „Arbeit".

Hört sich einfach an. Ist es aber nicht und das gleich aus mehreren Gründen. Da wäre zum einen, dass Handelsunternehmen nicht nur mit den unternehmensinternen Prozessen Einfluss auf die Umwelt und soziale Gerechtigkeit nehmen. Wesentlich größeren Einfluss üben insbesondere Handelsunternehmen durch die Auswahl ihrer Geschäftspartner aus. So beträgt z. B. das Verhältnis aus Personalkosten und Jahresergebnis zur Gesamtleistung der Rewe Group 2010 ca. 12,6 % und der Metro

Group 11,5 % in 2009. Natürlich variiert die Quote sowohl in Abhängigkeit von der jeweiligen Wertschöpfungstiefe als auch von der Zusammensetzung nach Handelssegmenten und -formaten. Grundsätzlich gilt aber, dass nur ein geringer Teil des Warenwertes (oder Umsatzes) auf die Wertschöpfung des Handels entfällt. Der weitaus größte Teil der Wertschöpfung findet bei Dritten statt und wird vom Handel für Lieferungen und Leistungen gezahlt.

Es war schon immer ein guter Ratschlag, zuerst vor der eigenen Haustür zu kehren, bevor man seinen Nachbarn zur Einhaltung der Kehrwoche mahnt. Was den Umgang mit den eigenen Mitarbeitern, der Schaffung von Arbeits- und Umfeldbedingungen, die den menschlichen Bedürfnissen gerecht werden sowie die gerechte Entlohnung angeht, hat es jedes Unternehmen selbst in der Hand. Auch was die Beschaffung der Verbrauchsgüter vom Papier bis hin zur Energie betrifft, ist die Bandbreite der Anbieter groß. Das Gleiche gilt auch für die betrieblich genutzten langlebigen Wirtschaftsgüter vom Fuhrpark über Computer und Kassenterminal bis hin zum Regal. „Green Building" ist längst kein Modewort mehr, und insbesondere beim Neubau zeigen aktuelle Beispiele, dass CO_2-neutrale Handelsfilialen auf die Lebensdauer gesehen nicht teurer sein müssen. Auch das Informationsangebot ist groß und das Handelsunternehmen kann über die Umweltfreundlichkeit, den Ressourcenverbrauch, die Arbeitsbedingungen und soziale Gerechtigkeit bei der Herstellung durch die Auswahl des Vertragspartners entscheiden.

Meistens – denn auch hier ist zu berücksichtigen, dass nicht alles vor der Haustür produziert wurde und nicht immer die Möglichkeit besteht, sich von der Einhaltung der Nachhaltigkeitskriterien zu überzeugen. Nehmen wir z. B. den Granit, der sich als Bodenbelag oder Fassadenvertäfelung immer größerer Beliebtheit erfreut. Preislich unschlagbar sind Granite aus China und Vietnam. Die sozialen Bedingungen in diesen Ländern sind es i. d. R. auch. Von Kinderarbeit bis hin zu lebensgefährlichen Arbeitsplatzbedingungen reicht die Liste der untragbaren Zustände. Da hilft nur die Garantie eines anerkannten Siegels für nachhaltige Produktion. Bleiben der Transport und die damit verbundene Umweltbelastung. Oder man nimmt doch den heimischen Sandstein. Teurer zwar, aber nachvollziehbar nachhaltig produziert und durch kurze Transportwege gekennzeichnet.

Aber den bei weitem größten Anteil nimmt natürlich die **Handelsware** ein. Je nach Handelssegment entfallen bis zu **80 % des Umsatzes** allein auf den **Warenbezug**. Dieser Teil kann natürlich nicht außen vor bleiben, wenn man dem Wunsch des Kunden, nachhaltig zu konsumieren, entsprechen will. Wunsch des Kunden ist aber auch das Angebot von Ananas und Bananen, Sternfrucht und Mango aus fernen, meist Schwellen- und Entwicklungsländern. Doch damit nicht genug. Erdbeeren, Äpfel, Birnen, Gemüse und Salat wird nicht mehr gekauft, wenn hierzulande die Ernte läuft. Der Verbraucher will das Angebot an Frische rund ums Jahr. Und er will den Lachs aus Alaska, das Lamm aus Neuseeland und das Rindfleisch aus Argentinien.

Was für die frische Ware zutrifft, gilt auch für Tiefkühlkost, das Trockensortiment und natürlich für Convenience-Produkte. Der Lebensmittelmarkt ist global. Nicht viel anders sieht es im Bereich der Bekleidung und bei Möbeln aus. Sowohl was die Rohstoffe, aber insbesondere was die Verarbeitung betrifft. Auch hier sind wieder Entwicklungs- und Schwellenländer im Spiel, deren Bewusstsein für Umwelt und Sozialstandards nicht besonders ausgeprägt ist. Es ist schon schwierig, Anbieter für nachhaltig hergestellte Produkte zu finden. Noch schwieriger ist es, die nachhaltige Produktion zu kontrollieren bzw. eine Aussage über die Nachhaltigkeitskriterien zu machen.

Im Vorteil ist der Handel im Falle der Vertikalisierung, da der Einfluss vom Erzeuger über den Produzenten bis in den Laden größer und der Einblick durchsetzbar ist. Aber es bedarf einer Organisation, die dies auch umsetzt.

Ob letztlich die Produzenten unabhängige Dienstleister mit der Kontrolle und Bestätigung der nachhaltigen Produktion beauftragen oder der Handel eine entsprechende Organisation aufbaut, was sich zumindest im Falle der Vertikalisierung anbietet, bleibt abzuwarten. Fest steht jedenfalls, dass Nachhaltigkeit nicht an der eigenen Haustür stehen bleibt und die Verbraucher danach fragen werden, wie die Ware produziert und ins Regal gelangt ist.

6.2. Warum der Handel verantwortlich ist

Es ist leicht einzusehen, dass der Handel die Verantwortung für seine eigenen Prozesse trägt. Er entscheidet und verantwortet, wie schonend er dabei mit den Ressourcen umgeht, die Umwelt belastet und seine Mitarbeiter gerecht behandelt und sichere Arbeitsplätze bietet.

Exkurs

Niemand, auch nicht der Handel, wird bezweifeln, dass derjenige, der sein Geld für eine Sache oder ein Recht im Fall der Miete oder des Leasings hergibt, auch das Recht hat zu kontrollieren, ob er für sein Geld die versprochene Leistung erhält. Anfang der 90er Jahre geriet der Axel Springer-Verlag in den Verruf, einer der größten Waldvernichter zu sein. Zunächst herrschte Bestürzung über diese Aussage. Man sah sich ja lediglich als Verbreiter von Informationen. Die Verbreitung erfolgte allerdings auf Papier, das von großen Papiermühlen geliefert wurde. Papier besteht aus Zellulose, die u. a. aus Holz gewonnen wird. Hochgerechnet ergab sich, dass der Verlag tatsächlich über seine Papierlieferanten einer der größten Abnehmer für Holz war. So hatte man das bisher nie gesehen und sich demzufolge auch nicht darum gekümmert, ob dem für die Papierproduktion erforderlichen Holzeinschlag eine entsprechende Wiederaufforstung gegenüberstand. Dem war nicht so und somit war auch die Behauptung zutreffend. Heute schließt der Verlag Papierlieferverträge nur mit Unternehmen, die Holz aus wieder aufgeforsteten Wäldern beziehen und dies auch regelmäßig kontrollieren lassen.

Im Gegensatz zum Springer-Verlag verarbeitet der Handel aber keine Rohstoffe (Papier) zu einem Produkt (Zeitungen und Zeitschriften). Der Handel erwirbt verkaufsfertige Produkte und bietet diese dem Endverbraucher zum Kauf an. Außer im Falle der Eigenmarke behauptet der Handel, nicht an der Herstellung beteiligt gewesen zu sein. Ist es dann richtig, dem Handel die Verantwortung für die nachhaltige Herstellung dieser Produkte zuzuweisen?

Dem Verbraucher stellt sich diese Frage gar nicht. Sein Vertragspartner ist der Händler. An wen also soll er sich sonst wenden, wenn er in den Regalen nicht die Art von Produkten findet, die er sucht und wenn es um die Frage geht, dass drin ist, was auf der Verpackung draufsteht? Verbraucherbefragungen belegen das immer wieder. Nach der von Ernst & Young 2007 veröffentlichten Studie geben über 90 % der befragten Verbraucher an, bei ihrem Händler ein Angebot nachhaltig produzierter Waren zu erwarten. 77 % der Befragten gaben gar an, für ein umfassendes Angebot nachhaltig produzierter Waren den Händler wechseln zu wollen.

Bei der Frage nach dem Vertrauen in Bezug auf den Inhalt sieht das Bild differenzierter aus. Bei den mit „Bio" gekennzeichneten Produkten vertrauen fast 50 % der befragten Verbraucher ihrem Händler, dass diese Produkte zumindest unter Einhaltung der EU-Bio-Verordnung hergestellt wurden. Nur 29 % der Befragten vertrauen in diesem Punkt dem Produzenten und nur 25 % dem aufgedruckten Siegel, Doppelnennungen eingeschlossen.

Bei ethisch korrekt und nachhaltig produzierten Artikeln waren die Verbraucher zum Zeitpunkt der Befragung wohl noch etwas orientierungslos. Fast übereinstimmend votierten die Verbraucher für Garantien sowohl des Handels, des Produzenten als auch einer neutralen Organisation.

Etwas anders ist die Otto-Group in ihrer *Studie* aus dem Jahre 2010 das Thema Vertrauen angegangen. Es wurde grundsätzlich hinterfragt, wem die Menschen heute vertrauen. Nicht anders zu erwarten war, dass enge Verwandte und gute Freunde das größte Vertrauen genießen. Aber auf dem gleichen Niveau der Zustimmung von 91 % der Befragten liegt das Vertrauen in die Stiftung Warentest und Ökotest. NGO's wie Greenpeace, Foodwatch oder WWF halten 72 % für vertrauenswürdig. Ganz schlecht sieht es mit dem Vertrauen in Politik und Werbung aus. Nur 15 % bzw. 10 % halten diese für vertrauenswürdig.

Im Vergleich dazu liegen die Unternehmen mit 31 % noch recht gut. Aber dieser Wert zeigt auch noch sehr viel Luft nach oben. Insbesondere für den Handel gilt es, die Lücke zu schließen. Behauptet er nicht immer, dass das Vertrauen der Verbraucher die Basis ihres Geschäfts ist? Die Frage ist nur wie. Auch diesem Thema widmet sich die Studie und unterscheidet die Verbraucher hinsichtlich „Ethischen Konsums" in vier Gruppen:

1. Verweigerer (8 %)
2. Skeptiker (25 %)
3. Pragmatiker (34 %)
4. Aktive (34 %)

Für die jeweilige Gruppe wurde hinterfragt, womit man ihr Vertrauen erwerben kann. Als Ergebnis stellt die Studie für die Skeptiker und Pragmatiker fest: „Der Wunsch nach Orientierung und Vertrauen in einer unübersichtlichen Welt ist in allen identifizierten Segmenten ähnlich ausgeprägt. Während der Verweigerer Orientierung hauptsächlich über den Preis sucht, sind Skeptiker und Pragmatiker differenzierter. Doch während diese Differenziertheit den Skeptiker noch stellenweise lähmt, agiert der Pragmatiker situationsabhängig, flexibel und lösungsorientiert, um seine Handlungsfähigkeit zu wahren und nicht zu viel Zeit zu verlieren. Pragmatismus und Situationsvertrauen werden zu alltagsfähigen Handlungsstrategien."

Für die Gruppe der „Aktiven" wurde herausgearbeitet: „Unternehmen, die ethisch korrekte Produkte herstellen, wird ein hohes Grundvertrauen entgegengebracht. 37 % der Aktiven geben sogar an, Vertrauen in ein Unternehmen zu haben, wenn dieses Produkte zu vergleichsweise hohen Preisen anbietet. Damit dienen die Preise für diese kaufkräftige Gruppe als Indikator für z. B. faire Löhne oder ethisch korrekte und daher teure Herstellung. Ethische Produkte geben Sicherheit, die richtige Wahl getroffen zu haben. Aber Grundvertrauen ist nicht alles. So zeichnet sich dieses Segment durch eine hohe Informationsbreite und -tiefe aus. Die Aktiven fühlen sich nicht so stark überfordert wie die Pragmatiker, sondern nehmen die Herausforderung an. Ziel ist, möglichst viel zu wissen, um eine gute Entscheidungsgrundlage zu haben und im Gespräch mit Freunden und Bekannten vorhandene Informationen weiterzugeben und neue Informationen zu bekommen. Gütesiegel dienen als Orientierungsanker, die Angaben auf Produkten werden vergleichsweise häufig gelesen, von Unternehmen wird eine transparente Informationspolitik eingefordert. Unabhängige Kontrollinstanzen, allen voran Nichtregierungsorganisationen, genießen ein hohes Vertrauen. Das relativ hohe Informationsbedürfnis wird zusätzlich befeuert durch die stark ausgeprägte Meinung, dass klassischer Verbraucherschutz durch den Staat heute nicht mehr funktioniere. Die informierten Aktiven sehen zuerst sich selbst, aber auch die Politik in der Verantwortung, etwas zu verändern. Nur im Zusammenspiel zwischen eigener Verhaltensänderung und politischen Rahmenbedingungen lassen sich Impulse für den ethischen Konsum neu setzen.

Wenn man aus diesen Studien ein *Fazit* ziehen darf, dann bleibt festzuhalten,

- dass es fünf vor zwölf ist, wenn der Handel die Entscheidung über die Vertrauenswürdigkeit nicht vollends in die Hand der NGO's legen will;
- dass das Vertrauen der relevanten Verbrauchergruppen der Pragmatiker und Aktiven nur über eine Veränderung des Informationsverhaltens herbeizuführen ist
- und dass der Handel selbst dafür sorgen muss, dass Versprechen auch eingehalten werden bzw. Verstöße auch zu glaubwürdigen Konsequenzen führen.

Zugleich muss man allerdings konstatieren, dass es beim Thema Nachhaltigkeit keine 100 Prozent geben kann. Dazu fehlt es bei vielen Nachhaltigkeitskriterien an einer exakten Trennlinie. Bei welcher CO_2-Belastung hört die Nachhaltigkeit auf? Welche Tierhaltung ist noch artgerecht? Was ist eine gerechte Bezahlung und wann ist ein Arbeitsplatz menschenwürdig? Wo fängt Diskriminierung an und wo hört sie auf?

Des Weiteren steht der Handel am Ende der Wertschöpfungskette und es wäre vermessen zu glauben, dass der Handel alleine es schaffen könnte, alle Beteiligten an der Wertschöpfung sämtlicher Konsumgüter weltweit auf Mindeststandards der Nachhaltigkeit zu verpflichten und Zuwiderhandlungen auszuschließen. Zumindest nicht kurz- oder mittelfristig. Selbst in den eigenen Prozessabläufen wird es Fehler geben; schließlich beschäftigt der Einzelhandel in Deutschland knapp drei Mio. Menschen. Letztlich gibt es aber auch den Verbraucher und dabei handelt es sich eben nicht um eine homogene Masse. Es ist noch immer die Mehrheit der Verbraucher, für die Nachhaltigkeit etwas ist, das man mitnimmt, ohne ihr einen eigenständigen Wert beizumessen. Dies zu vernachlässigen kann sich ebenfalls kein Händler leisten.

Neue Herausforderung

Diesen Spagat zu meistern ist die große Herausforderung, vor der die gesamte Branche steht. Die Herausforderung, das Vertrauen der wachsenden Gemeinde der „Lifestyle of Health and Sustainability" zu gewinnen und zugleich die bisherigen Kunden nicht zu verprellen. Das wird nur gelingen, wenn der Handel in den Dialog mit seinen Kunden, den NGO's und der Politik eintritt und es schafft, dem Verbraucher am Regal verständlich zu erklären, wofür er die Verantwortung übernimmt. Dafür ist der Handel verantwortlich.

7. Gemeinsamkeiten von Nachhaltigkeit und Vertikalisierung

„Gibt es denn da welche?", ist man versucht zu fragen. Schließlich liegen die Inhalte so weit auseinander, wie sie weiter wohl nicht liegen könnten. Also eigentlich unsinnig, beide Themen gemeinsam in einem Buch zu behandeln. Die Sichtweise ändert sich aber schnell, wenn man nicht nur die Inhalte betrachtet, sondern auch deren Umsetzung. Sowohl die Vertikalisierung als auch die Umsetzung der Nachhaltigkeitskriterien erfordern eine intensive Beschäftigung mit Prozessen, und zwar nicht nur den Prozessen im eigenen Unternehmen. Man könnte auch provokativ sagen, dass eine konsequente Nachhaltigkeitsstrategie den Einstieg in die Vertikalisierung zur Folge hat.

Bei der Vertikalisierung geht es in erster Linie um die **Reduzierung der Kosten** eines Produkts von der Rohstoffgewinnung bis hin zum Endkunden. Ansatzpunkte sind die Optimierung der Schnittstellen, Harmonisierung der Prozesse auf den einzelnen Wertschöpfungsstufen sowie die Nutzung von Größenvorteilen auf den Beschaffungsmärkten. Dabei übernimmt das vertikalisierende Unternehmen die führende Rolle der Umsetzung mittels kooperativer, d. h. freiwilliger, meist vertraglich geregelter (Neu-)Verteilung von Aufgaben und Pflichten sowie auf Teilung der Vorteile basierende Lösungen oder mittels integrativer Lösungen mit dem Untergang der Selbständigkeit der einbezogenen Wertschöpfungsstufen als Endszenario.

Es geht aber nicht nur um Kosten. Es geht auch um **Qualitätssicherung**, Versorgungssicherung und es geht um die Kontrolle, gegebene Versprechen einhalten zu können. Z. B., dass das Produkt im eigenen Regal aus nachhaltiger Produktion stammt.

Abgesehen davon, dass es bisher nur wenige „Nachhaltigkeitssiegel" für nur einen Teil der Konsumgüter gibt, stellt sich die Frage, ob das Abstellen auf solche Siegel die Lösung für den Handel sein kann. Das Siegel bietet die Garantie einer dem Verbraucher meist nicht bekannten Organisation auf die Einhaltung von Standards, deren

Gemeinsamkeiten von Nachhaltigkeit und Vertikalisierung

Inhalte sich nicht aus dem Siegel selbst ergeben. Der Verbraucher müsste sich also in jedem Einzelfall über die Inhalte sowie die Vertrauenswürdigkeit der siegelgebenden Organisation kundig machen. Schon hier stellt sich die Frage, ob man das dem Verbraucher zumuten kann.

Wichtiger erscheint aber ein ganz anderer Aspekt. Egal, wer oder was per Siegel garantiert wird – für jeden zweiten Verbraucher bleibt der Handel verantwortlich. Kann sich dann der Handel darauf verlassen, dass der Siegelgeber die schwarzen Schafe schon rechtzeitig, d. h., bevor mal wieder ein Verstoß medienwirksam aufbereitet wurde, eliminieren wird? Die Verbraucher werden sich nicht mit dem Hinweis darauf zufriedengeben, dass man ja gerade dafür bezahlt habe. Was ja auch nicht stimmt, denn bezahlt hat schließlich der Verbraucher.

Letztlich haben die **Siegel** den großen Nachteil, dass sie für alle zugänglich sind und die Standards vom Siegelgeber definiert werden. Letzteres bedeutet, dass der einzelne Händler keinen Einfluss auf Art, Umfang und Qualität der Standards hat und damit auch nicht die Möglichkeit, sein Verständnis von Nachhaltigkeit dem Kunden zu vermitteln. Aufgrund des Zugangs aller Händler zu der gesiegelten Ware besteht auch keine Möglichkeit, sich vom Wettbewerb zu differenzieren. Es bleibt am Ende nur die Aussage, dass man auch MSC-zertifizierten Fisch im Sortiment führt.

Lösungswege für den Handel

Die **Lösung** scheint auf der Hand zu liegen. Warum als Händler nicht gleich das Heft in die Hand nehmen und dem Kunden in verständlicher Weise sagen, was man selbst unter Nachhaltigkeit versteht? Mit konkreten Aussagen aus dem breiten Spektrum der Nachhaltigkeitskriterien, mit denen man sich identifiziert, für welche Artikel man mit dem eigenen Namen für die Einhaltung dieser Kriterien garantiert und wie der Kunde sie erkennt?

Die meisten Händler sind zu klein, um sich selbst um die Implementierung und Einhaltung der Nachhaltigkeitskriterien über die gesamte Wertschöpfungskette hinweg zu kümmern. Für einige Tausend Händler, für die dieses Argument zutrifft, gilt aber auch, dass sie z. B. für den Direkteinkauf von der Industrie zu klein sind. Ohne den Großhandel, oder die Organisation in Einkaufskooperationen bzw. -genossenschaften könnten diese im harten Wettbewerb nicht überleben.

Je höher der Einfluss auf die Wertschöpfungskette, ob direkt oder indirekt, desto eher hat der Handel die Chance, die Nachhaltigkeitsstandards zu realisieren, für die er mit dem eigenen Namen steht.

Sowohl für die Vertikalisierung als auch für die Realisierung einer Nachhaltigkeitsstrategie gilt, dass die Qualität der Leistung mindestens gleichwertig sein muss. Das hört sich zunächst trivial an, ist es bei genauerer Betrachtung aber überhaupt nicht. Vielmehr stellt diese Anforderung für den Handel eine große Herausforderung dar, da sie erhebliche Auswirkungen auf die technische Ausstattung, aber vor allem auf die Qualifikation der Mitarbeiter, die Aufbau- und Ablauforganisation sowie die Führung und damit die Steuerungsinstrumente des Unternehmens hat.

Herausforderung bewältigt: Von der Direktbelieferung zur Zentrallogistik

Die Großen des deutschen Lebensmitteleinzelhandels haben diese Herausforderungen schon einmal bewältigt, als sie von der Direktbelieferung ihrer Filialen durch die Industrie auf die Zentrallagerlogistik umstellten. Nicht nur, dass man Geld in den Bau von Zentrallager und evtl. eigene Fahrzeugflotte investieren musste. Man musste sich mit den spezifischen Anforderungen der Produkte an Lagerung und Transport beschäftigen. Für die Standortauswahl waren ganz andere Kriterien entscheidend als für die einer Filiale, und auch die Lagerausstattung sowie die Logistik im Lager folgte ganz anderen Regeln als denen einer Filiale. Zwar braucht man im Lager keine Kassensysteme, aber eine leistungsfähige Warenwirtschaft, die den jederzeitigen und schnellen Zugriff für die Kommissionierung gewährleistet. Für eine kostengünstige Belieferung der Filialen, Warenbeschaffung von der Industrie und den Austausch unter den Lagern braucht man Routenoptimierungsprogramme und für all das Menschen, die dies beherrschen. Menschen, die eine andere Ausbildung genossen haben und die anders denken. Nicht Einzelhandelskaufleute waren gefragt, sondern Logistiker und Speditionskaufleute. Schließlich ist der Kunde des Lagers nicht der Verbraucher, sondern das sind die Filialen mit dem Anspruch der bedarfsgerechten, aber zugleich preisgünstigen Versorgung mit Waren.

Letztlich musste auch die Kommunikation zwischen den Funktionsbereichen neu geregelt und zusätzliche Aufgaben in bestehenden Funktionsbereichen gelöst werden. Der Abruf von Waren aus den Einkaufskontrakten erfolgte nicht mehr auf der Basis der Filialmeldungen, sondern auf der Basis der Meldungen aus den Lagern, evtl. konkretisiert durch den Fuhrparkdisponenten aufgrund der Routenoptimie-

Gemeinsamkeiten von Nachhaltigkeit und Vertikalisierung

rung unter Ausnutzung von Leerfrachten. In den Einkaufsverhandlungen galt nicht mehr nur „frei Filiale". Das Spektrum erweiterte sich bis „frei Rampe" bei der Industrie und es galt, den Preis um x % mehr zu drücken, als für die eigene Durchführung der Logistik kalkuliert wurde.

Auch die Auswirkung auf die Steuerungsinstrumente blieb nicht auf die in der Logistik selbst erforderlichen neuen Instrumente beschränkt. Das unternehmensweite Steuerungssystem musste an die Erweiterung der Wertschöpfungskette angepasst werden.

Vor mindestens gleich hohen Herausforderungen steht der Handel beim **nächsten Schritt in die Vertikalisierung**, d. h. der **Realisierung kooperativer oder integrativer Modelle**, die in die verarbeitende Stufe oder gar in die Urproduktion eingreifen. Die Wertschöpfung des Handels erweitert sich nochmals und auch die Zeitspanne, über die sich diese vollzieht. Damit gewinnen Planung und Steuerung immer größere Bedeutung. Abweichungen vom geplanten Prozessablauf in zeitlicher, mengenmäßiger oder monetärer Hinsicht haben erheblich größere Auswirkungen. Konnte ein Lieferant früher die kontrahierte Ware nicht liefern, wurde entweder ein Ersatzlieferant gefunden, schlimmstenfalls blieb der Platz im Regal leer. Auch wenn Händler an der Stelle von einem Supergau sprechen würden, war der dadurch entstandene Verlust wesentlich geringer als im Falle einer voll vertikalisierten Prozesskette. Schließlich fehlt jetzt nicht nur der Artikel im Regal. Zusätzlich fallen noch die Kosten für Transport- und Produktionskapazitäten an, die nicht genutzt werden können. Damit das nicht passiert bzw. damit rechtzeitig reagiert werden kann, bedarf es eines engmaschigen und vor allem durchgängigen Steuerungssystems, das Planabweichungen frühzeitig aufdeckt und die Folgen erkennbar macht.

Die Absätze könnte man nun noch einmal im Hinblick auf die Kosten schreiben. Auch hier hat man nicht mehr den fest kontrahierten Einstandspreis, sondern alle Kostenarten über die gesamte Prozesskette. Nicht rechtzeitig erkannte Planabweichungen sind kaum zu korrigieren und schlagen voll auf den jeweiligen Artikel durch.

Erkennbar ist, dass der **Prozess an sich** in den Fokus rückt und das trifft genauso auf das Thema Nachhaltigkeit zu. Auch hier geht es um Investitionen, um Personal und Organisation und auch hier steht letztlich die Prozesssicht im Vordergrund. Schon die Umsetzung der Nachhaltigkeit im Handel führt zu einer Erweiterung entscheidungsrelevanter Aspekte und Tätigkeitsfelder mit Auswirkungen auf das Steuerungssystem.

Neue Aufgabenbereiche entstehen

Ging es bei dem Bau von Verwaltungsgebäuden, Läger und Filialen bisher in erster Linie darum, die Investition gering zu halten, führt die Nachhaltigkeitsstrategie dazu, die langfristige Auswirkung auf die Prozesskosten und die Nützlichkeit für die Aussage der nachhaltigen Unternehmensführung zu betrachten.

Ging es bisher darum, sich möglichst günstig am Arbeitsmarkt die benötigten Arbeitskräfte zu beschaffen, geht es jetzt darum, den Arbeitnehmern ein **motivierendes Umfeld** zu schaffen und die zusätzlichen Kosten im Verhältnis zur Leistungsverbesserung zu setzen. Es geht darum, sich in der Aus- und Fortbildung sowie in der Hochschulbildung zu engagieren und für potenzielle Mitarbeiter interessant zu machen bzw. ein Potenzial für Führungsaufgaben zu schaffen. Und es geht darum, sich auch im privaten Umfeld der Mitarbeiter durch den Bau und Betrieb von Kindertagesstätten und internationale Schulen zu engagieren und sich damit z. B. auch das Potenzial insbesondere weiblicher Führungskräfte zu erschließen.

Verbrauchs- und Verpackungsmaterialien mussten bisher nur billig sein. Künftig müssen sie die Umwelt möglichst wenig belasten **und** günstig sein. Für die innerbetriebliche Logistik zählt nicht nur der Preis, sondern auch die Belastung der Umwelt.

So könnte man die Liste beliebig fortsetzen. Aber schon anhand dieser Beispiele ist erkennbar, dass nachhaltige Unternehmensführung eine Veränderung im Denken voraussetzt und Auswirkungen auf den betrieblichen Entscheidungsprozess hat.

Damit aber nicht genug. Letztlich geht es ja bei diesem Thema um den **Wunsch des Kunden, mit ruhigem Gewissen zu konsumieren**. Der Kunde will also auch ein Angebot an Waren, das unter Berücksichtigung der Nachhaltigkeitskriterien in die Regale gekommen ist. Spätestens jetzt sind wir wie bei der Vertikalisierung bei der Prozesssicht. Denn jetzt geht es darum, garantieren zu können, dass die Artikel, für die eine Nachhaltigkeitsgarantie ausgesprochen wird, ausschließlich Prozesse durchlaufen, für die sämtliche Kriterien der Nachhaltigkeit eingehalten wurden.

Das bedeutet, dass nicht zwangsläufig die an der Wertschöpfung beteiligten Unternehmen als Ganzes mit dem Prädikat „Nachhaltig" versehen sein müssen, aber nachweisbar der Teil, der an der Wertschöpfung dieses Produkts beteiligt war. Dazu gehören keine Kinderarbeit und Einhaltung der Sozialstandards wie Arbeitszeit, Arbeitsplatzsicherheit, Mindestentlohnung sowie der umwelt- und ressourcenschonende Anbau und Transport von beispielsweise Kakaobohnen, deren Verarbeitung, Verpackung und Vertrieb. Erst wenn die gesamte Prozesskette sauber ist, kann der Artikel als „nachhaltiger Artikel" angepriesen werden.

8. Controlling – einfach erklärt!

8.1. Was ist eigentlich Controlling?

Das Controlling einfach zu erklären ist bei näherer Betrachtung gar nicht so einfach. Das fängt schon damit an, dass die deutschsprachige wissenschaftliche Literatur durch eine Vielzahl unterschiedlicher Controllingkonzeptionen gekennzeichnet ist und dabei von einem einheitlichen Controllingverständnis kaum die Rede sein kann. Um die Verwirrung komplett zu machen, kann man noch darauf hinweisen, dass auch das angloamerikanische Verständnis des Controllings von dem der Kontinentaleuropäer abweicht.

Angefangen hat wohl alles gegen Ende des 19. Jahrhunderts in den Vereinigten Staaten von Amerika. Die erste Erwähnung findet man 1880 bei der Eisenbahngesellschaft „Atchison, Topeka & Santa Fe Railway System", allerdings unter dem Begriff „Comptroller", wahrscheinlich abgeleitet aus dem Französischen ‚contre-role', was man wörtlich wohl mit „Gegenrolle" und sinngemäß im Zusammenhang mit einem Unternehmen als „Buchprüfung" übersetzen kann. Damit ist auch die Aufgabe auf die rein retrospektive Kontrolle des betrieblichen Rechnungswesens beschränkt. General Electric richtete ein paar Jahre später die erste Stelle für einen Controller ein, dessen Aufgaben sich auf das Management und die Kontrolle der Finanzbedarfe und Finanzanlagen konzentrierten. Eine Aufgabe, die man in Deutschland in vielen Abteilungen bis hin zum eigenständigen Treasury angesiedelt findet, aber auf keinen Fall im Controlling. Es zeigt aber die bis in die jüngste Vergangenheit stark finanzwirtschaftliche Ausprägung. In einigen Aufgabenbeschreibungen des Controllers amerikanischer Prägung findet man gar das Thema Unternehmenssteuern.

Nach **Deutschland** kam das Thema Controlling erst nach dem Zweiten Weltkrieg durch Tochtergesellschaften US-amerikanischer Konzerne auf und erst in den 70er Jahren des 20. Jahrhunderts entstanden die ersten Stellen der Controller in deutschen Unternehmen. Nicht ohne für Diskussionsstoff zu sorgen, insbesondere hinsichtlich der Abgrenzung zu anderen Abteilungen der Unternehmen. Schließlich fand die Kontrolle des Rechungswesens auch ohne Controller statt, und die Berichterstattung über die aktuelle Vermögens-, Finanz- und Ertragslage übernahm meist der Leiter des Rechnungswesens. Das deutsche Steuerwesen war immer schon komplex und daher ein Thema für den Spezialisten.

8.1.1. Controlling-Konzeptionen

Der erste Controlling-Lehrstuhl wurde 1973 an der Technischen Universität in Darmstadt eingerichtet und mit Péter Horváth besetzt. Auch wenn das Controlling und Prof. Dr. Dr. h.c. mult. Péter Horváth noch lange in einem Atemzug genannt wurden, entstanden schnell weitere Lehrstühle für Controlling. Viele Professoren publizierten Bücher, die sich mit dem Thema Controlling auseinandersetzen. Natürlich verwendete jeder seine eigene Definition des Controllers und des Controllings, die sich zwar in vielen Punkten ähneln, aber nun mal nicht deckungsgleich sind. Nur um die in der Lehre vertretenen Controlling-Konzeptionen kurz angesprochen zu haben, also die Frage, wie der Gesamtbegriff Controlling definiert, aufgefasst und begründet wird, sei hier auf die Funktion des Controllings als

- Informationsquelle, Informationslieferant
- erfolgszielbezogene Steuerungseinheit
- Koordinationseinheit und
- Rationalitätssicherung der Führung

hingewiesen.

Aber wir wollen keine Verwirrung stiften, sondern möglichst einfach erklären, was Controlling ist. Deshalb verzichten wir auch an dieser Stelle auf eine Auseinandersetzung mit den diversen Konzeptionen und konzentrieren uns gleich auf das Verständnis des **Internationalen Controller Vereins** (ICV), der im August 2007 auf der Grundlage der Arbeit der International Group of Controlling (IGC) sein „**Controller-Leitbild**" veröffentlicht hat und dem wir uns im Wesentlichen, d. h., gemäß den nachfolgend dargestellten Einschränkungen anschließen. Dieses Leitbild soll die Zwecksetzung und das Selbstverständnis der Controller verdeutlichen und eine beispielhafte und mustergültige Rahmendarstellung bieten. Hierzu formuliert es das Rollen- und Funktionsbild der Controller, das Tätigkeitsbild und Aufgabenspektrum der Controller und die angestrebten Ziele und Nutzenpotenziale. Dabei orientiert sich der ICV an der auf Weber/Schäffer zurückgehenden und derzeit wohl aktuellen Sicht des „Controllings als Rationalitätssicherung der Führung".

Bei aller Unterschiedlichkeit der Lehrmeinungen – in einem Punkt allerdings sind sich alle einig. Controlling ist mehr als Kontrolle! Wer der englischen Sprache mächtig ist, wäre ohnehin nicht auf diese Vereinfachung gekommen. Zwar bedeutet „to control" auch „etwas beaufsichtigen", allerdings mehr im Sinne von „etwas beherrschen", „etwas steuern". Als Substantiv bezeichnet „control" auch das „Bedienungsinstrument", „Regelgerät", „Steuergerät" oder ganz einfach „Steuerung".

8.1.2. Controller versus Controlling

Dieses Controller-Leitbild hilft zugleich, etwas Ordnung in das Sprachbabylon zu bringen. So z. B. hinsichtlich der Begriffe „Controller" und „Controlling". Zu Recht wird in dem Leitbild darauf hingewiesen, dass in den meisten in der Praxis vorzufindenden Organigrammen statt der Bezeichnung „Controlling" besser die Bezeichnung „Controller-Service" oder „Controller-Dienst" verwendet werden sollte. Schließlich handelt es sich in diesen Fällen um eine Abteilung, in der „Controller" als Dienstleister für andere Führungskräfte arbeiten und einen betriebswirtschaftlichen Service anbieten. Dieser betriebswirtschaftliche Service des Controllers besteht laut Controller-Leitbild darin, das Management durch

- Gestaltung, Moderation und Begleitung des Management-Prozesses der Zielfindung, Planung und Steuerung,
- Schaffung von Transparenz der Prozesse, der Ergebnisse, der Finanzlage und der Strategie,
- Koordination der Teilziele und -pläne,
- Organisation des zukunftsorientierten unternehmerischen Berichtswesens,
- Bereitstellung der betriebswirtschaftlichen Daten und Informationen

zu unterstützen. Der Controller trägt durch seine Tätigkeit also Mitverantwortung für das Ergebnis des Planungs- und Steuerungsprozesses.

Diese Beschreibung stützt die allgemeine Auffassung, dass es sich bei einem Controller um einen Menschen der Zahlen handelt, in dessen Fokus vordringlich monetäre Größen wie Kosten, Erträge, Vermögen und Schulden sowie die dahinter stehenden Finanzströme stehen. Dieses Bild hat sich jedoch in den letzten Jahren schon verändert und wird sich noch weiter verändern, je mehr die Unternehmen nicht nur monetäre Ziele verfolgen bzw. die Bedingungen zur Zielerreichung an Bedeutung gewinnen. Die Buchautoren Bernd Pelz und Regina Mahlmann bspw. sagen, dass neben der Kapitalrendite die Transparenz des Unternehmens und das Vertrauen in die Einschätzung des Managements zur weiteren Unternehmensentwicklung zunehmend an Bedeutung gewinnen, aber auch die Glaubwürdigkeit des Managementverhaltens an sich.

Unter der Überschrift „Tendenzen und Perspektiven" sieht denn auch das Controller-Leitbild des ICV neben den klassischen Controllingaufgaben vor allem folgende neuere Tätigkeitsfelder der Controller:

- Weitergehende Harmonisierung von internem und externem Rechnungswesen.
- Aufgabenstellungen infolge der zunehmenden Internationalisierung und Globalisierung, beispielsweise neue Formen der Controllingorganisation, neue Konzepte der Verrechnungspreisbildung.
- Aufgaben im Bereich der Unternehmenssicherheit wie Risikomanagement, SOX, Corporate Governance oder Basel II.
- Weiterentwicklung der Nutzung und Implementierung von Controlling-Instrumenten.
- Fortschritt im Bereich der Messung und Steuerung der Performance, insbesondere im Bereich der immateriellen Werte.
- Verknüpfung der Performance mit Anreizsystemen.
- Verstärktes Engagement im Innovationsmanagement und Innovationscontrolling.
- Aktive Rolle in der Strategieführung bzw. Steuerung der strategischen Planung.
- Deutlichere Ausrichtung in Richtung Marktsteuerung und damit ein höheres Maß an Markt- und Kundennähe oder marktorientierte Kostenanalyse und Vergleiche.
- Bessere Prozesskenntnisse, insbesondere Wertschöpfungskenntnisse.

Auch ethische Themen – und damit die Werteorientierung neben der Wertorientierung – gewinnen an Bedeutung. Nicht zuletzt kommen verstärkt neue Schnittstellen-Lösungen auf, wie z. B. das Kommunikationscontrolling.

In der Abgrenzung zur Funktion bzw. Person des Controllers ist **Controlling** hingegen der Prozess der zielorientierten Planung, Information sowie Steuerung und integraler Bestandteil des Managementprozesses.

Was ist eigentlich Controlling?

Controller-Leitbild des IVC

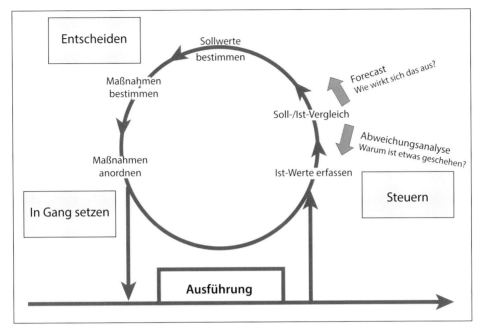

Quelle: Controller-Leitbild, Internationaler Controller Verein e.V., 2. Auflage, August 2007, Seite 28.

Dieser Prozess setzt voraus, dass Werte erfasst werden, die zu einer zutreffenden Darstellung der Ist-Situation führen und entsprechenden Planwerten gegenübergestellt werden können. Die erfassten Werte müssen zugleich geeignet sein und so detailliert erfasst werden, dass nicht nur die **Abweichung** selbst, sondern auch die **Ursachen** hierfür ermittelt werden können. Erst dann kann beurteilt werden, ob die Abweichung lediglich eine Folge der Periodisierung ist und ob Maßnahmen eingeleitet werden müssen/können, die eine Abweichung ausgleichen oder die Planung angepasst werden muss.

8.1.3. Operatives Controlling versus Strategisches Controlling

Aus der Aufgabenbeschreibung des Controllers lässt sich eine *starke Fokussierung auf die Bedürfnisse des Top-Managements* ableiten. Auch das Top-Management hat täglich Entscheidungen im „Daily Business" oder, um im Sprachgebrauch zu bleiben, operative Entscheidungen zu treffen. Je nach Führungskultur ist der Anteil der strategischen Entscheidungen aber deutlich höher bzw. werden diese Entscheidungen nur vom Top-Management getroffen. Das betrifft insbesondere die strategischen Entscheidungen, die das Unternehmen als Ganzes betreffen.

Eine **Strategie** macht nur dann Sinn, wenn sie ein **Ziel** verfolgt. Wo soll das Unternehmen in fünf oder gar zehn Jahren stehen und welche Strategie führt das Unternehmen dorthin? Ziele wiederum sind nur dann motivierend, wenn sie realistisch erscheinen. Damit sie es sind, müssen viele Indikatoren berücksichtigt werden. Unternehmensinterne, aber auch vor allen Dingen externe. Schließlich stehen Unternehmen nicht in einem luftleeren Raum.

Während die künftige Entwicklung der internen Indikatoren noch einigermaßen sicher zu greifen sind – schließlich hat man die weitgehend in der eigenen Hand –, sieht das mit den externen anders aus. In der Regel gibt es auch nicht nur die eine Expertenmeinung und nicht nur die eine Datenreihe, sondern einen bunten Strauß, aus dem sich mehr Bandbreiten möglicher Entwicklungen der externen Indikatoren ergeben, als nur die eine mögliche.

Mit dieser Problematik der möglichst realistischen Darstellung der künftigen Umfeldbedingungen des Unternehmens, der in diesem Umfeld realistischen Ziele und der zielführenden Strategien über mehrjährige Zeiträume setzt sich das **strategische Controlling** auseinander. Zugleich stellt aber das Controller-Leitbild mit der Aufgabe der Koordination der Teilziele und -pläne klar, dass ein Unternehmen nicht nur durch das Top-Management gesteuert wird. Auch wenn dieser Personenkreis dies nicht gerne hört, entspricht es doch der Realität: Es nutzt nichts, wenn der Kapitän auf der Brücke noch so laut „volle Fahrt voraus" ruft, wenn die Mannschaft im Maschinenraum noch auf Landgang ist. **Steuerung** findet also auf allen Managementebenen statt, oder, um es noch deutlicher zu sagen, überall dort, wo Entscheidungen zu treffen sind.

8.1.4. Organisation des Controllings

Ob auf diesen Managementebenen jeweils ein Controller beschäftigt oder gar ein Controller-Service eingerichtet werden muss, hängt von vielen Faktoren ab. So z. B. von der Größe und Komplexität des zu managenden Bereichs, aber auch von der Organisationsphilosophie des Unternehmens und der EDV-technischen Unterstützung. Je komplexer die Bereichsprozesse, je geringer der Grad der automatisierten Datensammlung und Analyse sowie Ableitung der Handlungsoptionen, desto eher wird sich die Einrichtung eines **Bereichscontrollings** empfehlen. Ein weiterer Grund für die Ansiedelung eines Controller-Services auf Bereichsebene ist die evtl. notwendige Spezialkenntnis. Vielfach in der Praxis zu beobachten ist die Einrichtung eines eigenständigen Bereichscontrollings für die für das Unternehmen wichtigen Funktionen wie Vertrieb, Beschaffung, Produktion, aber auch für wichtige Ressourcen wie Immobilien oder das Personal. Allerdings weicht die Aufgabenstellung von der des strategischen Controllings deutlich ab.

Augenfällig ist selbstverständlich, dass der Fokus nicht auf das Gesamtunternehmen ausgerichtet ist, sondern auf die jeweilige Bereichsfunktion bzw. -ressource. Des Weiteren sind die Ziele durch die Unternehmensziele weitgehend vorgegeben und die Wahl der Strategien zur Erreichung der Teilziele ist auch durch die Unternehmensstrategie beschränkt.

Wichtiger jedoch als die Frage, ob eine Tätigkeit dem strategischen oder operativen Controlling zuzurechnen ist und ob diese im Bereichscontrolling oder in einer Stabsstelle „Gesamtunternehmenscontrolling" wahrgenommen wird, ist, dass strategisches und operatives Controlling letztlich abgestimmt und zielorientiert agieren und kommunizieren. Ein strategisches Controlling ist ohne operatives Controlling genauso wenig sinnvoll wie ein operatives Controlling ohne strategisches Controlling. Es käme ja auch niemand auf die Idee, man könne als Kapitän alleine einen Luxusliner mit über 3.600 Passagieren an Bord zum Ziel steuern.

Damit die Interaktion funktioniert, bedarf es der Organisation, d. h. einer klar erkennbaren Struktur, sowohl hierarchisch als auch in der Verantwortung sowie der Regeln, die einen reibungslosen Prozessablauf ermöglichen. Wie bereits dargestellt übernimmt das **Controlling** eine **Unterstützungsfunktion** im Entscheidungsprozess. Daraus folgt letztlich, dass auch die Organisation des Controllings den Führungsstrukturen des Unternehmens folgt. Die Organisation des Controllings ist also unternehmensspezifisch und weist mehr oder weniger zentrale oder dezentrale Züge auf.

An dieser Stelle könnte man mindestens ein Kapitel über die Unternehmensführungsstrukturen und die Einbettung des Controllings schreiben. Uns soll an der Stelle aber die grafische Darstellung von drei grundsätzlich verschiedenen Modellen reichen.

Formen der Linienorganisation

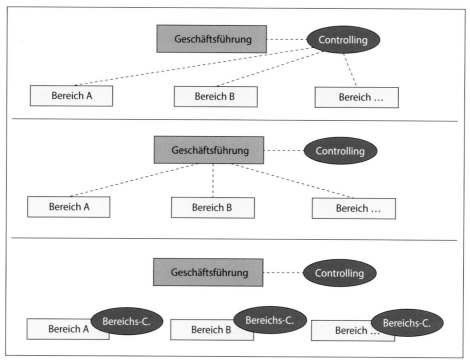

Quelle: Peter Schommer/eigene Darstellung

Die gestrichelten Linien stellen die **Kommunikations- und Koordinationsbeziehungen** dar. Somit dürfte es nach den obigen Überlegungen die dritte Variante der Linienorganisation genauso wenig geben wie ein strategisches ohne operatives Controlling und umgekehrt.

Unternehmen wachsen mit ihren Märkten, aber auch durch Erschließung neuer Märkte. Oft beginnt es in Industrieunternehmen mit der Erweiterung der Produktpalette. Im Handel steht am Anfang meist die Eröffnung neuer Filialen mit größeren Verkaufsflächen mit der Folge der Erweiterung der Sortimente. Dann wird festgestellt, dass man mit einem erheblichen Teil der Filialen in ein anderes Vertriebsformat hineingewachsen ist, das andere Anforderungen an Ladenlayout, Ladenausstattung, Sortimentsgestaltung, Personal, insbesondere im Einkauf und Vertrieb, aber auch an administrative Prozesse stellt. Oder die Unternehmen wachsen über eine Vertikalisierungsstrategie und bauen eigene Logistikstrukturen mit Lager- und Transportkapazitäten auf bzw. übernehmen ganz oder teilweise die Produktionsfunktion. Übersteigen die Nachteile aus der höheren Komplexität die Synergievorteile durch die Größe, bietet sich als Lösung die Führung von Sparten an. Insbesondere Konzerne mit Aktivitäten in unterschiedlichen Märkten werden meist nach Sparten geführt.

Folgt die Unternehmensführung dem Spartenprinzip, hat das entsprechende Auswirkungen auf die **Organisation des Controllings**.

Beispiel Spartenorganisation

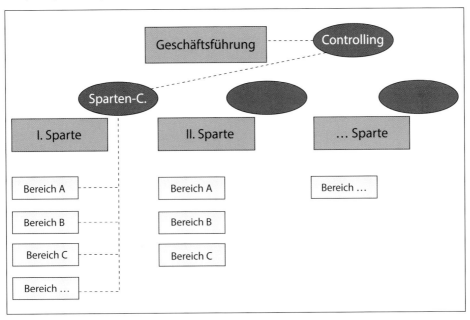

Quelle: Peter Schommer/eigene Darstellung

Ein zusätzlicher Nutzen der **Spartenorganisation** liegt auch darin, einen gewissen Wettbewerb unter den Bereichen der einzelnen Sparten anzustoßen. So lassen sich z. B. bestimmte administrative Kosten von der Personalverwaltung bis hin zu Kosten der Warenbeschaffung der einzelnen Sparten einander gegenüberstellen. Sollen die Bereichskosten der einzelnen Sparten nicht nur einander gegenübergestellt werden, sondern auch die Steuerung des Unternehmens sowohl über die Sparte als spartenübergreifend über die Funktionen erfolgen, kommt man zu einer **Matrixorganisation**:

Beispiel Matrixorganisation

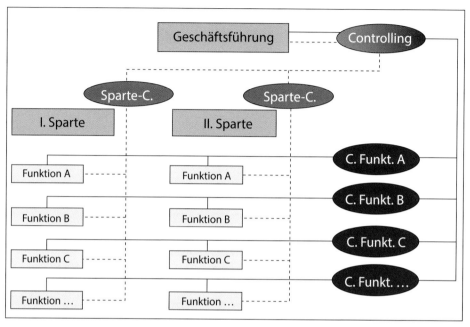

Quelle: Peter Schommer/eigene Darstellung

Komplexe Führungs- und Controllingstrukturen sind eine Folge des Unternehmenswachstums und der Diversifizierung, aber auch der Komplexität der Umwelt, die besondere Anforderungen an die Person des Controllers stellt. So wird ein Produktionscontroller ohne technisches Verständnis oder ein Personalcontroller ohne Kenntnis der Personalwirtschaft auf verlorenem Posten stehen.

Zugleich wird noch einmal deutlich, dass die Steuerung der Ertragslage sowie der Liquidität eines Unternehmens nicht ohne zielkonforme Steuerung aller betrieblichen Funktionen möglich ist. Dabei sind es oftmals nicht finanzielle Größen, die zur zielorientierten Steuerung herangezogen werden. Im Vertrieb z. B. ist es die Kundenzufriedenheit, in der Produktion sind es die Auslastungskennziffern oder Ausschussrate, im Personalwesen die Fehlzeiten oder Nettoarbeitsstunden und Qualifizierungsstruktur usw. Gleichwohl handelt es sich jeweils um Messgrößen, die letztlich einen Schluss auf die gegenwärtige oder auch zukünftige Ertragslage und Liquidität des Unternehmens zulassen.

Folgerichtig findet man in der Literatur auch Systematisierungen, die sich am Objekt der Steuerung orientieren. So z. B. das **Ertragscontrolling**, **Liquiditätscontrolling**, **Finanzcontrolling, Kommunikationscontrolling** und **Risikocontrolling**, usw.

Steuerung von Ertragslage und Liquidität im Zusammenhang mit der zielkonformen Steuerung aller betrieblicher Funktionen

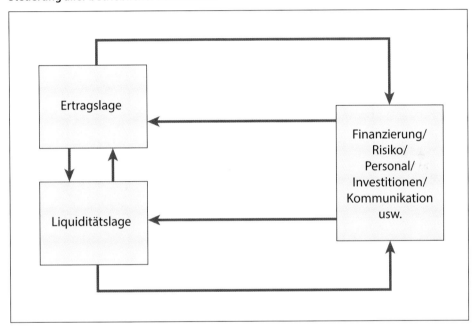

Quelle: Peter Schommer/eigene Darstellung

Der hohe Spezialisierungsgrad der objektbezogenen Controller birgt die Gefahr, dass das Objekt zum Selbstzweck wird und die Tatsache, dass es sich um ein Mittel zum Zweck handelt, aus den Augen verloren wird. Nehmen wir z. B. das Risikocontrolling.

Das Risikocontrolling

Ein Geschäft abzuschließen bedeutet nichts anderes, als die dem Gegenstand des Geschäfts innewohnenden Risiken neu zu verteilen. Ist man Eigentümer eines Hauses, trägt man alle mit dem Eigentum an dem Haus verbundenen Risiken. Im schlimmsten Fall kann das Haus abbrennen und man erleidet einen Totalverlust. Versichert man dieses Risiko, d. h., überträgt man es auf eine Versicherungsgesellschaft, verlangt diese eine Prämie, die sowohl das nach versicherungsmathematischen Grundsätzen ermittelte Risiko als auch die Verwaltungskosten sowie einen angemessenen Unternehmergewinn berücksichtigt. Realisiert sich das Risiko wie kalkuliert, erhält das Versicherungsunternehmen gerade seine Kosten über die Summe aller Prämienzahler ersetzt. Realisiert sich das Risiko in höherem Maße, erleidet die Versicherungsgesellschaft einen Verlust und im umgekehrten Fall einen Gewinn. Risiko ist also die Kehrseite der Chance.

Nun ist der Brand ein seltenes, aber in seiner Auswirkung großes Risiko. Viel häufiger, dafür weniger gravierend ist das **Reparaturrisiko**. Vermietet man das Gebäude, enthält der Mietvertrag auch Regelungen darüber, wer dieses Risiko trägt. Trägt der Vermieter dieses Risiko allein, wird er sich dieses wie eine Versicherungsgesellschaft über den Mietpreis honorieren lassen. Und wie bei dem Versicherungsvertrag realisiert er einen Verlust oder einen Gewinn. Trägt der Mieter dieses Risiko ganz oder teilweise, geht mit dem Risiko auch die Chance auf ihn über, dass die Reparaturen wie im Mietpreis kalkuliert nicht anfallen.

Risikosteuerung ist also **Ertragssteuerung** mit Implikationen für die Liquiditätssteuerung. Allerdings mit einer hohen fachlichen Anforderung an die Quantifizierung des Risikos. Auf mathematische Modelle kann man meist so lange zurückgreifen, solange es sich um Risiken aus einem funktionierenden Markt handelt. Aber was ist mit den Risiken, deren Bewertung nicht aus einem Markt abgeleitet werden können? Nehmen wir z. B. das Risiko, dass bestimmte Formate oder gar der ganze Stationärhandel in zehn Jahren überflüssig, d. h., von den Verbrauchern nicht mehr in Anspruch genommen werden. Zugegeben eine extreme Annahme, aber aufgrund der technischen Entwicklung keine vollkommen ausgeschlossene. Kein Modell der Welt kann dieses Risiko vernünftig berechnen, da es für den Risikoverlauf keine Blaupause gibt. Wahrscheinlich ist, dass die Preise für die Handelsimmobilien im Steilflug nach unten gehen und es im Falle, dass sich ein solches Extremszenario konkretisiert, von heute auf morgen keine Handlungsoptionen mehr gibt, dem Totalverlust entgegenzusteuern. Wenn dieses Risiko aber nicht vollkommen ausgeschlossen ist, kommt ja nur infrage, es mit dem Wert des Vermögens anzusetzen. Gleichzeitig ist aber auch klar, dass man diese beiden Risiken nicht addieren kann. Hohe fachliche Anforderungen ergeben sich also nicht nur für die Erfassung und Bewertung der Risiken, sondern auch für die Interpretation und Kommunikation der Risiken.

Auf die gleiche Weise lassen sich der Bezug zum Ertrags- und Liquiditätscontrolling sowie den spezifischen Anforderungen an Controller und Controlling-Systeme für die übrigen Controlling-Objekte herstellen. Durch die bereits angesprochene Komplexität und damit verbundene Spezialisierung, aber auch aus Praktikabilitätsgründen findet man in der Praxis häufig eine *Mischung aus funktionalen, spartenorientierten* und *objektorientierten Controllingstrukturen*. Wie man auch immer das Controlling gliedern und im eigenen Unternehmen organisieren mag – letztlich bleibt das Ziel des Controllings gleich.

8.1.5. Controlling-Instrumente

Ohne adäquates Handwerkszeug ist der Controller auf Bereichs- und Gesamtunternehmensebene ziemlich hilflos. Zu viele Einzelinformationen, externe wie unternehmensinterne, müssen zusammengetragen, verdichtet, geschichtet, verglichen und im Zusammenhang dargestellt werden. Ohne leistungsfähige Informationstechnologie würde der Nutzen durch Zeitablauf gegen Null streben. Der Controller benötigt für seine Arbeit also sowohl Hard- als auch Software. Z. B. Controlling-Tools, die Daten verdichten, schichten, vergleichen und im Zusammenhang darstellen und künftige Entwicklungen extrapolieren bzw. simulieren können. Aber auch noch so ausgefeilte Controlling-Tools und leistungsfähige Hardware nutzen nichts, wenn sie nicht mit den notwendigen Informationen versorgt werden. Dies alles unter Berücksichtigung zeitlicher, quantitativer und qualitativer Anforderungen.

Die meisten Daten liefern Systeme, die *nicht* im Hinblick auf die Bedürfnisse des Controllings entwickelt wurden. Sie wurden allenfalls auf Anforderung der Nutzer weiterentwickelt und ausgebaut, so dass sie das Informationsbedürfnis des Controllings für den Bereich, für den sie entwickelt wurden, befriedigen können. Vorausgesetzt, das Unternehmen nutzt die angebotenen Optionen.

Nehmen wir als Beispiel die **Finanzbuchhaltung**. Moderne Finanzbuchhaltungssysteme mit ihrem Hauptbuch und den Nebenbüchern wie Anlagebuch und Kreditoren- sowie Debitorenbuchhaltung bieten auf Transaktions-, Konten- oder Kontengruppenebene Möglichkeiten zur Erfassung von Zusatzinformationen oder Steuerungsgrößen, die für Sortierung, Komprimierung und Konsolidierung oder zeitliche Abgrenzung und Schichtung genutzt werden können. Einige Systeme sind gar mit einem Workflow-System unterlegt, das weitere Möglichkeiten eröffnet. Einige Systeme verarbeiten ihre Informationen gleich in steuerungsrelevante Größen, während andere Systeme lediglich eine Schnittstelle bieten.

Mit der **Finanzbuchhaltung** bewegen sich die meisten Unternehmen innerhalb von branchen- oder unternehmensspezifisch angepasster Standard-Software. Daneben sind gerade im Handel auch sehr viele Eigenentwicklungen im Einsatz. Entweder weil es auf dem Markt keine für den Handel geeignete Standardlösung gibt, die Anpassung einer Standardlösung an die spezifischen Anforderungen zu teuer ist oder weil man in der individuellen Lösung einen Vorsprung im Wettbewerb sieht. Was auch immer der Grund sein mag – Praxis ist, dass in den Handelskonzernen nicht nur die eine Softwarelösung von einem Hersteller im Einsatz ist und die Informationen erfasst, auf die das Controlling zur Erfüllung seiner Aufgaben zugreifen muss.

Schon die Unterschiedlichkeit der im Unternehmen eingesetzten **Software** macht es meist notwendig, die gelieferten Informationen in eine einheitliche Sprache zu übersetzen, d. h., sie müssen so transformiert werden, dass sie eindeutig sind und im Controlling-Tool weiter verarbeitet werden können. Laufen die Anwendungen auch noch auf unterschiedlicher Hardware mit abweichenden Betriebssystemen, müssen die Schnittstellenprogramme zusätzlich die Kompatibilität mit dem Controlling-Tool herstellen. Wurde die richtige Information bestimmt und die Kompatibilität hergestellt, ist noch zu gewährleisten, dass die Informationen zum richtigen Zeitpunkt zur Verfügung stehen und auch den definierten Zeitraum oder Zeitpunkt betreffen.

Was für die unternehmensinterne Informationsversorgung gilt, ist auch auf die Versorgung mit externen Informationen anzuwenden. Ob Konjunkturdaten oder Marktdaten – das Controlling sucht nach Maßstäben, nach Orientierung. Diese und ähnliche Informationen werden i. d. R. von externen Datenbanken geliefert und müssen genauso wie die unternehmensinternen den Anforderungen der Weiterverarbeitung entsprechend adjustiert werden.

So wie es auch nicht die eine Software gibt, die allen betrieblichen Anforderungen von der Immobilienverwaltung bis zur Rechnungsprüfung gerecht wird, ist es auch nicht das eine Controlling-Tool, das allen Aufgaben des Controllings gerecht wird. So wie die Komplexität der Unternehmensaktivitäten sowie der Unternehmensumwelt zur Spezialisierung der Controller führt, gibt es auch die speziellen Anwendungen, die den Standard an Leistungsfähigkeit übertreffen.

Wenn wir über Controlling-Instrumente sprechen, ist das Thema aber nicht mit der Analyse des technischen Instrumentariums erschöpft. Es geht auch um die **Methodik**! Also um die Frage, wie die gelieferten Informationen verarbeitet und in welche

Qualität steuerungsrelevanter Informationen umgesetzt werden. Eine ausführliche Auseinandersetzung würde zu weit führen und bleibt den zahlreichen Büchern zu diesem Thema vorbehalten. An dieser Stelle soll der Hinweis genügen, dass das *Controlling sowohl quantitative als auch qualitative Steuerungsgrößen und Analysen zur Verfügung stellt.* Je nach Untersuchungsobjekt in Kombination oder ausschließlich und für beide Arten von Steuerungsgrößen gibt es verschiedene Methoden der Ermittlung und Ergebnisanalyse. Welche der Methoden zutreffende Ergebnisse liefern, die eine zielorientierte Steuerung erst ermöglichen, ist von Art, Größe und Komplexität des Unternehmens, aber auch von den Strategien zur Zielerreichung abhängig.

8.1.6. Das Controlling-System

Die Organisation umfasst die Datenerfassung in und die Zusammenführung aus den einzelnen Informationssystemen sowie deren Auswertung und zielorientierte Darstellung für das Management. Das Controller-Leitbild spricht vom Controlling-System, dem „geordneten Ganzen bzw. dem Ordnungszusammenhang". Ein *Controlling-System fasst die Aufgaben, Instrumente und Organisation des Controllings zusammen.*

Die **Aufgaben des Controllings** klar zu definieren ist schon allein wegen der Schnittstellen zu anderen Stabsstellen und Linienfunktionen notwendig. So gibt es immer wieder die *Abgrenzungsproblematik zur Internen Revision* aufgrund der Kontrollfunktion des Controllings. Diese ist jedoch im Gegensatz zur Internen Revision auf die Planeinhaltung ausgerichtet und nicht auf Ordnungsmäßigkeitsaspekte. Andererseits nimmt die Interne Revision für sich in Anspruch, auch auf das Aufspüren von Unwirtschaftlichkeiten ausgerichtet zu sein und eine wichtige Rolle in der Fortentwicklung effektiver, aber auch effizienter Unternehmensprozesse einzunehmen.

Des Weiteren gibt die *Abgrenzung zum Rechnungswesen* immer wieder Anlass zu Diskussionen. Die Bandbreite der Auffassungen geht dabei von der Betrachtung des Rechnungswesens als Teilgebiet des Controllings bis zum Controlling als Teilgebiet des Rechnungswesens. Insbesondere was das betriebliche Rechnungswesen betrifft, spricht in der Tat Vieles für die Betrachtung als Teil des Controllings. Wenn das Controlling als betriebswirtschaftlicher Service für das Management betrachtet wird und Management nicht nur als Top-Management definiert ist, dann ist die Kalkulation auf jeden Fall Teil des Controllings, da auf der Grundlage der Ergebnisse aus diesem Bereich Entscheidungen über Sortimente, Standorte und sogar

Strategien wie eine Nachhaltigkeitsstrategie oder Vertikalisierungsstrategie getroffen werden.

Dabei ist von entscheidender Bedeutung, welche Qualität die entscheidungsrelevanten Informationen haben. Wie zuverlässig und aktuell sind die zugrunde liegenden Daten und nach welcher Methode werden welche Aussagen produziert? Deckungsbeitrag ist nicht gleich Deckungsbeitrag und Prozesskosten haben eine andere Aussage als Kostenarten. Die Abläufe im Controlling sind genauso zu gestalten wie die zwischen allen anderen Organisationseinheiten und dem Controlling. Dazu bedarf es auch einer klaren Organisationsstruktur des Controllings. Aus der Gesamtheit der Aufgaben und deren Lösung mittels Organisation und Instrumenten ergibt sich das Controlling-System.

8.2. Was und womit steuert das Controlling?

Wie selbstverständlich wurde bisher davon gesprochen, dass das Unternehmens-Controlling den Managementprozess der Zielfindung, Planung und Steuerung unterstützt, für Transparenz der Prozesse, Ergebnisse, Finanzlage und Strategie sorgt sowie das Berichtswesen mit unternehmensinternen und -externen betriebswirtschaftlichen Daten und Informationen versorgt. Was aber sind Unternehmensziele bzw. Strategien? Um steuern zu können, braucht man **Messgrößen**. Einmal, um das Ziel definieren und die Strategien in ihren Auswirkungen über den Zeitablauf darstellen zu können. Zum anderen aber auch, um genau definieren zu können, wo man sich aktuell befindet und was zu tun ist, wenn man sich vom vorgezeichneten Plan entfernt hat. Welches aber sind die Messgrößen, mit denen man ein Unternehmen steuert? Art und Umfang der Messgrößen hängen vom Unternehmensziel, den Strategien zur Zielerreichung und den Einflussgrößen ab, die auf diese wirken. Doch zunächst wollen wir uns einmal mit dem Thema Unternehmensziel und Strategien beschäftigen.

8.2.1. Unternehmensziele versus Unternehmensstrategien

So wie ein Flugzeug ohne Flügel kein Flugzeug ist, ist ein Unternehmen ohne Gewinnerzielungsabsicht kein Unternehmen. Nach deutschem Verständnis jedenfalls wäre das dann ein Verein, evtl. eine Stiftung. Das kann man im BGB, dem HGB, den

Gesetzen zu den Kapitalgesellschaften, aber auch im Steuerrecht nachlesen. Zusammengefasst heißt es da, dass die Unternehmenseigenschaft durch jede fortgesetzte, also nicht einmalige oder gelegentliche, auf Gewinnerzielung ausgerichtete Tätigkeit begründet wird. Liest man im Insolvenzrecht weiter, stellt man fest, dass die Illiquidität die Insolvenz, das heißt die geordnete Abwicklung des Unternehmens zur Folge hat. Ziel eines jeden Unternehmens ist also die Gewinnerzielung unter Aufrechterhaltung der jederzeitigen Liquidität.

Die Aussage, dass jedes Unternehmen zwangsläufig das Ziel verfolgen muss, Gewinne zu erzielen, ohne zu irgendeinem Zeitpunkt illiquide zu sein, schließt nicht aus, dass auch noch andere Ziele verfolgt werden könnten. Tatsächlich liest man in den Geschäftsberichten der Unternehmen beispielsweise häufig, dass das Unternehmen sich das Ziel gesetzt habe, die eigene CO_2-Emission um x % zu reduzieren oder den Anteil der Eigenmarken von „..." auf „..." zu steigern. Oder es finden sich allgemeiner gehaltene Aussagen, dass man sich den Grundsätzen der Nachhaltigkeit verpflichtet fühle und nachhaltiges Wirtschaften oberste Priorität besäße.

Struktur des Unternehmenszielsystems

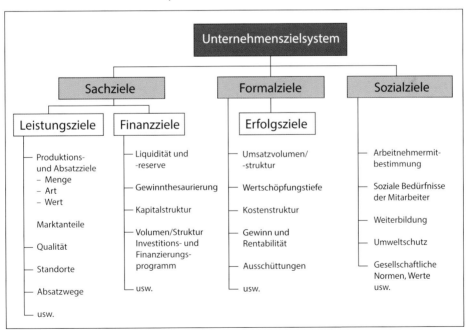

Quelle: Mathias Graumann, Controlling, IdW-Verlag 2011.

Auch in der gängigen Literatur wird darauf hingewiesen, dass Unternehmen nicht nur ein Ziel verfolgen, sondern ein ganzes **Zielsystem** entwickeln, das es zu steuern gilt. Dabei werden **Sachziele**, **Formalziele** und **Sozialziele** unterschieden (vgl. Abbildung S. 147).

Aber sind das wirklich Unternehmensziele? Oder sind es nicht vielmehr die Strategien, bzw. aus den Strategien abgeleitete Zielwerte, mit denen ein Unternehmen seine Ziele, nämlich die Gewinnerzielung und Aufrechterhaltung der Liquidität erreichen will?

Natürlich kann ein Unternehmen sich zum *Ziel* setzen, seinen Marktanteil zu vergrößern und dafür auf Gewinn zu verzichten. Aber vom **Marktanteil** kann kein Unternehmen seine Mitarbeiter bezahlen und Marktanteil ist auch keine Rendite, in deren Erwartung die Gesellschafter/Inhaber ihr gutes Geld dem Unternehmen zur Verfügung gestellt haben. Es ist auch kein Argument für Fremdkapitalgeber, Kredite zu besten Konditionen zur Verfügung zu stellen. Viel schlimmer noch, kann das Streben nach Marktanteil zur Illiquidität führen, wenn infolge einbrechender Margen Kreditgeber die Linien kündigen. Marktanteil kann aber über einen längeren Zeitraum die Totalrendite erhöhen. Entweder über Kostendegression oder über die Umsetzung der gewonnenen Preismacht. Entscheidend ist der **Betrachtungshorizont** und dass innerhalb dessen die Gleichung:

$$\text{Kosten des zusätzlichen Marktanteils} < \text{Kostendegression} + \text{Zusatznutzen aus Preismacht}$$

aufgeht und die Liquidität gewährleistet ist. Das bedeutet, dass das Unternehmensziel letztlich doch wieder die Gewinnerzielung unter Aufrechterhaltung der Liquidität ist.

Unternehmensziel „Nachhaltigkeit"

Aber was ist mit den „**nachhaltig wirtschaftenden Unternehmen**", die zu Gunsten ihrer Nachhaltigkeitsgrundsätze bewusst auf zumindest kurzfristigen Gewinn verzichten? Schaut man etwas genauer auf die handelnden Personen, so kann man zwei Wege identifizieren, auf denen die Nachhaltigkeitsgrundsätze Eingang in die Handelsunternehmen finden. Da wären zunächst die „Überzeugungstäter", für die Nachhaltigkeit eine Lebenseinstellung ist. Alles andere als eine nachhaltige Unternehmensführung würde ihrer Mentalität widersprechen. Für diese Gruppe bedurfte es keiner Strategiesitzung, um die Nachhaltigkeitsgrundsätze zum Leitbild ihres

Unternehmens zu erheben. Aufgrund der Authentizität haben sie genügend Verbraucher davon überzeugt, der Händler ihres Vertrauens zu sein. Ihren festen Platz am Markt aber haben sie, weil sie das Unternehmensziel der Gewinnerzielung unter Aufrechterhaltung der Liquidität nicht aus den Augen verloren haben.

Die andere Gruppe sind die „Lernwilligen". Gemessen am Handelsumsatz handelt es sich hierbei um die bei Weitem größte und bedeutendste Gruppe innerhalb der Handelsunternehmen. Mit ihrer Strategie der niedrigen Preise und, was die Super- und Verbrauchermärkte angeht, des umfassenden Angebots lagen sie im Trend der Verbraucher. Der Spruch „Geiz ist geil!" klingt noch jedem im Ohr. Was als Werbeslogan 2002 begann, entwickelte sich schnell zu einem Konsumentenverhalten, bei dem vor allem der Preis der Ware entscheidet. Ein Konsumentenverhalten, das auch noch heute nachwirkt und für die Zukunft Auswirkungen haben wird. Insbesondere der Marktanteil der Lebensmittel-Discounter wuchs auf über 40 % und die erfolgreichen Betreiber von Super- und Verbrauchermärkten zogen mit einer Billigpreisschiene nach. Folge dieses Kampfes um den Kunden über die Preise war eine stetige Konzentration des Marktes. Derzeit decken die fünf größten Handelsgruppen etwa 80 % des Lebensmitteleinzelhandels ab.

Größe ist aber nicht immer nur von Vorteil. Da ist zum einen die Gefahr der Verallgemeinerung des Fehlverhaltens Einzelner. Egal ob Bespitzelung, Diskriminierung oder Mobbing von Mitarbeitern – nie ist vom Fehlverhalten eines Mitarbeiters die Rede, sondern immer von dem des Unternehmens.

Von Nachteil ist die Größe auch bei der Umsetzung einer Nachhaltigkeitsstrategie. Nicht nur die große Zahl der Mitarbeiter, die auf dem Weg zur Nachhaltigkeit intellektuell mitgenommen werden müssen, stellen ein Problem dar, sondern auch die in der Regel mit der Größe des Unternehmens wachsende Komplexität der Prozesse. Und als wenn das nicht schon reichen würde, gibt es da noch die Lieferanten und die Notwendigkeit, den Bedarf in qualitativer, aber insbesondere auch quantitativer Hinsicht decken zu können. Alles zusammengenommen Umstände, die eine deutlich längere Vorlaufzeit bedingen. Oder anders ausgedrückt: Ad hoc-Entscheidungen zu treffen, in der Erwartung, deren Auswirkungen schon morgen feststellen zu können, wird mit zunehmender Größe der Unternehmen unmöglich.

Auf der Kundenseite bedingt die Größe, ein möglichst breites Spektrum an Kundenwünschen abzudecken und, aufgrund der langen Vorlaufzeit, die künftigen Kundenwünsche zu erkennen und deren Realisierung einzuleiten. So z. B. der Wunsch nach nachhaltig produzierten und gehandelten Lebensmitteln. Schließlich geht es um Viel. Um viel Geld und Marktanteil. Zugegeben, es gibt keine belastbaren Zahlen, die einen eindeutigen Rückschluss auf Umsatz und Marktanteile zulassen. Was es aber gibt, sind z. B. Zahlen zum Bio-Markt und Erfahrungswerte zur Kundenreaktion auf Nachhaltigkeitsskandale.

Bio-Kunden eine gewisse Affinität zur Nachhaltigkeit zu unterstellen, bedarf sicher keiner tiefergehenden Analyse. Somit darf der Bio-Kunde auch als potenzieller Nachhaltigkeitskunde betrachtet werden, bzw. dürfte zu den Kunden gehören, die auf Verstöße von Produktion und Handel gegen die Nachhaltigkeitskriterien mit temporärem oder gar dauerhaftem Vertrauensentzug reagieren. Insgesamt betrug der *Bio-Umsatz 2011 im Lebensmitteleinzelhandel* laut einer Veröffentlichung des „Bundes Ökologischer Lebensmittelwirtschaft e.V., Berlin" aus dem Februar 2012 rund 6,59 Mrd. €. Das entspricht einem Marktanteil von 3,7 %. In diesem Zusammenhang interessanter als die Zahlen über „Umsatz" und „Marktanteil" ist die Wachstumsrate in diesem Segment und die betrug in 2011 wieder stattliche 9 %. Damit überflügelte sie wie in den Vorjahren den Bereich der konventionell hergestellten Lebensmittel. D. h., dieser Marktanteil wächst kontinuierlich. Weiterhin ist die Pressemitteilung der GfK vom 16.02.2010 interessant, nach der als Ergebnis einer selbst durchgeführten Befragung 94 % der deutschen Haushalte Bio-Produkte kaufen.

Nun noch eine letzte Zahl: Laut einer gemeinsamen Studie von BVE, GfK und Roland Berger unter dem Titel „Consumers' Choice 2009 – Corporate Responsibility in der Ernährungsindustrie" wurden die befragten Verbraucher entsprechend ihrem Verhaltensmuster in fünf Gruppen eingeteilt. Darunter die so genannten „Kritisch Konsumierenden" und die „Verantwortungsbewussten Engagierten", für die jeweils etwa ein Anteil von 20 % identifiziert werden konnten. Für diese beiden Gruppen von Verbrauchern stellt die Studie fest, dass „die jeweilige Einstellung dieser Konsumentengruppen nachweislich ihr Kaufverhalten von Lebensmitteln prägt. Die Studie belegt eindeutig, dass beispielsweise „Kritisch Konsumierende" und „Verantwortungsbewusste Engagierte" nicht nur eine positive Einstellung gegenüber Bio- und umweltfreundlichen Produkten haben; sie kaufen diese auch in weit höherem Maße als die anderen Konsumentengruppen. Das Kaufverhalten unterscheidet sich aber nicht nur anhand einzelner Warengruppen; es wirkt sich auch auf die Wahl der Einkaufsstätte aus. So kaufen die „Kritisch Konsumierenden" und „Verantwortungsbewussten Engagierten" überdurchschnittlich häufig im Fachhandel, in Bio- und Supermärkten. Warum dann der Marktanteil der Bio-Lebensmittel aber nicht bereits bei 40 % oder mehr liegt, wäre sicherlich einer gesonderten Untersuchung wert. Basierend auf diesen Zahlen ist aber die Annahme, dass sagen wir mal 20 % der Verbraucher bei der Wahl ihrer Einkaufsstätte den Aspekt der nachhaltigen Unternehmensführung berücksichtigen und dass nachhaltig produzierte Lebensmittel im Sortiment eine Rolle spielen. Dann geht es also letztlich um 20 % des Marktes. Wieso 20 %? Weil ganz offensichtlich (siehe Marktanteil Bio) die „Kritisch Konsumierenden" und „Verantwortungsbewussten Engagierten" auch *nicht* biozertifizierte Lebensmittel kaufen. Allerdings bei dem Händler, der mit ihrer Einstellung am ehesten kompatibel ist.

Zugegeben klingt das sehr theoretisch und zwischen Theorie und Praxis liegen meist Welten. Es könnte aber mehr dran sein. Zumindest lassen die kurzfristigen Abverkaufsdaten im zeitlichen Zusammenhang mit der Berichterstattung über Lebensmittelskandale, Umweltskandale und massive Verstöße gegen Menschenrechte und soziale Gerechtigkeit Rückschlüsse zu.

Auch wenn man hinter den Zahlen ein großes Fragezeichen setzen muss, kann nicht abgestritten werden, dass sich der Anteil der Befürworter von nachhaltiger Unternehmenspolitik seit Jahren stetig erhöht, und das bei gleichzeitig in Deutschland abnehmender Anzahl der Verbraucher. Der bisherige Marktanteil der Bio-Fachmärkte und -Supermärkte von etwa 2 % hört sich nicht gerade nach Weltuntergang an. Aber das Gefährdungspotenzial wechselwilliger Konsumenten ist groß, das belegen auch alle Studien, die sich damit beschäftigen. Dramatisch, wenn man bedenkt, dass es sich bei den Kosten der großen Lebensmittelhandelsunternehmen um meist nicht oder nur mit erheblichem Zeitversatz und/oder nur teilweise abbaubare Kosten handelt. Weder die Betriebskosten der Filialen gehen mit dem Umsatz zurück, noch kann das Personal im gleichen Umfang und auch nicht zeitgleich dem Umsatz angepasst werden und auch die großen Zentrallager können deshalb nicht einer anderen Ertrag bringenden Nutzung zugeführt werden. Es geht also um eine existenzielle Frage, das Vertrauen dieser Konsumentengruppe zu erhalten bzw. zu erwerben.

Das wissen die großen Handelsgruppen und reagieren entsprechend. Bio-Lebensmittel, Fisch aus nachhaltigem Fischfang und nach Öko-Standards erzeugte Textilien führen mittlerweile alle Handelsformate in mehr oder weniger ausgeprägtem Umfang im Sortiment. Die großen Handelskonzerne engagieren sich im kulturellen wie sozialen Bereich. Sie durchforsten das eigene Haus nach vermeidbarer Ressourcenverschwendung, angefangen beim Papier bis hin zur Energie und auch in der Logistik wird er CO_2-Belastung mehr Aufmerksamkeit geschenkt. Es geschieht deutlich mehr, als dem Konsumenten kommuniziert wird. Aber dies ist und bleibt

Mittel zum Zweck und der Zweck ist nun einmal die Gewinnerzielung unter Aufrechterhaltung der Liquidität.

Was ist mit der **Vertikalisierung**? Steht nicht in dem einen oder anderen Geschäftsbericht, dass sich das Unternehmen zum Ziel gesetzt hat, die Wertschöpfungskette weiter auszubauen? Bei genauerer Betrachtung fallen einem zwei Gründe für eine Vertikalisierungsstrategie ein. Da ist zum einen eine mögliche künftige Verknappung bestimmter Produkte oder Rohstoffe auf den Beschaffungsmärkten. In diesem Fall dient die Vertikalisierung der **Versorgungssicherheit** der Filialen. An den heißesten Tagen des Jahres ohne Mineralwasser in den Filialen dazustehen, bedeutet nicht nur einen Verlust an Umsatz mit Mineralwasser. Anders ausgedrückt dient die Vertikalisierung in diesem Fall der Umsatzsicherung, evtl. sogar der Umsatzsteigerung im Fall der Verknappung bei den Wettbewerbern und damit der Gewinnerzielung.

Der zweite Grund ist die logische Reaktion auf die extrem hohe Wettbewerbssituation, insbesondere in Deutschland und hier wiederum im Lebensmitteleinzelhandel, der Experimente mit Preiserhöhungen regelmäßig scheitern lässt. Zugleich steigen die Ansprüche der Verbraucher an den Handel permanent, die hohe Investitionen in die Ladenausstattung sowie Informationstechnologie sowie höhere Personal- und Sachkosten nach sich ziehen. Zwangsläufige Folge sind geringere Margen und letztlich geringere Gewinne, wenn der Margenschwund nicht durch Umsatzerhöhungen kompensiert werden kann. Da bleibt eigentlich nur noch *der Griff nach einem höheren Anteil an der Wertschöpfungskette*, wenn wir dem LEH glauben, dass die Preise der Produzenten ausgereizt sind und sich zumindest die Großen des LEH auf annähernd gleichem Niveau bewegen.

Warum eigentlich die umfangreiche Auseinandersetzung mit Unternehmenszielen und Strategien? Ist das am Ende nicht nur Wortspalterei? Könnte man so sehen, gäbe es da nicht die enge Verwandtschaft zu anderen Begriffen wie „Aufgabe" oder „Verantwortung" und irgendwelche Menschen, die sehr medienwirksam erklären, welche Aufgaben und welche Verantwortung der Handel hat und damit welche Art von Zielen zu erfüllen sind.

Die **Politiker** werden nicht müde, von der Versorgungsaufgabe des Handels zu reden und davon, dass auch die Nahversorgung der älteren Menschen sichergestellt werden muss. Seit sich das **Thema Nachhaltigkeit** mit seinen **Aspekten Umwelt** und **soziale Gerechtigkeit** als sehr medienwirksam herausgestellt hat, stellen nicht nur die NGO's Forderungen an die Unternehmen. Auch die Politik wird nicht müde zu behaupten, dass die Unternehmen in der Verantwortung seien, Arbeitsplätze zu schaffen oder sich für den Auf- und Ausbau der Kinderbetreuungsplätze zu engagieren. Auch in der Aus- und Fortbildung sieht die Politik gerne die Verantwortung bei den Unternehmen, ganz besonders dann, wenn es ums Geld geht. Ohne die finanzielle Unterstützung durch die Unternehmen könnte unser Hochschulwesen schon lange nicht mehr existieren. Mittlerweile entstehen aber auch immer mehr privat finanzierte Schulen mit der Begründung, dass die öffentlichen Schulen den Anforderungen einer immer weiter globalisierenden Umwelt nicht mehr gerecht werden.

Gemeinsam mit den NGO's rufen wir alle, Politiker, Journalisten und Verbraucher, nach der Verantwortung der Unternehmen und insbesondere der Handelsunternehmen, wenn es um den Schutz der Umwelt geht. Artgerechte Tierhaltung inbegriffen. Die eine oder andere Nichtregierungsorganisation geht sogar so weit, den Handel für die Kinderarbeit in Indien verantwortlich zu machen.

Kein Händler wird in seinen Regalen Ware anbieten, die kein Kunde kaufen will. Also bestimmt der Verbraucher, was der Handel anbietet. Wir wählen Politiker, damit sie unsere Interessen wahrnehmen. Dazu gehört, die Rahmenbedingungen zu schaffen und fortzuentwickeln, denen wir uns alle, natürliche und juristische Personen, unterwerfen. Wir übertragen Regierungen auf Bundes- und Landesebene sowie den Bürgermeistern in den Kommunen die Aufgabe, öffentliche Einrichtungen zu schaffen und zu unterhalten, die unsere gemeinsamen, unsere gesellschaftlichen Aufgaben in unserem Interesse erledigen. Dazu gehört nur als Beispiel auch die Ausbildung unserer Kinder. Dazu gehört auch, gesetzlich zu regeln, wann die Tierhaltung artgerecht ist und diese auch durchzusetzen.

Nein, der Handel ist nicht dafür verantwortlich, die Welt zu retten. Aber wenn die Menschen das wollen, und die Anzeichen sprechen dafür, dass zumindest immer mehr Menschen dies wollen, wird der Handel mit Angeboten für diese Menschen zur Verfügung stehen. Festzuhalten bleibt in jedem Fall, dass die Vertikalisierung als auch die Umsetzung einer Nachhaltigkeitsstrategie eine Investition in die Zukunft ist, die wie jede Unternehmens-Investition eine angemessene Rendite erwirtschaften muss. Die Rendite ist also das Ziel und die Investition der Weg dorthin.

8.2.2. Wertorientierung versus Werteorientierung

Werden die geplanten Ziele verfehlt, waren entweder die der Planung zugrunde liegenden Annahmen unzutreffend, die gewählte Strategie nicht zielführend oder die

Strategie wurde nicht planmäßig umgesetzt. Das Controlling muss demzufolge so aufgebaut sein, dass es sowohl die Auswirkung der Strategie auf das Unternehmensziel, die Planabweichungen in der Umsetzung gewählter Strategien und deren Ursachen, geeignete Gegenmaßnahmen als auch deren Auswirkungen auf die Zielerreichung identifiziert.

Damit keine Missverständnisse entstehen: Die **Gewinnerzielung**, in welcher Ausprägung auch immer unter jederzeitiger Liquidität, bleibt das Ziel, dem jedes Unternehmen verpflichtet bleibt. Trotzdem stellt man mit dem ausgehenden 20. Jahrhundert fest, dass es nicht mehr reicht, sich ausschließlich mit der quantitativen Analyse des Unternehmens auseinanderzusetzen.

Noch vor 50 Jahren hat die Menschen mehr interessiert, wo sie möglichst viel und sicher Geld verdienen können. Heute fragen sich die Menschen aber, auch *bei wem* sie ihr Geld verdienen. Sie fragen nach den Werten, für die ein Unternehmen steht und sie wollen sich damit identifizieren können. Nicht unbedingt zu 100 %, aber doch so, dass sie sich wohlfühlen. Ein immer häufiger entscheidender Faktor im Werben um die besten Mitarbeiter.

Nicht viel anders sieht das beim Werben um die **Gunst des Verbrauchers** aus. Auch hier ist eine, wenn auch langsame Abkehr von der Wertorientierung festzustellen. Immer mehr Verbraucher hinterfragen, bei wem sie einkaufen und billig zu sein alleine reicht häufig nicht mehr aus. „Werte" statt „Wert" geben mehr und mehr den Ausschlag. Aber nicht irgendwelche, und auch Werte haben einen abnehmenden Grenznutzen. Unternehmenswerte existieren nicht deshalb, weil jemand Werte zu Unternehmenswerten erklärt. Sie müssen sukzessive aufgebaut werden, was mit Investitionen verbunden ist und sie müssen gelebt werden, was mit laufenden Kosten verbunden sein kann. Diesen stehen Nutzen gegenüber. Eventuell in Form von Kosteneinsparungen, aber in der Regel in Form von Qualität, Engagement, Identifikation, Vertrauen. Mit Investitionen und Kosten kennt sich das Controlling aus. Bei der Messung der nicht quantitativen Nutzen betritt das Controlling Neuland. Dies gilt in besonderem Maße, wenn es um die Kosten-Nutzen-Analyse geht.

Die notwendigen Investitionen und Folgekosten aus dem Aufbau einer Kindertagesstätte sind leicht in Euro zu beziffern. Aber wie erfasst man den Nutzen für das Unternehmen? Ein solches Engagement gewährt sicher einen Vorteil im Wettbewerb um die besten Mitarbeiter, insbesondere Mitarbeiterinnen. Auswirkungen ergeben sich bei den Akquisitionskosten, evtl. der Bezahlung. In einem Unternehmen zu arbeiten, das sich um die Betreuung der Kinder ihrer Mitarbeiter kümmert, erhöht aber auch die Mitarbeiterzufriedenheit und Identifikation mit dem Unternehmen und drückt sich wahrscheinlich auch in der Länge der Betriebszugehörigkeit aus.

Auch wenn nicht alle Investitionen im Nachhinein betriebswirtschaftlich sinnvoll sind, besteht dieser Anspruch doch zumindest im Rahmen der Investitionsentscheidung. Um dies beurteilen zu können, müssen die Nutzen gemessen und gleichnamig gemacht werden. Schon bei der Messung versagen die herkömmlichen Instrumente des Controllings. Mitarbeiterzufriedenheit, -engagement, -qualität und -motivation stehen auf keinem Ertragskonto.

Die Veränderungen kann man durch entsprechende **Mitarbeiterbeurteilungssysteme** sowie **Mitarbeiterbefragungen** messen. Schwieriger ist da schon der Ursachen-Wirkungs-Zusammenhang. Ist die Veränderung auf die Kindertagesstätte zurückzuführen oder aber auf die eingeführte Mitarbeiterbeteiligung an Entscheidungen oder doch die Bezahlung? Ein Unternehmen steht ja nicht still, bis die Auswirkung einer einzelnen Maßnahme gemessen wurde. Aber auch dieses Problem erscheint in vielen Bereichen lösbar, wenn das Messinstrument regelmäßig in kurzen Zeitabständen eingesetzt und entsprechend differenziert eingesetzt wird.

Bleibt noch die Frage, wie man **Mitarbeiterzufriedenheit** in Euro beziffert. Das, was als Nutzen erwartet wird, kann oft erst Jahre später festgestellt werden und Erfahrungswerte gibt es kaum. So wird z. B. die Betriebszugehörigkeit langsam und erst im Verlauf vieler Jahre steigen, so dass zehn Jahre und mehr zwischen Investitionsentscheidung und Feststellung der tatsächlichen Auswirkung auf die Betriebszugehörigkeit stehen. Dieses Problem mit der Ungewissheit in der Zukunft, das auch aus anderen Investitionsentscheidungen bekannt ist, kann mittels Annahmen und Wahrscheinlichkeiten gelöst werden. Bleibt noch immer *das Bemessen* der Mitarbeiterzufriedenheit in Euro oder die Frage, wie viel Euro Nutzen aus der Erhöhung der Mitarbeiterzufriedenheit um einen Punktwert erwächst. Erst wenn das gesamte Gerüst steht, angefangen von der Erfassung der Werte über die laufende Messung und Feststellung der Nutzen bis hin zur Bewertung in Euro, lassen sich Werte sinnvoll steuern. Erst dann macht es auch Sinn, Werte in die Planung miteinzubeziehen. Ohne dieses Gerüst bleibt es ein Stochern im Nebel mit zufälligem Ausgang.

Was schon im Wettbewerb um die besten Mitarbeiter deutlich wird, ist noch klarer erkennbar bei dem **Werben um das Vertrauen der Verbraucher**. Wie bereits in Kapitel 5 festgestellt, lässt sich das Vertrauen der Verbraucher nicht mehr nur über den

Preis des Warenangebots erwerben. Auch die **Marke als Qualitätsmerkmal** hat an Strahlkraft verloren, seit Handelsmarken in den Tests der Verbraucherzeitschriften oftmals besser abschneiden als die Marke.

Werte, die mit dem Begriff der Nachhaltigkeit verbunden sind, bieten dem Handel die Chance, das Vertrauen der Kunden zu gewinnen. Das bedeutet für das Controlling aber auch, sich nicht nur wertorientiert aufzustellen, sondern auch werteorientiert.

Ist es schon schwer genug in Erfahrung zu bringen, welche Werte den Menschen wichtig sind, mit denen man täglich zusammenarbeitet, ist es ungleich schwieriger, dies von den Menschen zu wissen, zu denen man nur einen direkten Kontakt hat, wenn sie zum Einkaufen kommen. Als Händler will man aber nicht nur wissen, was die Menschen bewegt, deren Vertrauen man offensichtlich (noch) hat. Es geht auch um die Menschen, deren Vertrauen man erwerben will.

Man kann sie fragen. Bekommt man aber auch die richtige Antwort und wie verhält sich diese Antwort dann zum tatsächlichen Tun? Wechseln die Kunden tatsächlich das Handelsunternehmen und welchen Aufpreis akzeptieren sie in der Praxis? Wie wirkt sich eine publizierte Missachtung der Werte aus? Datenbanken mit belastbaren Informationen gibt es nicht. Gleichwohl sind die Informationen wichtig für die Planung und Steuerung. Das Controlling wird wohl nicht umhinkommen, sich intensiver mit den immateriellen Bedürfnissen, den Werten der Verbraucher auseinanderzusetzen.

Aber selbst wenn man die richtigen Werte im eigenen Unternehmen lebt, reicht das nicht, um dem Anspruch der Verbraucher gerecht zu werden. Schließlich ist das Basisgeschäft des Handels der Verkauf von Gütern, die von Dritten hergestellt wurden. An die Beteiligten der Wertschöpfungskette stellen die Kunden aber die gleichen Anforderungen wie an das Handelsunternehmen selbst.

Natürlich kann man auf die **Zertifizierung durch Dritte** abstellen. Nur was nutzt ein Zertifikat für nachhaltigen Fischfang, wenn die CO_2-Bilanz katastrophal ist? Was nutzt die Bestätigung, dass der Lieferant keine Kinder beschäftigt, aber dessen Lieferant oder von ihm beauftragte Subunternehmen? Gesetzt den Fall, der Handel hat den Durchgriff auf alle an der Wertschöpfung eines Produktes beteiligten Unternehmen, bedarf es darüber hinaus der intensiven Beschäftigung auch mit deren Prozessen. Erst dadurch gewinnt er einen Überblick über die vorhandenen Gefahrenpotenziale und Verstöße gegen die eigenen Werte und ist in der Lage, notwendige Maßnahmen zu bestimmen und deren Umsetzung zu überwachen. Erst dann kann der Handel dem Kunden die Einhaltung der Werte auch für die Artikel im Regal garantieren.

Zumindest was die **Prozesstransparenz** betrifft, ist das Controlling gefordert. Bei aller Diskussion um Werte und die Verantwortung des Handels darf nicht vergessen werden, dass diese Werte in einem Unternehmen letztlich „Wert schaffend" sein müssen. Einen Wert, der höher ist als die zur Umsetzung im Unternehmen und Durchsetzung in der Wertschöpfungskette notwendigen Investitionen und laufenden Aufwendungen.

8.3. Ein Beispiel aus dem täglichen Leben

Trotz der Ankündigung, Controlling einfach zu erklären, sind obige Ausführungen zum Thema nach wie vor sehr abstrakt und wer erwartet, per „copy and paste" das Controlling für ein bestimmtes Unternehmen zu finden, wird sich enttäuscht sehen. Andererseits ist Controlling allgegenwärtig. Nehmen wir ein Beispiel, das fast jedem bekannt ist.

Die Frage, ob jemand schon mal unangeschnallt mit seinem Auto losgefahren ist, werden sicherlich einige mit einem schuldbewussten Blick bejahen. Fragen Sie die Personen mit dem schuldbewussten Blick, ob sie schon mal während des Starts unangeschnallt in einem Flugzeug saßen, werden sich die Blicke wieder aufhellen. Das hat nämlich noch niemand gemacht. Warum? Weil das Controlling an Bord funktioniert und jeder Fluggast weiß, dass das Flugzeug nicht starten wird, bevor nicht auch er angeschnallt ist. Das Beispiel zeigt, was es bedeutet, Controlling als integralen Bestandteil des Managementprozesses zu verstehen. Es zeigt, dass sich das Controlling den unterschiedlichen Aufgaben bzw. Tätigkeiten anpassen muss, die es zu managen gilt.

Das Ziel unseres Fluges ist es, die Passagiere mit dem geringsten möglichen Risiko von A nach B zu bringen. Der Top-Manager des Fluges ist der Flugkapitän. An seiner Seite hat er weitere Manager für bestimmte Funktionen. U. a. die Steward/s/essen mit der Aufgabe, für einen reibungslosen Ablauf und die Sicherheit in der Kabine zu sorgen. Die Flugzeugbesatzung sieht zwar keine einzelne Person als Controller vor.

Stattdessen werden die Controlling-Aufgaben von der gesamten Mannschaft wahrgenommen. Ganz so wie auch bei kleineren Unternehmen bzw. auf operativer Ebene, wo sich ein Controller nicht rechnet.

Ist das Ziel definiert, die Strategie ausgewählt und sind alle Beteiligten darüber informiert, welche Auswirkungen das auf ihr Aufgabengebiet hat, kann es losgehen.

Natürlich hinkt der Vergleich ein wenig. Erstens hat der Flug nicht nur eine bestimmte Startzeit, sondern auch ein vorbestimmtes Ende, wogegen ein Unternehmen auf unbestimmte Zeit angelegt ist. Zweitens liegt im Verhältnis zu den meisten Unternehmen ein überproportionales Verhältnis von Maschinen zu Menschen vor. Trotz dieser Einschränkung ist der Vergleich geeignet, ein Bild von den Zusammenhängen und dem Controlling als Ganzem zu vermitteln. So z. B. hinsichtlich der Steuerungsinstrumente, ohne die weder die Unternehmensführung noch unser Flugkapitän das definierte Ziel mit ausreichender Sicherheit erreichen würden. Was in einem Flugzeug zu den Steuerungsinstrumenten gehört, scheint eindeutig. Dabei könnte man sich bei der Menge der Anzeigen das eine oder andere mal darüber streiten, ob es sich tatsächlich um ein Steuerungsinstrument oder um ein Kontrollinstrument handelt. Definitorisch könnte man **Steuerungsinstrumente** als eine Anzeige bezeichnen, die Daten in für den Empfänger verständliche Informationen transformiert, die für die Zielerreichung von Bedeutung und deren Auswirkung durch Steuerungsmaßnahmen beeinflussbar ist. Danach wäre die Anzeige über den Defekt einer Positionslampe ein reines Kontrollinstrument, da sie zwar funktionieren sollte, auf das Ziel, die Passagiere mit dem geringsten möglichen Risiko zum Zielflughafen zu bringen, aber keine Auswirkungen hat. Beeinflussbar ist dieser Tatbestand auch nicht, da eine Auswechslung während des Fluges wohl ausscheidet.

Anders verhält es sich bei der Kontrollleuchte, die das ordnungsmäßige Einrasten des Fahrwerks anzeigt. Ein nicht eingerastetes Fahrwerk stellt ein erhöhtes Risiko für die Fahrgäste dar und ist damit zielrelevant. Durch entsprechende Notlandemaßnahmen lässt sich dieses Risiko wiederum reduzieren.

Eindeutiger ist die Interpretation von Geräten wie Navigationsgerät, Geschwindigkeitsmesser, Höhenmesser oder künstlicher Horizont. Nicht nur die Auswirkungen der Steuerungsmaßnahmen werden unmittelbar sichtbar gemacht, sondern in der Regel auch die Abweichung vom geplanten Wert und in einigen Fällen werden auch gleich die geeigneten Gegenmaßnahmen vorgeschlagen und in ihrer Auswirkung sichtbar gemacht.

An diesen Steuerungsinstrumenten lässt sich der besondere Nutzen, ja die Notwendigkeit am besten darlegen. Dazu muss man sich nur mal erklären lassen, wie viele Einzeldaten erforderlich sind, um die Position, Flugrichtung und Geschwindigkeit, mit der man auf sein Ziel zusteuert oder auch nicht, zu bestimmen. Bei annähernd Schallgeschwindigkeit wären die Informationen, sobald sie gewonnen werden, bereits wieder wertlos, würde das Steuerungsinstrument die Transformation der Daten in Informationen nicht für uns erledigen und zwar mit einer für uns nicht wahrnehmbaren Zeitverzögerung. Das gilt auch für viele Steuerungsinformationen in Unternehmen, die auf Tausenden von Daten beruhen. Nehmen wir als Beispiel die **Bestellmengenermittlung in der Warenwirtschaft.**

Als Optimum aus Versorgungssicherheit einerseits und Minimierung des Warenbestandes sowie der Kosten der Warenbeschaffung andererseits ergeben sich für jeden Artikel die optimale Bestellmenge sowie der Mindestbestand. Ohne Steuerungsinstrument müsste für jeden Artikel der Bestand in Lagern und Filialen fortlaufend gezählt und der Abverkauf auf Basis historischer Daten für die Wochentage sowie für Wochentage vor Feiertagen ermittelt werden. Aus diesen Daten wäre darstellbar, wie sich der Bestand voraussichtlich im Zeitablauf verändert. Gleichzeitig wäre die Zeit zu ermitteln, die von der Aufgabe der Bestellung bis zum Eingang der Ware benötigt wird und parallel dazu, welche Kosten pro Einheit bei welchen Bestellmengen entstehen. Jetzt kann man im Rahmen der Optimierung berechnen, welche Bestellmenge zu welchem Zeitpunkt dem Ziel der Gewinnerzielung am besten entspricht.

Bei mehr als Hunderttausend Artikeln lägen die Informationen erst dann vor, wenn die Versorgungssicherheit längst nicht mehr gewährleistet ist. Nur aufgrund der Warenwirtschaft mit elektronischer Erfassung sämtlicher Warenbewegungen, den Angaben im System zu Lieferzeiten und Lieferkosten sowie den Informationen aus den Kassensystemen zu den Abverkaufswerten wird eine tagtägliche Information über die zieloptimale Bestellung erst möglich. Hinzu kommt, dass sich auch die Umfeldbedingungen für die Unternehmen immer schneller verändern und damit die Reaktionszeiten wie in der Luftfahrt immer kürzer werden. Im Fall der optimalen Bestellmenge und Zeitpunkt sind das z. B. die Preise der Warenbeschaffung sowie Lieferwege als auch Indikationen des Lieferanten, die den Einsatz leistungsfähiger Steuerungsinstrumente notwendig machen.

So wie der Flugkapitän damit überfordert wäre, wenn er sich selber darum kümmern müsste, dass auch alle Passagiere angeschnallt sind, ist auch das Top-Management damit überfordert, wenn es sich um die optimale Bestellung jedes einzelnen Artikels kümmern sollte. Der Flugkapitän braucht nur die Information aus der Kabine, dass alles zum Abflug bereit ist und das Top-Management benötigt nur die Information, dass der Warenbestand im Rahmen der Zielgröße liegt. Dies zu gewährleisten ist Aufgabe der Organisation. D. h., die Steuerungsinformationen müssen demjenigen zur Verfügung gestellt werden, der in der Lage ist, diese mit seinen Entscheidungen zu beeinflussen. Zugleich sind diesem aber auch nur die Informationen zur Verfügung zu stellen, die für die zielorientierte Steuerung zweckdienlich sind.

Das Cockpit ist schon voller Steuerungsinformationen. Weitere Informationen würden nur von der durch die Organisation vorgegebenen Aufgabe ablenken. Sie wären kontraproduktiv. Es ist das Controlling-System, das die Aufgaben, Instrumente und Organisation des Controllings zusammenfasst. Insoweit ist es auch zu kurz gegriffen, wenn in den folgenden Kapiteln von den Auswirkungen der Vertikalisierung und Nachhaltigkeit auf das Controlling gesprochen wird. Richtigerweise müsste es „Controlling-System" heißen. Der Einfachheit und auch der besseren Lesbarkeit wegen wird aber weiterhin vom Controlling gesprochen, auch wenn das im Einzelfall definitorisch nicht ganz korrekt ist.

9. Controlling im Handel

Es gibt also nicht das eine, für alle Anforderungen gültige Controlling. Das gibt es noch nicht einmal für den Handel. Vielmehr hat sich das Controlling eines Unternehmens an dessen spezifischen Bedürfnissen zu orientieren und wird sich mehr oder weniger von dem Controlling eines anderen Unternehmens – auch innerhalb der gleichen Branche – unterscheiden. Gründe dafür liegen zum einen in der Unternehmensstruktur, der Führungskultur und dem Produktportfolio, aber vor allem in der Art, wie der Handel betrieben wird.

9.1. Das Grundmodell „Handel"

Beim Blick zurück in die Geschichte wurde bei der Suche nach den Faktoren, die den Handel vorangetrieben haben, insbesondere der Fernhandel beschrieben. Das heißt aber nicht, dass es den Stationärhandel nicht auch schon in der Antike gab. Das, was der Fernhandel mit seinen Schiffen und Karawanen aus fernen Ländern in die Städte brachte, fand ja nicht immer als Gesamtheit den Endverbraucher. In den Städten lebten aber auch wohlhabende Bürger, die ein Stück vom Luxus abhaben wollten. So entstanden dort feste Einrichtungen, in denen „Detailhandel" betrieben wurde, also größere Lieferungen des Fernhandels aufgenommen und in verbrauchergerechten Einheiten an die verkauft wurden, die es sich leisten konnten.

In den Städten des orientalischen Raumes entstand der Basar und im arabischen Raum der Suk, was übersetzt nichts anderes als „Markt" bedeutet. Allerdings handelte es sich nicht um lose Stände auf einem Platz, sondern vielmehr um eine Aneinanderreihung von Geschäften in festen Häusern, die meist sogar nach Warengruppen geordnet waren.

143 n. Chr. wurden in Rom die Trajansmärkte, ein von Kaiser Trajan in Auftrag gegebener, sich in einem Hang über mehrere Stockwerke erstreckender Gebäude-

komplex von ca. 400 m Länge und 60 m Breite, errichtet. Dort lagerten sowohl die städtischen Vorräte und auch der Großhandel wurde hier betrieben. Aber vor allem fanden dort viele Einzelhändler einen festen Platz. Wenn man so will, die wohl größte „Mall" der Antike.

Diese Einzelhändler machten nichts anderes, als bei den Großhändlern Waren zu erwerben, von denen sie annahmen, dass ihre Kunden sie in verbrauchergerechten Einheiten mit entsprechendem Aufschlag kaufen würden. Diese ursprüngliche Form des Einzelhandels mit der Funktion der Vorauswahl und Transformation gibt es auch noch heute. Nehmen wir z. B. die Modeboutique an der Ecke oder den Feinkostladen. Lediglich die Großhandelsfunktion hat in vielen Handelssegmenten nicht mehr die große Bedeutung, da die Industrie mehr und mehr versucht, den Einzelhandel direkt anzusprechen oder umgekehrt der Handel eine Größenordnung erreicht hat, die den Großhandel überflüssig macht.

Bleibt man bei dieser **Grundform des Handels**, ist die **Wertschöpfung** sehr gering und der **Wertschöpfungsprozess** sehr einfach. Das spiegelt sich auch im Controlling wider, an das keine großen Anforderungen zu stellen sind. Mit nur einem Ladenlokal, allenfalls einem Pufferlager und ohne eigene Logistik, mit nur einer oder wenigen Bezugsquellen wird die Kostenstruktur mit Ausnahme des Wareneinsatzes im Wesentlichen durch Fixkosten bzw. sprungfixe Kosten bestimmt. Damit beschränkt sich die Kalkulation auch auf die Ermittlung des Kalkulationsaufschlages in Prozent der Kosten zuzüglich geplanter Preisnachlässe zum geplanten Wareneinsatz.

Auch der kurzfristige Erfolg ist schnell ermittelt. Da lediglich der Materialeinsatz nicht fix ist, reicht eine Kasse, die sowohl den Umsatz, also den Verkaufspreis, und den Einkaufspreis des Artikels historisiert. Von der Differenz einer Periode die Kosten der Periode abgezogen und der kurzfristige Erfolg ist ausreichend genau ermittelt.

Genauso einfach funktioniert die **Liquiditätsrechnung** mit dem Unterschied, dass den Einnahmen die Ausgaben gegenüberzustellen sind. Selbst einfache Buchführungsprogramme ermöglichen heute nicht nur die Erfassung der Verbindlichkeiten, sondern auch die Erfassung der Zahlungstermine. Aus den historischen Abverkaufsdaten lässt sich ein realistisches Bild der künftigen Abverkaufsdaten unter Berücksichtigung saisonaler Schwankungen ermitteln. Die Wirkungen sämtlicher Aktivitäten wie Werbemaßnahmen oder Investitionen im Laden sind unmittelbar aus der Entwicklung der Umsätze bzw. Kosten ablesbar.

9.2. Das Grundmodell plus Filialisierung

Aber schon mit der Eröffnung weiterer Ladenlokale entstehen neue Fragen. Welcher Laden trägt inwieweit zum Erfolg bei? Schon gibt es gravierende Unterschiede, die zu einer differenzierten Betrachtung führen müssen.

Bezüglich der Lage, der Ausstattung und der personellen Besetzung gibt es Unterschiede, die Auswirkungen auf den Umsatz, evtl. das Sortiment, Abschreibungen und Kapitalbindung sowie Personal- und sonstige Sachkosten haben. Außerdem fallen nun Gemeinkosten für Einkauf, Lager und Verwaltung an, die durch mehr als ein Ladengeschäft verursacht werden.

Die Lösung könnte darin bestehen, dass für jeden Laden und die Zentrale jeweils eine eigene Kostenstelle eingerichtet wird, auf der die Erträge und auch die Kosten erfasst werden. Bleibt allerdings das Problem, dass so nur der absolute Betrag feststellbar ist, der zur Deckung der Gemeinkosten und eines evtl. Gewinns erwirtschaftet werden muss. Das kann aber zur Fehlsteuerung beitragen. Erwirtschaftet das Ladenlokal A auf einer Verkaufsfläche von 500 Quadratmetern z. B. 30 % der Gemeinkosten und ein Ladenlokal B mit 1.500 Quadratmetern 70 % der Gemeinkosten, könnte die übereilte Schlussfolgerung sein, Laden A zu schließen, obwohl es Ladenlokal A pro Quadratmeter auf einen Gemeinkostendeckungsanteil von 56,25 % bringt und Ladenlokal B lediglich auf 43,75 %.

Die absolute Betrachtung lässt auch keine Schlüsse auf die Gründe und Handlungsoptionen zu. Zumindest eine Relativierung der Kosten und Erträge muss stattfinden, um diesen Fragen nachgehen zu können. Sind die in Laden A aufgrund der größeren Fläche höheren Personalkosten auch relativ gesehen höher? Wenn ja, liegt das an der Anzahl der Mitarbeiter oder am Gehaltsgefüge, und letztlich, sind diese Kosten abbaubar?

Aber nicht nur die absolute Betrachtung der direkten Kosten fördert Fehlentscheidungen. Auch die Gemeinkostenbetrachtung fördert diese. Da muss zunächst in abbaubare und nicht abbaubare Gemeinkosten unterschieden werden. Durch die Schließung des Ladenlokals A werden sich die Kosten für die Erstellung des Jahresabschlusses und die Steuerdeklaration nur geringfügig verändern. Die Verwaltung wird deswegen nicht weniger Raumkosten verursachen und auch nicht auf 30 % der technischen Ausstattung verzichten können. Sollte ein gemeinsames Lager bestehen, wird es nur in Ausnahmefällen möglich sein, die Kosten hierfür im gleichen Verhältnis zu senken. Es muss zwischen **variablen, fixen und sprungfixen Kosten** unterschieden werden. Wenn die Kosten abgebaut werden können, stellt sich neben der Frage des Umfangs auch die Frage der Qualität und der Zeit. Vertragslaufzeiten und Kündigungsschutz sind genauso zu berücksichtigen wie die soziale Auswahl. Muss man evtl. gar Mitarbeiter entlassen, die man gerne behalten hätte und dafür Mitarbeiter behalten, deren Leistung ihren Zenit bereits überschritten hat?

Aber bei der Unternehmenssteuerung geht es natürlich nicht nur um die Frage, ob eine Filiale geschlossen werden muss oder nicht. Viel häufiger geht es um Fragen der Effizienzsteigerung, d. h., um ein besseres Verhältnis von Kosten zu Erträgen. Die detaillierte Kenntnis der Kosten, ihrer Verursacher sowie deren Verhalten bei veränderten Rahmenbedingungen ist auch hierfür Voraussetzung. Die Ertragslage wird aber nicht nur über die Kosten gesteuert. Die Erträge, d. h. im Wesentlichen die Umsätze, sind der zweite Bestandteil und bei mehr als einem Ladengeschäft interessiert die Frage, warum sich diese unterschiedlich entwickeln. Macht wirklich nur die Lage den Unterschied? Oder ist es doch vielleicht die Ladenausstattung, die Warenpräsentation? Sind es die Unterschiede im Sortiment oder liegt es an der Freundlichkeit, der Kompetenz und der Serviceorientierung des Personals?

Auf diese Fragen geben weder die Zahlen zu den Kosten noch zu den Erträgen aus der Finanzbuchhaltung die richtige Antwort. Zusätzliche Informationen sind notwendig. Fragen zur optimalen Sortimentsgestaltung können nur aus einer Warenwirtschaft beantwortet werden, die sowohl Bestands- als auch Umsatzdaten artikelgenau zur Verfügung stellt. Qualitative Unterschiede der personellen Besetzung lassen sich gar nur aufgrund eines eigenständigen Datenpools analysieren, in dem regelmäßig die Meinung der Kunden zu Freundlichkeit, Kompetenz und Serviceorientierung erfasst wird.

9.2.1. ... plus Ausweitung der Bezugswege

Bisher ging es aber „nur" um Handelsunternehmen mit einem Bezugsweg und mehr als einem Ladenlokal. Aber was passiert, wenn das Sortiment nicht nur auf einem Bezugsweg ins Regal findet? Schon kann es den ersten Grund dafür geben, dass sich die Kosten nicht gleich verhalten und somit der Einkaufspreis nicht mehr die alleinige Entscheidungsgröße sein kann. Entscheidend ist jetzt der *Einstandspreis unter Berücksichtigung aller aufgrund unterschiedlicher Bezugswege entstehenden Kosten*, bis der Artikel im Regal liegt. Zumindest um diese Kosten muss die Kalkulation erweitert werden. Das Controlling muss den geplanten Umsatz auf die Bezugswege aufteilen, um deren Kosten planen zu können und last but not least müssen die Istkosten getrennt erfasst werden, damit Abweichungen festgestellt werden können. Wenn darüber hinaus die aufgrund der unterschiedlichen Bezugswege anfallenden Kostenarten bisher noch nicht entstanden sind, sind auch die entsprechenden Märkte bzw. Preisentwicklungen zu beobachten. Wurde z. B. bisher die Ware per Lkw vom Großhändler geliefert und wird sie nun z. T. direkt vom Hersteller frei Auslieferungslager mittels beauftragter Spedition evtl. sogar aus dem Ausland bzw. Übersee per Schiffscontainer, auf der Schiene oder Straße bezogen, erhalten Transporttarife, Zolltarife und etwaige Kosten für Zwischen- bzw. Zollfreilager Bedeutung und rücken in den Fokus des Controllings. Einmal, um die Margen der Artikel richtig zu ermitteln und vergleichbar zu machen, und zum anderen, um evtl. Optimierungen der Bezugswege anzustoßen.

9.2.2. ... plus vielfältige Lieferanten

Unterschiedliche Bezugswege bedeutet in der Regel zugleich auch unterschiedliche Lieferanten. Also nicht nur mehr als einen Lieferanten, sondern Lieferanten mit unterschiedlichen Leistungen, Prozessabläufen und technischer Ausstattung. Das logistische Leistungsangebot reicht nun von „frei Auslieferungslager" bis hin zur Verräumung im Laden. Insbesondere Markenartikler bieten beispielsweise „Werbekostenzuschüsse" für die Bewerbung ihrer Artikel durch den Händler und betreiben selbst Werbung für ihre Artikel. Der eine Lieferant kann lediglich die Lieferwoche garantieren, während andere die Warenübergabe auf die Stunde genau bestimmen. Mit dem einen Lieferanten kann nur telefonisch und per Fax kommuniziert werden, während andere sowohl den Bestell-, Avisierungs- und Liefervorgang sowie die Rechnungsstellung und selbst den Stammdatenaustausch voll elektronisch abwickeln. Das hat selbstverständlich erheblichen Einfluss auf die eigenen Prozesse und letztlich die Kosten, die dem Artikel zuzurechnen sind. Damit aber noch nicht genug. Mehr und vor allem unterschiedlich organisierte Lieferanten führen auch zu unterschiedlichen Konditionssystemen.

Die **Discounter** – und gemeint sind die Handelsunternehmen, die das Prinzip „Discount" tatsächlich leben und nicht nur unter der Bezeichnung Discounter am Markt auftreten – sind anerkanntermaßen die Weltmeister der Einfachheit. Dabei ist Einfachheit nicht negativ zu verstehen, sondern meint die hohe Kunst, Komplexität zu vermeiden.

Umsätze der fünf größten Lebensmittel-Discounter 2010 in Deutschland

	Umsatz in Mrd. €
Aldi Nord und Süd	24,5*
Lidl	15,5*
Netto	11,4
Penny	7,6
Norma	2,6*

* Schätzung
Quelle: Trade Dimensions – März 2011

Erzielt wurden diese Umsätze mit ca. 1.000 bis 2.000 Artikeln im Sortiment, hinter denen wiederum nur wenige Hundert Lieferanten stehen. Im Gegensatz dazu sind bei den Großflächenbetreibern Kaufland und Real mit ihren jeweils ca. 11 Mrd. € Umsatz im Geschäftsjahr 2010 mehr als 150.000 Artikel von ca. 8.000 Lieferanten gelistet. Dazwischen, aber eher in Richtung der Großflächenbetreiber, dürften Artikelzahl und Lieferanten der Betreiber von Supermärkten wie REWE oder EDEKA liegen. Ausschlaggebend ist einerseits die Breite des Sortiments, aber insbesondere dessen Regionalität. D.h., ein großer Teil der gelisteten Artikel und Lieferanten sind der Aussage des allumfassenden Angebots geschuldet, das auch die Aufnahme der regional bekannten Lebensmittelproduzenten einschließlich der Getränkehersteller und auch nationaler wie internationaler Spezialitäten erfordert. Das bedeutet wiederum, dass die Macht der Super- und Verbrauchermärkte durch die Macht des Kunden beschränkt ist, der bestimmte regional bekannte Marken im Sortiment erwartet, was insbesondere an der regionalen Biermarke oder Mineralquelle nachvollziehbar ist.

Da bedarf es keiner tiefgreifenden Analyse, um zu dem Ergebnis zu kommen, dass die Discounter aufgrund ihrer Einkaufsmacht, die tatsächlich wegen der zentralen Beschaffung für das internationale Vertriebsnetz noch größer ist als diese Zahlen erkennen lassen, eher in der Lage sind, ihre Lieferanten dazu zu bringen, sich ihrem System in technischer und auch organisatorischer Hinsicht anzupassen und auch ihrem Konditionsgefüge. Wer das nicht kann oder will, hat hier schlechte Karten, um ins Geschäft zu kommen.

Aber um ein wenig mehr Komplexität kommen auch die Lebensmittel-Discounter nicht herum. War das Sortiment in den Gründerjahren auf die Schnelldreher im Trockensortiment beschränkt, bieten die Lebensmittel-Discounter heute gekühlte und tiefgekühlte Produkte, Obst und Gemüse, frisch gebackenes Brot und immer mal wieder internationale Spezialitäten an. Auch der ursprünglich als Aktionsgeschäft konzipierte Handel mit Non-Food-Artikeln hat sich so etabliert, dass man fast schon vorhersagen kann, wann wieder welche Sportartikel, DIY-Artikel, Gartengeräte usw. angeboten werden. Fast regelmäßig im Angebot Schuhe, Damen- und Herrenoberbekleidung, Kinderbekleidung sowie Sportbekleidung, jeweils nur den saisonalen Bedingungen angepasst, so dass man schon fast von einem Standardsortiment sprechen kann.

Für all diese Artikel gilt aber, dass sich die betrieblichen Prozesse von denen für das Trockensortiment unterscheiden und unterschiedliche Kosten verursachen. Nicht nur in der Logistik, sondern auch in Einkauf, Verwaltung und Vertrieb. Wenn diese Unterschiedlichkeit schon für die Discounter zu konstatieren ist, um wie viel mehr muss das dann für die Betreiber von Super- und Verbrauchermärkten gelten? Discounter führen i. d. R. von einem Artikel auch nur eine Marke bzw. Handelsmarke. Bei den Supermärkten und insbesondere Verbrauchermärkten stehen von jedem Artikel alle mindestens national bekannten Marken und zusätzlich die gefragten regional bekannten Marken und oft genug auch noch die Handelsmarke im Regal. Vom Billig- bis zum Premiumprodukt reicht die Angebotspalette pro Artikel.

Die Komplexitätsunterschiede sind enorm. So stehen hinter den Tausenden Lieferanten eines Verbrauchermarktes auch bis zu 1.000 unterschiedliche Konditionen, mindestens vier Zahlungsarten und unzählige unterschiedliche Kommunikationsmittel vom Telefon, Fax über den handgeschriebenen Zettel bis hin zu den elektronischen Medien wie E-Mail oder EDI.

Da gibt es den örtlichen Bäcker oder Metzger, der das Sortiment mit einer regionalen und handwerklich gefertigten Spezialität ergänzt. Oder den Winzer, mit dem man gemeinsam eine Weinaktion vereinbart hat oder der landwirtschaftliche Betrieb aus der Region mit einer Lieferung Straußenfleisch. Die technische Ausstattung beschränkt sich auf Telefon, vielleicht ein Faxgerät und einen PC für die Abwicklung der Buchführung und das Schreiben der Rechnungen.

Egal um welches Volumen es geht, ob um einen Warenwert von ein paar Tausend Euro oder ein paar Millionen Euro: Am Anfang steht die **Einkaufsverhandlung** mit der Einigung über Platzierung, Menge, Einkaufspreis, Liefermodalitäten und Laufzeit der Vereinbarung. Mangels technischer Voraussetzungen beim Lieferanten müssen alle Details der Vereinbarung, insbesondere die Konditionen sowie Zahlungsart wie

Barzahlung, Scheckzahlung oder Überweisung im EDV-System des Händlers manuell erfasst werden. Nun kann es losgehen mit der Belieferung, nehmen wir an, direkt in die Filiale. Begleitet von einem handgeschriebenen Lieferschein, der in der Filiale mit der Lieferung abgeglichen und handschriftlich bestätigt wird. Entweder in der Filiale oder nach Weiterleitung in der Zentrale müssen die Daten der Lieferung manuell erfasst werden, da selbst Scanning i. d. R. am Format und der Handschrift scheitert. Ist die Wareneingangserfassung intelligent programmiert, teilen sich Warenwirtschaft und Rechnungsprüfungsprogramm die Daten. Andernfalls kommt es zur redundanten, manuellen Datenerfassung. Automatisch erfolgt danach die Erstellung einer „Pseudo-Rechnung" durch Kombination der Lieferdaten mit den hinterlegten Konditionen und – wir gehen wiederum von einer intelligenten Schnittstellenprogrammierung aus – die Verbuchung des Wareneingangs in der Finanzbuchführung.

Kommt danach die Rechnung, müssen die Daten hieraus ebenfalls manuell erfasst werden, wenn das Format für das Scanning nicht geeignet ist. Stimmen Pseudo-Rechnung und Rechnung im Wert überein, erfolgt die Übergabe der Werte an das Zahlungssystem. Hier wird entsprechend der Zahlungsmodalitäten zum Zahlungstermin die Scheckausstellung angestoßen und, die entsprechende Schnittstelle vorausgesetzt, die entsprechende Verbuchung im Buchhaltungssystem. Der Scheck geht in den Postversand und die Einlösung wird im Rahmen der Kontoabstimmung banküberwacht und letztlich verbucht.

Große Markenfabrikanten

Nehmen wir dagegen den typischen Ablauf mit einem der großen Markenfabrikanten. Auch hier stehen am Anfang die Einkaufsverhandlungen. Zugegeben etwas komplexer und zeitaufwendiger, aber dafür geht es auch nicht um einen Warenwert von einigen Tausend Euro, sondern um Millionenbeträge. Also um den tausendfachen Wert aber nur um den vielleicht 10fachen Zeitaufwand.

Der zeitliche Mehraufwand ist schnell wieder eingeholt. Die Datenerfassung und vor allem die laufende Pflege erfolgt nur einmal durch den Lieferanten und wird per Schnittstelle in die Systeme des Händlers übertragen. Lediglich eine Kontrolle der überspielten Daten in Stichproben ist noch erforderlich.

Die **Bestellung bzw. der Abruf der kontrahierten Ware** erfolgt ebenso elektronisch wie die Bestätigung bzw. das Avis des Lieferanten über Art, Menge, Liefertermin und Ablieferstelle. Letztere ist eines der Zentrallager, um das Potenzial der Zentrallagerlogistik voll ausnutzen zu können. Das Avis erscheint in der Warenannahme auf dem Bildschirm und wird bestätigt bzw. um Fehl-/Übermengen oder Falschlieferungen korrigiert. Die Bestätigung bzw. Korrektur führt automatisch zu einer Rückmeldung an den Lieferanten, zur Verbuchung des Wareneingangs und der Erzeugung einer Pseudorechnung.

Der Eingang der Rechnung erfolgt ebenfalls elektronisch und führt direkt zur Erfassung im Rechnungsprüfungssystem, in dem die Werte mit der Pseudorechnung abgeglichen und bei Übereinstimmung zur Verbuchung in der Finanzbuchhaltung sowie Übergabe der Daten ins Zahlungssystem führen. Von dort erfolgt ebenfalls automatisch auf Basis der hinterlegten Zahlungskonditionen die Zahlung und Verbuchung der Zahlung.

Die Disposition seitens der Filialen erfolgt wie die Bestellung beim Lieferanten ebenfalls elektronisch und ist auch hinsichtlich des weiteren Ablaufs weitgehend gleich. Der Verrechnung liegt allerdings ein Verrechnungspreis zwischen Lager und Filiale zugrunde und, soweit keine eigenen Transportkapazitäten eingesetzt werden, ist die Kommunikation und Abrechnung mit einem Frachtführer ergänzend zu berücksichtigen. Aus diesem beispielhaften und im Einzelfall etwas abweichenden Prozessablauf zweier so unterschiedlicher Typen von Lieferanten wird deutlich, dass ein Controlling auf Basis der Kostenarten und auch Kostenstellen nicht mehr zielführend sein kann.

Neue Wege für zeitgemäßes Controlling im Handel

Da wäre zunächst einmal die Tatsache, dass ganz andere Kostenarten bzw. die gleichen in ganz anderer Höhe zu berücksichtigen sind. Das beginnt bei den Kosten der IT-Infrastruktur. Nicht nur zusätzliche Hard- und Software ist für die voll elektronische Abwicklung der Warenlieferung erforderlich, sondern auch eine große Anzahl einzurichtender und zu pflegender Schnittstellen zum Lieferanten und auch intern zwischen den einzelnen IT-Anwendungen. Kosten, die in den Kostenarten „Personal", „Abschreibungen auf Sachanlagen", „Energiekosten", „Raumkosten", aber auch Zinskosten für die Finanzierung der Investition genauso untergehen wie in der Kostenstelle „Zentrale Informationstechnologie" bzw. „Filiale" oder „Filial-IT". Zu tragen sind sie aber nur von einem Teil der Artikel.

Seine Fortsetzung findet die unterschiedliche Kostenstruktur in den zusätzlichen Kosten der Lagerhaltung, der Verteilungskosten auf die Filialen sowie den Kosten der Kommunikation zwischen Filiale und Lager. Dabei sind sowohl die laufenden Kosten einschließlich der Verzinsung des Warenbestandes als auch die Kosten der zusätzlichen Investitionen zu berücksichtigen.

Darüber hinaus unterscheiden sich aber auch die Folgekosten aus Prozessstörungen erheblich. Der Vergleich macht deutlich, dass in der Kommunikation mit dem Markenlieferanten darauf geachtet wurde, die manuellen Eingriffe so gering wie möglich zu halten. Damit wird die Fehlerquelle Mensch zu einem großen Teil ausgeschaltet, was z. B. in der Rechnungsprüfung deutlich wird.

Führen Fehler in der Datenerfassung beim Lieferanten oder beim Händler zu Wertabweichungen, die größer als der definierte Grenzwert sind, muss von der automatischen Rechnungsprüfung und -verarbeitung in die manuelle Rechnungsprüfung, d. h. Fehlersuche gewechselt werden. Die Kostenunterschiede sind beträchtlich, insbesondere, wenn man sie ins Verhältnis zum Umsatz mit dem Lieferanten setzt. Genauso beträchtlich sind die Unterschiede in der Sorgfalt der Datenpflege in Abhängigkeit von den einzelnen Lieferanten. Eine Erfassung auf Kostenarten- und Kostenstellenebene kann leicht zu Fehlentscheidungen bei der Auswahl des Lieferanten führen und zeigt nicht das mögliche Potenzial der Prozessverbesserung auf.

Schon dieser zugegebenermaßen grobe Vergleich der Kostenstrukturen in der Zusammenarbeit mit zwei sehr unterschiedlichen Lieferanten zeigt die **Notwendigkeit der Prozessorientierung** des Controllings im Handel. Dabei zeigt die Gegenüberstellung lediglich ein kleines Spektrum der Unterschiedlichkeiten in den Prozessabläufen auf. Weitere Unterschiede ergeben sich z. B. aufgrund der Konditionssysteme. Rabattsysteme, Werbekostenzuschüsse sind nur einige Beispiele, die erheblichen Einfluss auf die Prozesse sowie die tatsächlichen Einstandskosten und damit auf das Controlling haben. Unterschiede ergeben sich nicht nur aufgrund der unterschiedlichen prozessualen Voraussetzungen und Rahmenbedingungen auf der Lieferantenebene. Wie bereits angedeutet, stellen auch die Artikel unterschiedliche Anforderungen und sorgen in der Folge für unterschiedliche Prozessabläufe. Dabei geht es nicht nur um die offensichtlichen Unterschiede von Tiefkühlware, Frische, Trockensortiment und Textilien. Es geht auch um die unterschiedlichen Versprechen, die mit Artikel verbunden werden und es geht um die unterschiedlichen Anforderungen an die Prozesslandschaft für Marke und Handelsmarke.

10. Nachhaltigkeit und Vertikalisierung im Handelscontrolling

Ist die Welt des Handels wie oben dargestellt bereits jetzt komplex, wird die Komplexität und damit die Anzahl und die Unterschiedlichkeit der Prozesse im Rahmen der Vertikalisierung und dem Bestreben nachhaltiger Unternehmensführung sowie dem Angebot nachhaltig produzierter Waren noch zunehmen. Der Controller der Zukunft wird sich intensiver mit der **Wertschöpfung** als auch mit der **Werteorientierung** auseinandersetzen und die Frage nach dem geeigneten Steuerungsinstrumentarium beantworten müssen. Dabei steigt die Herausforderung an das Controlling mit dem Grad der Vertikalisierung ebenso wie mit dem Leistungsangebot, zu dem auch die Umsetzung der Nachhaltigkeitsstrategie gehört, soweit sie sich konsequenterweise auch auf die Produkte im Regal erstreckt und aus der herkömmlichen Tafel Milchschokolade ein zweites, andersartiges Produkt „nachhaltige Milchschokolade" macht. Grafisch lässt sich der Zusammenhang wie folgt darstellen:

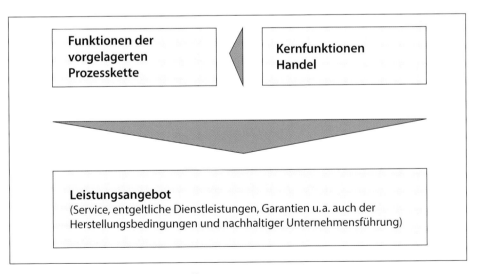

Quelle: Peter Schommer/eigene Darstellung

Aus den bisherigen Ausführungen kann festgehalten werden, dass **das Controlling der Prozess der zielorientierten Planung und Steuerung darstellt** und **integraler Bestandteil des Managementprozesses** ist. Dabei ist der Managementprozess weit mehr als die Entscheidungsfindung des geschäftsführenden Organs. Vielmehr findet dieser auf allen Entscheidungsebenen und in allen Unternehmensbereichen statt. Beim Controller handelt es sich dagegen um eine Person, die den Entscheidungsträger mit einem betriebswirtschaftlichen Service unterstützt. Das Controlling ist auf Instrumente angewiesen, die nicht nur die Planung ermöglichen, sondern auch den Abgleich mit dem Ist und die Analyse der Abweichungen einschließlich der Simulation der Handlungsoptionen. Die Gesamtheit der miteinander verbundenen und voneinander abhängigen Elemente stellen das Controlling-System dar. Wie sich die Vertikalisierung sowie die Umsetzung der Nachhaltigkeitsstrategie auf dieses Controlling-System auswirken, gilt es in der Folge zu untersuchen.

10.1. Die Vertikalisierung im Controlling

Vertikalisierung hin oder her – ob tatsächlich „Wert geschöpft" wurde, entscheidet sich erst, wenn der Konsument einen Preis für den Artikel bezahlt hat. Der Grad der Vertikalisierung entscheidet lediglich darüber, wie viele Unternehmen an diesem Prozess partizipieren wollen. Am Wertschöpfungsprozess beteiligt sind auf jeden Fall Unternehmen. Und zu deren Wesen gehört es, zumindest Gewinne erzielen zu wollen bei gleichzeitiger Vermeidung der Illiquidität.

Der Preis der Artikel ergibt sich am Markt aufgrund Angebot und Nachfrage und entzieht sich in der Regel einer direkten Steuerung. Das heißt zugleich, dass die Steuerung der Ertragslage – zumindest der kurzfristigen im wesentlichen die Steuerung der Kosten der Artikel bedeutet. Mit der Vertikalisierung erhöht sich auch der Anteil der eigenen Wertschöpfung und in der Regel die Umsatzrendite, soweit dieser Teil nicht über den Preis an die Kunden weitergegeben wird. Auf jeden Fall verändern sich die Einzahlungs- und Auszahlungsströme mit entsprechender Auswirkung auf die Liquiditätslage. Die Auswirkungen auf das Controlling, d. h. auf die Planung und Steuerung, die Systeme und die Organisation gilt es nachfolgend näher zu untersuchen.

10.1.1. Auswirkung auf die Planung

Grundlage jeder Steuerung ist ein Ziel und ein auf dessen Erreichung ausgerichteter Plan. Aber gerade zur **Planung** hat der Handel ein ambivalentes Verhältnis und nicht wenige Handelsmanager bezeichnen Planung als die schriftlich fixierte Vorwegnahme des Irrtums. Dies umso mehr, wenn sie sich auf Zeiträume bezieht die über das nächste Geschäftsjahr hinausgehen. Zu schnelllebig sei das Geschäft, als dass es sich lohne, in längeren Zeiträumen zu denken. Diese Sichtweise ist auch weitgehend nachvollziehbar für den Handel, dessen Wertschöpfung sich allein in der verbrauchergerechten Präsentation der von der Industrie produzierten Ware beschränkt. „Wir tun doch nichts anderes, als der Industrie einen Platz anzubieten, an dem sie den Konsumenten ihre Waren anbieten können", so hatte es vor Jahren eine Persönlichkeit des deutschen Einzelhandels auf den Punkt gebracht.

Überhaupt scheint es so, als gäbe es eine Korrelation zwischen Geschäftsgegenstand und Planungsintensität. So ist zumindest beim Studium der Literatur auffällig, dass das Thema Planung umso intensiver diskutiert wird, je größer die Wertschöpfung bzw. länger der Erstellungs-, Verarbeitungs- bzw. Veredlungsprozess der Güter im Unternehmen ist. Die angeführten Beispiele stammen fast alle aus der be- und verarbeitenden Industrie sowie aus dem Anlagenbau. Die Dauer des Veredlungs- oder Verarbeitungsprozesses lässt sowohl auf die Wertschöpfungstiefe als auch auf die Anlagenintensität schließen und insbesondere diese Punkte sind wohl ausschlaggebend für die intensivere Beschäftigung, aber auch der höheren Akzeptanz der Planung. Je weiter ein Ereignis wie beispielsweise die Umsatzrealisierung oder Anlagenrentabilität in der Zukunft liegt, desto höher ist die Ungewissheit. Nun kann keine Planung die Ungewissheit beseitigen. Sie ist aber die Grundlage zur Beurteilung, inwieweit die aktuelle Situation noch auf dem Pfad der Zielerreichung liegt oder Maßnahmen der Gegensteuerung ergriffen werden müssen, und wie sich diese auf die Zielerreichung auswirken.

Es geht der Planung also nicht darum, Recht zu behalten. Schließlich wird kein Manager der Welt auf einen Gewinn verzichten, der für die Periode nicht geplant war. Es geht um die Operationalisierung der ungewissen Zukunft oder einfacher ausgedrückt darum, frühzeitig zu erkennen, ob das Ist die Erwartungen erfüllt. Ursachen für Abweichungen müssen frühzeitig erkannt und die Auswirkungen von Steuerungsmaßnahmen beurteilt werden.

Auch den Handel könnte man als „anlagenintensiv" bezeichnen. Im Vordergrund stehen die **Lager- und Handelsflächen**. Im Gegensatz zur Industrie sind insbesondere die Handelsflächen mehr oder weniger langfristig mit Verlängerungsoptionen und mit dem Recht der Untervermietung gemietet, so dass sich das Risiko für den Handel in Grenzen hält. Aber selbst wenn diese im Eigentum des Handels stehen, ist das Risiko eines Totalverlustes gering. Schuld ist einerseits der deutsche Ordnungssinn, nach dem nicht an jedem Platz auf jeder beliebigen Fläche Handel betrieben werden kann. Das führt schon einmal zur Begrenzung des Angebots und schaffte einen eigenen Markt für Handelsimmobilien. Andererseits sind die **Handelsimmobilien** i. d. R. so konzipiert, dass sie auch zu anderen Zwecken genutzt werden können. Sogar die Umnutzung eines Kaufhauses in ein Seniorenheim ist möglich, wie ein Beispiel aus einer Kleinstadt mitten in Deutschland zeigt.

Vertikalisierung – eine Herausforderung für die Langfristplanung

Die Anlagenintensität eines nicht vertikalisierenden Händlers spricht also nicht für eine intensive Beschäftigung mit der Planung, insbesondere der Langfristplanung. Aber genau das ändert sich mit der Vertikalisierung. Nun geht es nicht mehr um Handelsimmobilien, sondern um Industrieobjekte, die in der Regel sehr speziell auf die Bedürfnisse des jeweiligen Unternehmens ausgerichtet sind und es geht um technische Anlagen, die im Ernstfall nicht viel mehr als die Demontage- und Transportkosten einbringen. Da ist es nur logisch, sich mit einem längeren Planungshorizont auseinanderzusetzen. Es wäre fatal, aufgrund aktueller Abverkaufsdaten in die Ausweitung der Produktion zu investieren, wenn sich diese Monate oder Jahre später bei Inbetriebnahme der Produktionsanlage als vorübergehender „Hype" herausstellt und das bei genauerer Analyse des Marktes absehbar gewesen wäre.

Selbst wenn die Vertikalisierung nicht mit Eigentum an den Produktionsanlagen verbunden ist, hat sie erheblichen Einfluss auf die Planung. Was auch im Fall der Miete oder der vertraglichen Sicherung von Produktionskapazitäten bleibt, ist die **Ausweitung der Wertschöpfungstiefe** und damit der **Verweildauer der Waren** in der Unternehmenssphäre. Entscheidungen sind nicht erst im Rahmen der Auswahl aus dem Angebot der Industrie zu treffen, sondern schon viel früher, wenn noch nicht mal ein Probeexemplar zur Ansicht auf dem Tisch liegt. Entscheidungen über Art, Qualität, Design und Menge des Artikels, der Rohstoff- und Hilfsstoffbeschaffung, der Verpackung, den Transport und natürlich die Produktion. Alles Entscheidungen, die der bisherigen Einkaufsentscheidung des Handels vorgelagert sind und die Vorlaufzeit bzw. den Planungshorizont je nach Produkt um viele Monate, in Einzelfällen auch Jahre verlängert.

Die Entscheidung für die Vertikalisierung hat ebenfalls eine längere Bindungswirkung. Selbst wenn die Produktionskapazitäten lediglich am Markt gekauft werden, ergibt sich faktisch oder vertraglich eine längere Bindung an die einmal getroffene Entscheidung. Faktisch, weil die Märkte evtl. eng sind und ein kurzfristiger Ersatz durch einen Markenproduzenten, wenn überhaupt, nur mit erheblichen Preisaufschlägen erkauft werden kann.

Ein Grund für eine längerfristige vertragliche Bindung besteht in den **hohen Organisationskosten**, die ein ständiger Wechsel des Produzenten mit sich bringt und eventuell in Qualitätsproblemen, die auch mit großem Engagement der Qualitätssicherung nicht in den Griff zu bekommen sind. Mit der vertraglichen Bindung verlängert sich aber auch der Planungshorizont.

Das sind alles gute Gründe, den im Handel üblichen Planungshorizont gründlich zu überdenken. Will man eine Parallele bilden, bietet sich die zur Schifffahrt geradezu an. In diesem Fall entspricht die Reaktionszeit eines nicht vertikalisierten Händlers der eines Sportbootes. Jede Bewegung des Ruders entfaltet bereits nach wenigen Metern seine Wirkung. Die Reaktionszeit eines vertikalisierten Handelsunternehmens entspricht dagegen eher der eines Hochseefrachters. Je nach Größe, sprich Grad der Vertikalisierung, entfaltet das Manöver seine Wirkung erst nach ein paar Hundert Metern bzw. erst nach mehreren Kilometern.

Die Vertikalisierung hat aber nicht nur Auswirkungen auf den Planungshorizont. Gravierender ist die Auswirkung auf die Planungsinhalte. Ohne das Planungssystem des nicht vertikalisierten Händlers gering schätzen zu wollen, geht es im Prinzip lediglich darum, die verfügbare Handelsfläche für das zu planende Geschäftsjahr unter Berücksichtigung der Neueröffnungen und Schließungen zutreffend zu ermitteln. Basierend auf den Erfahrungswerten der Vergangenheit kann so der voraussichtliche Umsatz frei von äußeren Einflüssen ermittelt werden. Im Rahmen der Schätzung ist dieser um Konsumneigung und Preisentwicklung zu korrigieren. Allgemeine Marktpreisentwicklungen spielen dabei keine große Rolle, da sie in der Regel an die Industrie bzw. Kunden durchgereicht werden.

Auf dieser Basis wird der Rohertrag ermittelt. Zu planen sind insbesondere die Konditionen. D. h., bei welchem Lieferant können höhere Rabatte und Skonti verhandelt werden und wie viel davon wird an die Kunden weitergeleitet bzw. zur Deckung evtl. Kostensteigerungen einbehalten?

Bei den **Kosten** sind neben den allgemeinen Kostensteigerungen wie tarifliche Gehaltserhöhungen oder Energiepreisentwicklung insbesondere die Auswirkungen aufgrund der Veränderungen der Handelsfläche zu berücksichtigen, bevor die Auswirkungen der für das Geschäftsjahr geplanten Investitionen sowie organisatorische Veränderungen auf die Kosten in die Planung eingestellt werden.

Damit steht das **Ergebnis vor Zinsen, Abschreibungen** und **Steuern** quasi fest. Ebenso fest steht damit der operative Cashflow, es sei denn, dass das Zahlungsziel mit den Lieferanten zur Disposition steht. Die schwierigste Aufgabe zur Ermittlung der Zinsen ist die zutreffende Abschätzung des Zinsniveaus. Der Finanzierungsbedarf an sich ergibt sich aus dem Bestand zuzüglich Investitionen und abzüglich der Desinvestitionen sowie des nicht für laufende Zinszahlungen, Steuern und Ausschüttungen verwendeten Teils des Cashflows.

Zugegeben, etwas komplexer ist die Planung schon. Aber die Darstellung reicht, um **die Auswirkungen aufgrund der Vertikalisierung** darzustellen. Nehmen wir an, dass ein Artikel bisher von einem Markenlieferanten frei Filiale geliefert wurde. Dann enthielt der Einkaufspreis den Warenwert sowie den Wert der Dienstleistung der Belieferung der Filiale. Wird im Rahmen der Vertikalisierung auf Zentrallagerlogistik umgestellt und mit dem Lieferanten ein Preis frei Rampe vereinbart, fehlt im Einkaufspreis der Gegenwert für diese Dienstleistung. Dafür finden sich in der Kostenstruktur jetzt Kosten des Fuhrparks, Personalkosten, Sachkosten für den Betrieb des Lagers einschl. IT-Kosten, Abschreibungen, Zinsaufwendungen wieder, die diesen Teil des Einkaufspreises ersetzen. Allerdings mit einem entscheidenden Unterschied. Fiel der Mehrpreis für die Logistik des Lieferanten bisher nur dann an, wenn und soweit die Leistung in Anspruch genommen wurde, verursachen Lager, Fuhrpark und Personal auch dann Kosten, wenn sie nicht in Anspruch genommen werden.

Gerade in der Umsetzungsphase entstehen größere Verwerfungen mit Auswirkungen auf die Planung der Ergebnisse als auch der Liquidität bzw. Finanzierung. Sowohl die Investitionen für die Immobilie sowie die Betriebsausstattung einschließlich Fuhrpark müssen zusätzlich bei der Liquiditätsplanung berücksichtigt werden. Außerdem ist zu berücksichtigen, dass sich die Auszahlungen für die Logistikleistungen zeitlich anders verhalten. War diese Leistung zuvor Bestandteil der Warenrechnung und entsprechend der Zahlungszielvereinbarungen mit dem Lieferanten erst nach der Lieferung und oftmals erst nach Umsatzrealisierung zu zahlen, steht die Zahlung der Löhne und Gehälter monatlich an, und zwar unabhängig von der erbrachten Leistung. Gleiches gilt für viele Kostenarten im Zusammenhang mit dem Betrieb des Lagers. Das bedeutet, dass aus diesem Teil die Liquiditätsschöpfung aufgrund der Zahlungszielvereinbarungen fehlt.

Geht die Vertikalisierung weiter in Richtung **Produktion**, findet ein weiterer Tausch zwischen Wareneinsatz und den übrigen Kostenarten statt, für die obige Ausführungen analog gelten. Zusätzlich entstehen neue Kostenarten wie bspw. das Rohmaterial. Mit dem Rohmaterial ist zugleich eine weitere Auswirkung auf die Liquiditätsplanung zu berücksichtigen. Zum einen, weil es wie die übrigen Kostenarten vorzufinanzieren ist, und andererseits, weil sich der Bezug von Rohstoffen in der Regel nicht parallel zur Verarbeitung, d. h. dem Verbrauch, verhält. Bei nachwachsenden Rohstoffen sind die Ernterhythmen zu berücksichtigen und bei allen Rohstoffen ist die Entscheidung zu treffen, den Bedarf über die Spotmärkte zu decken oder ein vermeintlich günstiges Marktpreisniveau zur Bevorratung zu nutzen bzw. über Termingeschäfte abzusichern.

Je weiter die Vertikalisierung vorangetrieben wird, desto komplexer wird das Planungssystem. Insbesondere bei der Ertragsplanung treten Veränderungen ein, die daran zweifeln lassen, ob eine auf Kostenstellen und Kostenarten basierende Planung zielführend ist. Schließlich bildet die Planung die Grundlage für die Steuerung, was voraussetzt, dass ein Soll-Ist-Abgleich überhaupt möglich ist. Dieser verbietet sich aber, wenn nach Kostenarten oder -stellen geplant wird, aber Prozesse gesteuert werden sollen.

Ziel eines jeden Unternehmens ist es, Gewinne zu erwirtschaften. Aber nicht nur in einer Periode, sondern nachhaltig, da Unternehmen auf unbestimmte Zeit gegründet werden und nicht für einen vorher bestimmten Zeitraum. Nachhaltig Gewinn zu erzielen, ist aber nur dann möglich, wenn zumindest die Substanz erhalten wird. Dazu gehört nicht nur, dass die Kapazität erhalten bleibt, sondern auch, dass diese am Markt zu einem Preis gefragt ist, bei dem ein Unternehmen Gewinne erzielt.

Lange Rede, kurzer Sinn: Unternehmen müssen investieren, und zwar möglichst dort, wo die Investition unter Berücksichtigung der Aufrechterhaltung des Betriebsablaufs den höchsten Ertrag erwirtschaftet. Es ist nicht beabsichtigt, in die Tiefen der Investitionstheorie einzusteigen. Ohnehin ist leicht erkennbar, dass diese Investitionsentscheidungen schon auf einer Wertschöpfungsstufe, sei es der Handel oder die Produktion, aufgrund der Zukunftsorientierung sehr schwer zu treffen sind. Um wie viel schwerer ist es, die richtige Investitionsentscheidung zu treffen, wenn deren Auswirkungen auf Unternehmen der vor- und/oder nachgelagerten Wertschöpfungsstufen mit zu berücksichtigen sind?

So kommt es nicht selten vor, dass der „Return on Investment" auf einer Wertschöpfungsstufe negativ oder nur in geringem Maße positiv ist, während er über alle Wertschöpfungsstufen hinweg in hohem Maße positiv ist. So würde ein Markenproduzent von Schokolade wahrscheinlich nicht in die Software-Entwicklung zum voll elektronischen Austausch der Konditions-, Bestell-, Liefer- und Rechnungsdaten investieren, wenn damit nur der Geschäftsverkehr mit einem Teil seiner Kunden abgewickelt werden kann. Der Rationalisierungseffekt wäre wahrscheinlich im Verhältnis zur Investition zu niedrig. Als Teil eines vertikalisierten Unternehmens oder einer vertikalisierten Unternehmensgruppe sieht die Rechnung allerdings ganz anders aus. Zum einen sind nicht nur die Rationalisierungseffekte auf der Produktionsstufe zu berücksichtigen, sondern auch auf der Handelsstufe und zum anderen profitiert von der Investition das gesamte Produktionsvolumen. Gleichzeitig ist aber auch zu berücksichtigen, dass diese Effekte nur dann realisiert werden können, wenn Folgeinvestitionen auf anderen Wertschöpfungsstufen erfolgen bzw. organisatorische Änderungen über die gesamte Wertschöpfungskette geplant und umgesetzt werden.

Das kleine Beispiel zeigt deutlich die Notwendigkeit, sich von dem verbreiteten Abteilungs- bzw. Bereichsdenken zu verabschieden. Mit der Entscheidung für die Vertikalisierung muss zugleich das Prozessdenken im Unternehmen Einzug halten. Erst die Sicht auf den Gesamtprozess ermöglicht die zutreffende Ermittlung des Return on Investment und die zutreffende Planung der Investitionen, der Liquiditäts- und Ertragslage.

10.1.2. Auswirkung auf die Ergebnissteuerung

Was unterscheidet die Tafel Schokolade des Markenherstellers von der eines vertikalisierten Händlers? Hoffentlich nichts – zumindest, was die Qualität angeht. Ansonsten wurde eine Bedingung der Vertikalisierung, die gleiche oder vergleichbare Qualität anbieten zu können, verfehlt. Verfehlt wäre die Vertikalisierung aber auch, wenn die geplanten Kostenvorteile nicht realisiert und somit dem Kunden keine günstigere Alternative zum Markenprodukt angeboten werden könnte.

Kostenvorteile kann der Handel insbesondere dort realisieren, wo er Größenvorteile des Handels für bessere Konditionen einsetzen kann, also z. B. bei den Frachtraten. Ausschlaggebender ist allerdings, dass der gesamte Prozess von der Rohstoffgewinnung bis in die Regale des Händlers neu und ausschließlich auf die Optimierung des Gesamtergebnisses hin gestaltet werden kann. Nicht nur die Zwischengewinne entfallen, sondern auch die Komplexitätskosten aufgrund vieler Abnehmer und der Notwendigkeit, sich deren Anforderungen anzupassen. Die Kosten der Akquisition entfallen ebenso wie die Kosten der Betreuung der Kunden. Solange die Produktion in vollem Umfang vom eigenen Handel aufgenommen, d. h., über deren Regale an den Kunden verkauft werden kann, geht es einzig darum, die Kosten der Leistungserstellung zu minimieren.

Entscheidenden Einfluss hierauf hat der **Auslastungsgrad**, eine technische Größe, die der Handel in dieser Form allenfalls aus seinen IT-Abteilungen kennt. Leistungskennziffern des Handels beziehen sich eher auf den Umsatz, d. h. auf eine finanzielle Größe. Für den Betrieb eines Lagers, eines Fuhrparks und einer Produktion ist der Auslastungsgrad aber ein zentrale Größe.

Ruft der Händler nicht die im Rahmen der Einkaufsverhandlungen kontrahierten Mengen von der Industrie ab, hat das, soweit sich der Händler an die sonstigen Abreden wie Platzierung und Bewerbung gehalten hat, lediglich Auswirkungen auf die mengenabhängigen Konditionen. Das **Warenrisiko** bleibt also weitestgehend bei der Industrie. Im Handel mit Damen- und Herrenoberbekleidung wird oftmals auch auf Kommission geliefert. Das ändert sich in dem Moment, in dem der Handel selbst produziert oder für sich produzieren lässt. Nun trägt der Handel selbst das Risiko, dass der Kunde den Artikel nicht oder zumindest nicht in der geplanten Menge kauft.

Das Risiko geht aber über den Wert der produzierten Waren hinaus. Während im Handel der weit überwiegende Anteil der Kosten, insbesondere der Wareneinsatz variabel ist, verhält es sich in der Logistik und Produktion gerade umgekehrt. Der voll variable Wareneinsatz spielt eher eine untergeordnete Rolle, während die Fixkosten und quasi fixen Kosten dominieren. Die **Fixkostendegression**, d. h., der Auslastungsgrad bestimmt die Ertragslage.

Allerdings ist zu berücksichtigen, dass ab einem gewissen Punkt steigende variable Kosten die Degression der Fixkosten übersteigen. So z. B. wegen einer ansteigenden Fehlerrate, die zu Ausschuss, Nachbesserungen oder Konventionalstrafen und Preisnachlässen führen, oder Überstunden-, Nacht- und Feiertagszuschläge, die Personalkosten pro Stunde Arbeitsleistung steigen lassen. So ergibt sich ein Kostenverlauf pro Stück, der etwa so aussieht:

Stückkostenverlauf

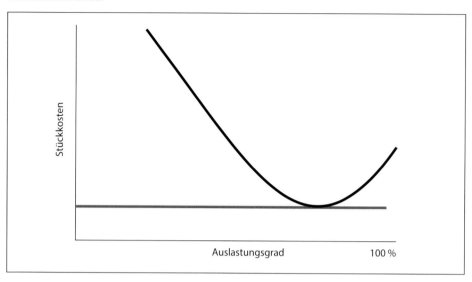

Quelle: Peter Schommer/eigene Darstellung

Ertragssteuerung in der Produktion und Logistik bedeutet also grundsätzlich, auf den Auslastungsgrad hinzusteuern, an dem die Stückkosten am niedrigsten sind. Handelt es sich bei einem Produktionsbetrieb um eine reine „Ein-Produkt-Produktion", ist die Ermittlung der Stückkosten in Abhängigkeit von der Auslastung auch auf Basis einer Kostenartenrechnung möglich. Werden im gleichen Betrieb mehrere Produkte auf zum Teil gleichen Anlagen hergestellt, reicht die Kostenartenrechnung nicht mehr aus, um die Stückkosten zutreffend zu ermitteln. Zumindest eine Kostenstellenrechnung muss hinzutreten. Aber auch die **Kostenstellenrechnung** reicht dann nicht mehr, wenn die unterschiedlichen Produkte auf der gleichen Anlage unterschiedliche Kosten auslösen, die durch eine unterschiedlich lange Nutzung der Anlage, hohen Energieeinsatz oder Rüstkosten verursacht werden.

Ein Beispiel: Die Produktion von Schokolade

Nehmen wir ein einfaches Beispiel aus der Schokoladenproduktion. Dabei betrachten wir nur den Prozess ab Bereitstellung der Schokoladen-Rohmasse, Zutaten und Verpackungsmaterial und den Prozessunterschied einer 100 g-Tafel Zartbitter zu ebenfalls 100 g Zartbitter mit Chili, aber abgepackt in 20 x 5 g. Dabei wird unterstellt, dass die Änderung der Verpackungsgröße zur Umrüstung der Formen als auch der Verpackungsmaschine führt und das Portionieren und Befüllen einer Schachtel mit 100 g Inhalt mit 5 g Tafeln auf einer weiteren Anlage erfolgt. Alle notwendigen Maschinen von der Befüllung mit der Rohmasse bis zur Bereitstellung für das Lager bilden eine integrierte Fertigungsanlage und damit eine Kostenstelle. In Prozessschritten dargestellt könnte die Fertigung also so aussehen:

Schokoladenproduktion: Prozessschritte

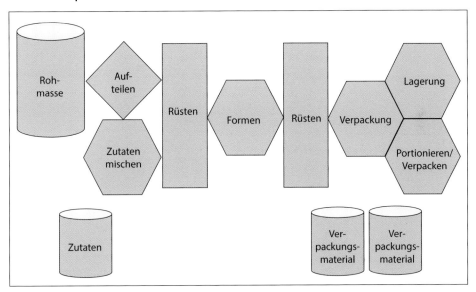

Quelle: Peter Schommer/eigene Darstellung

Es bedarf keiner weiteren Erörterung um festzustellen, dass eine einfache Division der Kosten dieser Kostenstelle durch die Anzahl der Einheiten zu falschen Ergebnissen führen muss. Nicht nur, dass die Einheit mit 20 x 5 g zwei zusätzliche Prozessschritte erfordert. Auch die Rüstkosten schlagen sich unterschiedlich nieder, wenn die optimale Losgröße für beide Produkte nicht gleich ist.

Ginge es nur um die **Prozessunterschiede** innerhalb der Produktion und um deren Auswirkungen auf die Stückkosten, könnte man durchaus die Meinung vertreten, ein ausreichend genaues Ergebnis auch ohne eine mit zusätzlichen Kosten verbundene **Prozesskostenrechnung** erzielen zu können. Dabei wird aber übersehen, dass sich die Prozesskosten auch auf der Handelsstufe erheblich von denen des Bezugs von einem Markenlieferanten unterscheiden.

Beispielhaft sei nur darauf verwiesen, dass keine Verhandlungen des Einkaufs mit einem potenziellen Lieferanten sowie Einstellung von Konditionen und Überwachung der korrekten Anwendung mehr erfolgen müssen. Eine Lagerhaltungsstufe auf Produzenten- oder Handelsebene kann entfallen. Aufgrund der Möglichkeit, die IT-Systeme aufeinander abstimmen zu können, ist auch die Voraussetzung gegeben, die gesamte Kommunikation von der Disposition bis innerbetrieblichen Verrechnung oder – wenn es sich um zwei rechtlich getrennte Einheiten handelt – der Rechnungstellung, Verbuchung und Zahlung zu automatisieren und den Prozess von menschlichen Fehlern sowie der mit personellem Aufwand verbundenen Fehlersuche und -beseitigung weitgehend frei zu halten. Und wenn die Kommunikation in beide Richtungen funktioniert, weiß die Produktion viel früher als der Markenproduzent, welchen Bedarf die Handelsstufe haben wird und kann die Produktion entsprechend steuern. Erst am Ende der Prozesskette, d. h., am Point of Sale nach Addition aller, aber auch nur der durch den Artikel verursachten Kosten steht fest, welchen Beitrag er zum Unternehmenserfolg erbringt.

Damit sind wir gleich bei dem zweiten Aspekt. Wir erinnern uns, dass nicht der Einkaufspreis den Unterschied ausmacht, sondern die übrigen Kosten. Zugleich haben wir gesehen, dass auch ohne Vertikalisierung die einzelnen Lieferanten und Artikel im LEH bereits heute sehr unterschiedliche Anforderungen an die Prozesse im Handel stellen und damit auch sehr unterschiedliche Kosten verursachen. Wenn es gilt, die Kosten zu minimieren, dann ist die Voraussetzung, dazu genau zu wissen, welche Prozessschritte ein Artikel durchläuft und welche Kosten diesem zuzurechnen sind. Nur auf dieser Basis können Verbesserungspotenziale erkannt und die Auswirkungen des Eingriffs in den Prozess auf den Ertrag ermittelt werden.

Wenn das aber schon bei der heutigen Komplexität der Prozesslandschaft eines filialisierenden Lebensmitteleinzelhändlers gilt, um wie viel mehr muss dies gelten, wenn die Wertschöpfung über die Handelsfunktion hinaus ausgedehnt wird?

Die Vertikalisierung wird die Prozessorientierung des Controllings im Handel vorantreiben – vorantreiben müssen! Dies schon alleine aus dem Grund, weil Marktpreise für die vertikalisierten Wertschöpfungsstufen als Regulativ und Innovationstreiber wegfallen.

Nach Umsetzung der Zentrallagerlogistik wurden mit den Lieferanten neue Preisvereinbarungen getroffen. Im Übergang von der Filialbelieferung zur Zentrallagerbelieferung entsprach die Preisdifferenz dem Wert der entfallenden Dienstleistung des Lieferanten und diente dem Händler als Benchmark für die Wirtschaftlichkeit seiner Zentrallagerlogistik. Dieser Benchmark entfällt aber schon im Jahr darauf, da kein Lieferant ernsthaft eine Alternative anbietet, die ohnehin nicht zum Zuge kommen kann. Man könnte sich ein Angebot von einer Spedition machen lassen. Es bleibt aber die Frage, wie ernsthaft ein Angebot ist, das im Wissen, nur dem internen Vergleich zu dienen, erstellt wird.

Genauso verhält es sich auch mit unserer Schokolade im Rahmen der Vertikalisierung. Wer sollte ein seriöses Angebot machen, wenn er weiß, dass es ohnehin nicht wahrgenommen wird? Auch die Beobachtung der Verkaufspreise im Handel liefert allenfalls ein Indiz, da sich niemand in seine Kalkulation schauen lässt. Bleibt also nur, sich auf seine eigenen Prozesse zu konzentrieren und laufend nach Möglichkeiten der Effizienzsteigerung zu suchen.

10.1.3. Auswirkung auf die Liquiditätssteuerung

An dieser Stelle könnte man die Ausführungen sinngemäß, d.h. auf pagatorischer Ebene für die Liquiditätssteuerung wiederholen. Darauf wollen wir aber gerne verzichten und an dieser Stelle nur noch einmal darauf hinweisen, dass die Vertikalisierung dazu führt, dass insbesondere die liquiditätsschaffenden Zahlungsziele zu einem großen Teil entfallen.

Stattdessen sind Auszahlungen zu berücksichtigen, die zeitlich vor den Einzahlungen aus dem Umsatzprozess liegen und hinsichtlich der Höhe aufgrund der Bevorratung mit Rohstoffen vom Verlauf der Einzahlungen abweichen.

Mit dem Umfang der Vertikalisierung nimmt einerseits die Anzahl unterschiedlicher Zahlungsanlässe zu und zugleich der periodische Gleichschritt der Zahlungsein- und ausgänge im operativen Bereich weiter ab. Im Ergebnis ist davon auszugehen, dass die Spitzen von Liquiditätsbedarf und Liquiditätsüberschuss weiter auseinanderdriften und der Liquiditätssteuerung und Finanzierung größere Bedeutung zukommen wird.

Die Vertikalisierung selbst ist jedoch ein Prozess, der sich über Jahre hinzieht. D.h., die Veränderung der Zahlungsströme vollzieht sich sukzessive und von Produkt zu Produkt unterschiedlich. Erst ein genauer Blick auf den Prozess (vorher und nachher) und der durch ihn ausgelösten Zahlungsströme ermöglicht die zutreffende Bewertung der Auswirkungen auf die Liquiditätslage. Nur so können die Möglichkeiten und der Umfang der Liquiditätssteuerung bestimmt werden.

10.1.4. Auswirkung auf die Controlling-Instrumente

Die Umsetzung einer Vertikalisierungsstrategie kann u. a. durch Erwerb bestehender Unternehmen erfolgen. Allerdings spricht die geringe Wahrscheinlichkeit, ein Unternehmen kaufen zu können, das ohne Kompromisse sowie umfangreiche und teure Anpassungsmaßnahmen in die geplante Vertikale eines Händlers passt, eher gegen diesen Weg. Erfolgversprechender ist es, gleich die notwendigen Be- und Verarbeitungsbetriebe auf der Grünen Wiese zu planen und sich die Kompetenz am Arbeitsmarkt einzukaufen. Die Vorteile der freien Standortwahl sowie der Investition in neueste Technik und der Gestaltung der Produktions- und Administrationsprozesse ohne Kompromisse wird die Mehrkosten der Beschaffung der notwendigen Kompetenzen auf Dauer mehr als ausgleichen.

Auch die **Investition auf der Grünen Wiese** führt in der Regel zu einem neuen Unternehmen im Konzern. Nun steht das Controlling vor einem Dilemma. Sowohl organisatorisch als auch technisch. Einerseits sind die Controlling-Instrumente auf die Bedürfnisse der jeweiligen Einheit auszurichten. Andererseits haben wir zuvor gesehen, dass es darum geht, den Gesamtprozess zu steuern und nicht nur die einzelnen Teile der Wertschöpfungskette. Die Summe der ertrags- und liquiditätsoptimierten Einzelteile ist nicht identisch mit dem Optimum des Gesamten. Anders ausgedrückt kann der Vorteil auf der einen Wertschöpfungsstufe den Nachteil auf einer anderen übersteigen.

Die Lösung kann darin bestehen, dass die Informationen der Controlling-Instrumente über Schnittstellen weitergeleitet werden oder dass ein integriertes Controlling-Instrument eingesetzt wird, in dem die jeweilige Einheit wie eine Kostenstelle behandelt wird. Die erste Lösung birgt den Vorteil der größeren Flexibilität. Die einzig zu beachtende Restriktion ist die sachlich und zeitlich richtige Bedienung der Schnittstelle. Darüber hinaus kann sich das Controlling-Instrument voll an den Bedürfnissen der jeweiligen Einheit orientieren. Veränderungen betreffen auch immer nur einen Teil des gesamten Controlling-Instrumentariums, solange die Schnittstellendefinition unangetastet bleibt. Der Vorteil ist zugleich der Nachteil dieser Lösung. Mit jeder neuen Einheit müssen neue Schnittstellen eingerichtet und gepflegt werden. Eine Herausforderung, wenn die Vertikalisierung eine bestimmte Anzahl zu integrierender Einheiten übersteigt.

Aber auch der Weg über ein gesamtheitliches Controlling-Instrument birgt erhebliche Nachteile. So z. B., dass jede Veränderung über das gesamte Instrument hinsichtlich seiner Auswirkungen für alle Verwendungen geprüft werden muss und jede Einheit letztlich ein Instrument mit Funktionen nutzt, die aus ihrer Sicht keinen Mehrwert bringen. Welche Vorgehensweise letztlich die richtige ist, lässt sich nur im Einzelfall und im Rahmen einer mittel- bis langfristigen Kosten-/Nutzenanalyse entscheiden.

Egal für welchen Weg man sich im Rahmen der Vertikalisierung entscheidet; jeder der möglichen Wege muss der Anforderung gerecht werden, über die einzelnen Wertschöpfungsstufen hinweg bis auf die Prozesskosten durchgreifen zu können. **Prozessveränderungen**, seien sie rein ablauforganisatorischer Art, mit oder ohne Investitionen oder durch Variationen am Produkt verursacht, müssen die Instrumente sowohl im Hinblick auf den betroffenen Prozess, die betroffene Einheit, aber vor allem auch im Hinblick auf die Auswirkungen des Gesamtprozesses und last but not least der Prozesse anderer Produkte darstellen können. Nur so ist gewährleistet, dass die Steuerung in einem vertikalisierten Handelsunternehmen ihr Ziel erreicht.

Jede Einheit getrennt auf der Basis von Verrechnungspreisen zu steuern, ist in jedem Fall zum Scheitern verurteilt. Dies verdeutlicht folgendes *Beispiel*. Stellen wir uns einen Produzenten von Sportschuhen vor, die über die eigenen Shops der Unternehmensgruppe vertrieben werden. Die Steuerung der Produktion orientiert sich an der optimalen Auslastung, d. h. den niedrigsten Stückkosten, da ja jedes Stück zum Verrechnungspreis vom Handel aufgenommen wird und somit ein optimales Ergebnis erwirtschaftet. Kann der Handel diese Menge jedoch nicht zum kalkulierten Preis absetzen, ist er gezwungen, entsprechende Abschriften zu machen. Nun kann man sich ausrechnen, bei welcher Summe von Abschriften das Handelsunternehmen Verluste erwirtschaftet. Verfügt man aber nicht über das Instrumentarium, das den Gesamtprozess über einzelne Rechtseinheiten und Betriebseinheiten hinweg erfasst, wird man Gewinn oder Verlust erst erkennen, wenn es für die Steuerung zu spät ist. Ein fatales Ergebnis! Aber ein Ergebnis, das zeigt, dass die Vertikalisierung mit einer vertikalen Steuerung einhergeht und den Steuerungsinstrumenten, die diese möglich machen.

10.1.5. Auswirkung auf die Organisation des Controllings

Die Organisation ist das Bindeglied, der Klebstoff, der die Aufgaben, Instrumente und Menschen zu einem geordneten Ganzen fügen. Ändern sich diese, hat das zwangsläufig organisatorische Folgen in der Aufbau- und Ablauforganisation. Mit der Vertikalisierung verändern sich die Aufgaben, Instrumente und Menschen und somit zwangsläufig die Organisation des Controllings.

Auf derselben Wertschöpfungsstufe denken, arbeiten und vor allem entscheiden die Menschen nach den gleichen Regeln und sprechen die gleiche Sprache. Kommen Betriebe unterschiedlicher Wertschöpfungsstufen in einem Unternehmen bzw. einer Unternehmensgruppe zusammen, besteht der Zwang zur Harmonisierung, damit nicht letztlich ein neuer „Turm zu Babel" gebaut wird. Dazu gehört die Entscheidung, auf welcher Basis gesteuert werden soll. Der kleinste gemeinsame Nenner ist gesucht und der lautet nach den vorangegangenen Erläuterungen „Prozessebene", was insbesondere das Handels-Controlling vor eine große Herausforderung stellt.

Mit der gemeinsamen Sprache ist aber noch nicht geklärt, wer die Aufgaben des Controllings wahrnimmt. Unter Kapitel 7.1.4. wurden diverse in der Praxis vorzufindende Organisationsstrukturen dargestellt. Allerdings unter dem Aspekt des Controllings in einem Unternehmen. Im Rahmen der Vertikalisierung entstehen aber häufig weitere rechtlich selbständige Einheiten. Es entstehen Konzern- oder konzernähnliche Strukturen, die sich auch auf die Entscheidungsstrukturen niederschlagen. Da Controlling die sachlogische Entscheidung unterstützen soll, muss es diesen Strukturen folgen. Logisch wäre es also, einen typischen Unterordnungskonzern auch von der Konzernspitze aus zu steuern. Eine Logik mit Tücken! Wir gehen ja davon aus, dass der Handel vertikalisiert mit der Folge, dass die Konzernspitze von einem Handelsunternehmen gebildet wird. Damit besteht aber die Gefahr, dass die Steuerung auf die Optimierung des Handelsergebnisses ausgerichtet ist.

Auslistung eines Produktes in allen Filialen: Ein Beispiel

Ab Oktober soll in allen Filialen die Schokolade von einem Lieferanten ausgelistet und durch die selbst produzierte Schokolade ersetzt werden. Im September stellt man fest, dass der Umsatz mit dem Lieferanten hinter den Erwartungen zurückgeblieben ist und die Abrufe zur Realisierung der Mengenrabatte erst im November erreicht werden. Aus Handelssicht würde man die Auslistung um einen Monat verschieben. Aus Produktionssicht gerät aber jetzt die Kalkulation ins Wanken. Entweder die Produktion wird verschoben – mit entsprechenden Leerkosten – oder sie fährt wie geplant mit der Folge überhöhter Lagerhaltung und in der Folge höherer Kapitalbindung, Raum- und Lagerkosten.

In dem Vertikalisierungsbeispiel „Turnschuhe" des vorangegangenen Kapitels setzte sich die Produktion aufgrund der Losgrößenvorteile gegen den Handel mit der Folge durch, dass Überbestände auf der Handelsstufe zu Wertberichtigungen führten, die den vermeintlichen Kostenvorteil mehr als kompensierten. Ebenso verhält es sich mit administrativen Entscheidungen, die für die betroffene Einheit zwar die kostengünstigste Variante darstellen, aber für die übrigen Unternehmen oder Betriebe der gleichen Gruppe einen Mehraufwand verursachen, der aus Gesamtsicht aus der kostengünstigen Variante die teuerste Alternative werden lässt.

Eine **Holdingstruktur** und die Einrichtung eines Controllings zur Unterstützung der Holding kann diese Probleme schon allein deshalb nicht lösen, weil deren Aufgabe allenfalls in der Zusammenführung der Informationen und Aufbereitung für die Geschäftsführung der Holding besteht. Sowohl Konzernspitze als auch eine Holding sind zu weit weg von der Steuerung des operativen Geschäfts auf den unterschiedlichen Wertschöpfungsstufen. Sie wären damit überfordert, sämtliche betriebliche Prozesse auf bzw. über alle Wertschöpfungsstufen hinweg steuern zu wollen.

Das bedeutet zwangsläufig, dass das **Controlling der operativen Einheiten** seine Daseinsberechtigung behält. Damit entsteht aber die organisatorische Herausforderung, dafür zu sorgen, dass die Aufgaben überschneidungsfrei definiert und die Kommunikation klar geregelt werden. Außerdem muss die Hierarchie eindeutig geregelt sein, was nicht bedeutet, dass unabdingbar das Controlling der Konzernspitze oder Holding die Vorgaben macht. Gerade bei einem in der Breite vertikalisierten Konzern erscheint es angebracht, dass Entscheidungen und Systemvorgaben in einem jeweils über die Vertikalisierungsstufen hinweggehendes Gremium erfolgen.

Es muss organisatorisch gewährleistet sein, dass die Auswirkung von Entscheidungen nicht mehr allein auf der Ebene des Entscheidungsträgers dargestellt wird, sondern immer auch über die gesamte Wertschöpfung der Unternehmensgruppe. Soweit sich die Vertikalisierung lediglich auf die Erweiterung um eine Wertschöpfungsstufe beschränkt und nur wenige Unternehmen betroffen sind, ist eine Organisation im Wege der Abstimmung denkbar. In komplexeren Gebilden wird man allerdings dazu übergehen müssen, Informationsstrukturen zu schaffen, die das Controlling jeder Einheit in die Lage versetzt, die Auswirkungen von Entscheidungen über alle Wertschöpfungsstufen der Gruppe selbst zu ermitteln. Ansonsten besteht die Gefahr, dass die notwendige Abstimmung die gesamte Organisation lahm legt. Auch hier ist eine Grenzziehung, bis zu welcher Organisationsgröße eine fallweise Abstimmung noch ausreicht bzw. deren Kosten die des Aufbaus und der Pflege entsprechender Informationsstrukturen übersteigen, nicht möglich. Es bleibt jeweils eine Einzelfallbetrachtung, bei der sowohl die Tiefe und Breite der Vertikalisierung als auch die dahinterstehenden Volumina entscheiden.

10.2. Nachhaltigkeit im Controlling

Die Vertikalisierung führt zumindest im Handels-Controlling zu einem Quantensprung aufgrund der notwendigen Prozessorientierung. Auch das Thema Nachhaltigkeit unterstreicht diese Notwendigkeit noch einmal deutlich, wie nachfolgend noch näher zu beleuchten sein wird. Nachhaltigkeit bedeutet für das Controlling jedoch darüber hinaus, sich mit ganz neuen Aufgaben zu beschäftigen. Stand bisher das **wert**orientierte Controlling im Blickpunkt der Erörterungen, kommt mit der Nachhaltigkeit dem werteorientierten Controlling stärkere Bedeutung zu.

Selbstverständlich muss sich Nachhaltigkeit auch rechnen. Laut Aussage des Präsidenten des Handelsverbandes im Factbook 2011 tut sie das auch. Aber wie? Soweit es sich um Maßnahmen handelt, die selbst Erträge generieren bzw. denen Kosteneinsparungen zugerechnet werden können, unterscheiden sich die Anforderungen an das Controlling zumindest so weit nicht von denen, die bereits im Rahmen der Vertikalisierung dargestellt wurden. Allerdings generiert nur ein Teil der Maßnahmen, die man unter Nachhaltigkeit subsumieren könnte, eigene Erträge oder Kosteneinsparungen.

Zurechenbare Kosteneinsparungen ergeben sich insbesondere dort, wo die Maßnahmen zu einem geringeren Ressourcenverbrauch führen. Eigene Erträge generieren insbesondere Maßnahmen im Bereich regenerativer Energien, soweit Überschüsse produziert und verkauft werden. Eigene Erträge erwirtschaften auch Produkte, die das Attribut „nachhaltig" rechtfertigen. Nun wird aber kein großes, filialisierendes Handelsunternehmen in der Lage sein, von heute auf morgen alle Anforderungen der Nachhaltigkeit in allen Bereichen des eigenen Unternehmens oder der Unternehmensgruppe umzusetzen und schon gleich gar nicht für die gesamte Prozesskette aller Artikel des Sortiments. Der realistische Weg führt über die sukzessive Analyse und Anpassung der einzelnen Prozesse, der Shops, der Arbeitsplätze sowie punktueller Aktivitäten des sozialen Engagements.

Damit entsteht zwangsläufig ein **Zurechnungsproblem**. Zunächst einmal im Hinblick auf die verursachungsgerechte Zuordnung der Kosten und Erträge. Schließ-

Nachhaltigkeit im Controlling

lich werden im Regal neben den als „nachhaltig" bezeichneten Produkten auch konventionelle Produkte stehen. Mit anderen Verkaufspreisen, aber auch anderen Kosten.

Andere Maßnahmen wiederum zielen auf das allgemeine **Image** ab und sind damit grundsätzlich nicht einzelnen Artikeln, Warengruppen oder Prozessen zuzuordnen. „Grundsätzlich" bedeutet in dem Falle, dass das Image tatsächlich allgemein verbessert wird und nicht nur auf einzelne Standorte, Betriebe oder gruppeneigene Unternehmen beschränkt bleibt.

Letztlich gibt es darüber hinaus die „Sowohl-als-auch"-Maßnahmen. Aus Marktstudien ist bekannt, dass Handelsunternehmen mit der Umsetzung einer Nachhaltigkeitsstrategie nicht nur den Absatz nachhaltiger Produkte fördern, sondern auch auf breiter Ebene beim Konsumenten höhere Sympathiewerte erzielen und an Glaubwürdigkeit gewinnen. Neben das Zurechnungsproblem tritt das Aufteilungsproblem. Welcher Teil der Kosten ist welchem Umsatz zuzuordnen?

Es gibt aber nicht nur die Kostenseite. Auch wenn die Maßnahmen nicht zu einer direkt messbaren Kosteneinsparung führen oder zurechenbare Erträge produzieren, generieren sie aber doch **Nutzen**. Nutzen, wie bereits oben erwähnt, in Form der Verbesserung des Images, höherer Sympathiewerte der Konsumenten sowie Zugewinn an Glaubwürdigkeit, die bei der Wahl der Einkaufsstätte eine zunehmende Rolle spielen. Doch wie lässt sich dieser Nutzen messen? Die Nutzen sowie die zusätzlichen Erträge aus dem Verkauf nachhaltiger Produkte können aber nur erzielt werden, wenn die Nachhaltigkeit auch kommuniziert wird. Damit kommen wir zu einem für das Controlling völlig neuen Gebiet.

Die Erfahrungen der Vergangenheit haben uns gelehrt, dass in unserer Mediengesellschaft letztlich kein Skandal verborgen bleibt und dessen Aufdeckung und Publizierung erhebliche finanzielle Auswirkungen für das betroffene Unternehmen haben kann. Dabei liegt ein Skandal dann vor, wenn Produkte als nachhaltig beworben werden und sich herausstellt, dass die Kriterien der Nachhaltigkeit nicht eingehalten wurden.

Zwei Problemkreise werden gleichermaßen angesprochen. Einmal die Frage, was Nachhaltigkeit konkret bedeutet oder andersherum gefragt: Die Umsetzung welcher Kriterien produziert einen Nutzen? In der Folge stellt sich die Frage, wie man deren Umsetzung aber auch Aufrechterhaltung sicherstellt. Viele Unternehmen schaffen eine eigene Abteilung „Nachhaltigkeit" und vertreten die Meinung, damit sei die Aufgabe in guten Händen. Es kann aber nicht sein, dass sich das Controlling dieser Aufgabe gänzlich entzieht. Schließlich gehört es zu den originären Aufgaben des Controllings, das Management bei der Entscheidungsfindung zu unterstützen und dazu gehört, den Ist-Zustand zu beschreiben und die Abweichungen in der planmäßigen Umsetzung frühzeitig zu identifizieren sowie Maßnahmen der Gegensteuerung zu entwickeln.

All diese Aspekte gilt es näher zu betrachten mit dem Ziel, entsprechende Rückschlüsse für das Controlling zu ziehen. Aus diesem Grund weicht die nachfolgende Gliederung auch von der zu den Auswirkungen der Vertikalisierung auf das Controlling ab. Gleichwohl werden wir sehen, dass insbesondere die im Rahmen der Vertikalisierung aufgestellte Forderung der Prozessorientierung erst recht für die Planung, die Liquiditätssteuerung, die Ertragssteuerung, die Systeme und die Organisation des Controllings für Unternehmen gilt, die eine Nachhaltigkeitsstrategie verfolgen.

10.2.1. Das Zuordnungsproblem

Jeder, der sich mit dem Rechnungswesen, speziell der Kostenrechnung und dem Controlling beschäftigt, kennt dieses Problem. Die Standardlösung: Kosten und Erträge sind verursachungsgerecht zuzuordnen! Basiert die Steuerung auf Kostenarten, ist die Lösung einfach. Bei der **Steuerung auf Basis der Kostenstellen** treten die ersten Zuordnungsprobleme auf. Direkte Kosten wie die Personalkosten einer Kostenstelle sind schon aufgrund der Kostenstellenzugehörigkeit der Mitarbeiter eindeutig zuordenbar. Aber schon bei den zentralen Kosten der Personalverwaltung muss ein Schlüssel gefunden werden, der der Verursachung entspricht oder dieser zumindest sehr nahekommt. Dieses Zuordnungs- und Verteilungsproblem nimmt mit der Differenziertheit des Steuerungssystems zu:

Beim **Steuerungssystem auf Basis der Prozesse** bestehen die größten Zuordnungsprobleme, deren Dimension noch einmal davon abhängt, wie viele unterschiedliche Prozesse bestehen und auf welcher Ebene sie definiert werden, d. h., ob man auf der Ebene der Hauptprozesse bleibt oder auf die der Subprozesse heruntergeht. Letzteres wiederum ist Voraussetzung für eine Steuerung auf Artikelebene. Um eine weitere Dimension erhöht sich die Zuordnungsproblematik, wenn der gleiche Prozess mehrfach existiert, z. B. einmal mit und einmal ohne Beachtung der Nachhaltigkeitskriterien.

Zurechnungsproblematik/Nachhaltigkeitskriterien

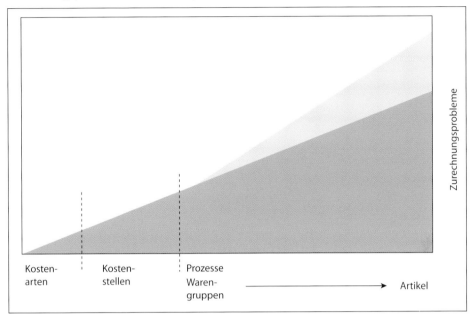

Quelle: Peter Schommer/eigene Darstellung

Eine differenziertere Betrachtung der Prozesskosten für Zwecke der Unternehmenssteuerung macht natürlich nur insoweit Sinn, als auch die Erträge bzw. Nutzen in gleicher Differenziertheit betrachtet werden können. Kann der Umsatz nur auf Warengruppenebene ermittelt werden, macht eine Kostenermittlung auf Subprozessebene nur für Zwecke der Prozessoptimierung Sinn. Damit steht aber noch nicht fest, ob mit dem Artikel auch Geld verdient wird und darum geht es ja schließlich bei einem Unternehmen. Die entscheidende Frage für die verursachungsgerechte Zuordnung der Kosten ist die nach dem Nutzen. D.h., wer oder was generiert aus den Kosten einen Nutzen? Eine Frage, die dann leicht zu beantworten ist, wenn die Kosten ausschließlich aus dem Grund anfallen, weil mit einem bestimmten Artikel Umsätze generiert werden. Der Einkaufspreis für einen Umsatz generierenden Artikel ist auf jeder Ebene eindeutig zuordenbar. Bei den Nebenkosten muss man dann schon mal etwas genauer hinschauen.

Zuordnung von Transportkosten: Ein Beispiel

Nehmen wir an, dass für einen Artikel oder mehrere zur Reduzierung des „Carbon Footprint" der Transport per Schiff ausgewählt wird, das mit einem hocheffizienten

Nachhaltigkeit und Vertikalisierung im Handelscontrolling

Antriebssystem ausgestattet ist und vielleicht zur Unterstützung der Ressourceneffizienz auf hoher See zusätzlich modernste Segeltechnik einsetzt und nehmen wir zugleich an, dass der Einsatz der modernen Technik zu einer höheren Frachtrate führt. In diesem Fall sind die erhöhten Transportkosten eindeutig dem oder den Artikeln zuzuordnen, die auf diesem Weg transportiert werden. Nur diese profitieren von der Verbesserung der CO_2-Bilanz.

Obwohl es sich im Vergleich zu den übrigen Schiffsfrachten um die gleiche Kostenart, nämlich Seefracht, handelt und auch um die gleiche Kostenstelle, nämlich Logistik, und auch um den gleichen Prozess, nämlich den Transport auf See, ist eine gesonderte Erfassung bereits der Art nach erforderlich, evtl. auch eine eigene Kostenstelle und letztlich ein eigener Prozess, damit die tatsächlichen Kosten den Erträgen aus CO_2-reduzierten Artikeln und – wenn auch alle übrigen Nachhaltigkeitsaspekte beachtet wurden – aus nachhaltigen Artikeln ermittelt werden können.

Aber was ist zu tun, wenn noch freie Ladekapazität vorhanden ist, die mit Waren genutzt werden, die im Verkauf nicht als nachhaltig deklariert wird? Nach den bisherigen Ausführungen würde auch dieser Ware der teurere Prozess „nachhaltige Seefracht" zugeordnet und damit der Ertrag zu niedrig ausgewiesen. Schließlich hat die energieeffiziente Seefracht keinen Nutzen für die lediglich zur Vermeidung einer Leerfracht transportierten Waren. Der Nutzen beschränkt sich allein auf den Seetransport und erstreckt sich nicht auf die Energieeffizienz. Folglich müsste eine Verrechnung zwischen den Prozesskosten für „nachhaltige Seefracht" und „übrige Seefracht" zu dem Preis erfolgen, der allgemein auf dem Markt für Seefrachten zu zahlen gewesen wäre.

Dies alles sichtbar zu machen erfordert viel Aufwand, ist aber bei der Leistungsfähigkeit moderner IT-Systeme darstellbar. Zumindest, wenn es um die Verteilung direkter Kosten geht. Aber wie ist mit den **Gemeinkosten** umzugehen? Ein weiteres Beispiel: Bleiben wir in der Logistik und nehmen an, dass aufgrund der Expansion ein neues Zentrallager erforderlich ist. Im Rahmen der Nachhaltigkeitsstrategie wird beschlossen, dieses Lager nach den neuesten Erkenntnissen des energieeffizienten Bauens zu errichten. Außerdem wird auf die Verwendung nachwachsender Rohstoffe geachtet. Bei der Betriebsausstattung kommen nur Geräte und Anlagen zum Einsatz, die den höchsten Anforderungen der Energieeffizienz entsprechen. Zum Ausgleich für die versiegelte Fläche werden die Dächer begrünt, soweit sie nicht für die Installation einer Solaranlage genutzt werden, die den Energieverbrauch durch die Produktion regenerativer Energie ausgleichen soll. Auch bei der Gestaltung der

Arbeitsplätze gehen ergonomische wie soziale Aspekte den rein wirtschaftlichen Überlegungen vor. Zu den sozialen Aspekten gehört u. a., dass eine Kinderbetreuungsstätte eingerichtet wird, die den Kindern der geplanten 1.500 Mitarbeiter ganztägig zur Verfügung steht.

Nur eine kleine Auswahl dessen, was im Rahmen eines Neubaus auf der grünen Wiese unter der Überschrift Umweltschutz, Ressourceneffizienz und soziales Engagement fällt und damit unter die Gestaltung nachhaltiger Prozesse. Logisch wäre demzufolge, über dieses Lager den Logistikprozess für die als nachhaltig deklarierten Artikel abzuwickeln. Aber auch unrealistisch! Schließlich steht auch dieser Neubau unter dem Diktat des wirtschaftlichen Betriebs und der setzt eine Auslastung nahe der Kapazitätsgrenze und Optimierung der Transportstrecken voraus.

Grundsätzlich bieten sich zwei Lösungen an. Denkbar wäre z. B. die oben im Zusammenhang mit der Seefracht skizzierte Lösung. Fraglich ist allerdings, ob diese Lösung in unserem Beispiel des neuen und unter Berücksichtigung der Nachhaltigkeitsgrundsätze erstellten Lagers auf Dauer realistisch ist und zu zutreffenden Ergebnissen führt oder doch nur zu einer Scheingenauigkeit.

Fest steht, dass einige der aufgeführten Maßnahmen sich allenfalls aus Sicht des Umweltschutzes oder Ressourcenschonung rechnen, aber nicht aus ökonomischer Sicht. Ohne Nachhaltigkeitsstrategie des Unternehmens hätten diese Maßnahmen keine Chance auf eine Realisierung gehabt. Fest steht auch, dass andere Maßnahmen sich im Rahmen eines Neubaus, bezogen auf die Nutzungsdauer, durchaus rechnen, wenn die Annahmen zur Kostenentwicklung eintreffen. Diese Maßnahmen hätten also auch ohne Nachhaltigkeitsstrategie die Chance der Realisierung.

Diese Überlegungen rechtfertigen es eigentlich, **zwei unterschiedliche Kostensätze für die Lagerlogistik** zu rechnen. Einmal ohne die aufgrund der Nachhaltigkeitsstrategie realisierten Maßnahmen und einmal mit, jeweils bezogen auf den Warenumschlag der betroffenen Artikel. Allerdings gibt es zwei gewichtige Gegenargumente.

Das Argument der Ermittlung von zwei unterschiedlichen Kostensätzen wäre nicht nur auf die Logistik anzuwenden, sondern auch auf alle anderen Gemeinkostenstellen. Ob Expansion, Ladenbau, Rechnungswesen, Controlling, Einkauf oder Vertrieb, jeweils müsste ein Kostensatz ohne die nicht auch aus ökonomischer Sicht zu rechtfertigenden Maßnahmen gerechnet werden, was jeweils ein Alternativangebot voraussetzt.

Mal mit Dachbegrünung, mal ohne. Mal mit Kindertagesstätte, mal ohne und so weiter. Abgesehen vom Aufwand ist fraglich, ob in jedem Fall ein realistisches Angebot zu erhalten ist. Aber das ist nicht das Kernproblem. Das Kernproblem liegt darin, dass jede Nachhaltigkeitsstrategie im Keim erstickt würde. Vor etwa zehn Jahren entdeckte der Lebensmitteleinzelhandel in der Breite den Wunsch der Konsumenten nach ökologisch erzeugten Lebensmitteln und begann, entsprechende Sortimente aufzubauen. Nach wie vor liegt aber der Anteil der Bio-Lebensmittel am Gesamtumsatz mit Lebensmitteln bei ca. 6 % und das liegt nicht am fehlenden Angebot.

Ähnlich ist auch die **Entwicklung für nachhaltig produzierte Lebensmittel** zu erwarten. Also gehen wir mal davon aus, dass der Anteil der nachhaltig produzierten (und zum Point of Sale verbrachten) Lebensmittel am Gesamtumsatz zunächst einmal bei 5 % liegt. Dann bedeutet eine Kostenerhöhung um 1 % vom Umsatz, dass die Preise für nachhaltig produzierte Lebensmittel um 20 % steigen müssten. Umfragen zufolge ist aber die Bereitschaft, für nachhaltig produzierte Lebensmittel höhere Preise zu zahlen, äußerst gering und auf einen kleinen Teil der Bevölkerung beschränkt.

Der Lebensmittelhandel – Nischen besetzende Spezialanbieter ausgenommen – agiert mit Gewinnspannen von 1–2 % und brauchen demzufolge hohe Umsätze oder noch konkreter ausgedrückt, eine hohe Umschlagshäufigkeit. Die ist aber bei dem Anteil der bei einem Preisaufschlag von 20 % zu erwartenden Interessentengruppe unter den Kunden nicht zu erwarten. Wenn überhaupt, würden die Artikel jedenfalls nicht die attraktivsten Regalplätze erhalten, es sei denn, dass die Gewinnspanne deutlich über dem Durchschnitt läge. Das wird aber den Kreis der potenziellen Kunden weiter einschränken. Im Ergebnis werden sich die Entscheidungsträger schwer tun, nachhaltig produzierte Lebensmittel ins Sortiment aufzunehmen, wenn aus dem Controlling die Information kommt, mit jedem Euro Umsatz 20 Cent Verlust zu machen.

Aber vielleicht ist ja die Umsetzung einer Nachhaltigkeitsstrategie anders zu sehen, als die Aufnahme von Bio-Produkten im Regal. Der Unterschied liegt schließlich darin, dass sich die Handelsunternehmen selbst bei der Platzierung von Bio-Produkten nicht verändern mussten. Weder in der Ausstattung, noch im Prozessablauf bzw. Umgang mit den Mitarbeitern und Lieferanten. Eine Nachhaltigkeitsstrategie bedingt aber auch, das eigene Verhalten in allen Bereichen auf den Prüfstand zu stellen und ggf. zu verändern. Sie stellt in ihrer Gesamtheit eine Investition in die Zukunft dar. Eine Zukunft, in der Nachhaltigkeit im Konsumverhalten zum Mainstream werden wird.

Dann wäre aber die Aussage, dass die Kosten der Nachhaltigkeit von den als nachhaltig deklarierten Produkten verursacht seien, falsch, und somit auch die Kostentragung nur durch diese. Richtiger wäre wohl eher die Einrichtung einer strategischen Kostenstelle „Nachhaltigkeit" und die Kostentragung durch das Gesamtgeschäft für den Teil, der nicht direkt den Artikeln zuzuordnen ist.

Nun wird es kompliziert. Zum einen muss eine klare Trennlinie zwischen strategischen Kosten bzw. Folgekosten aus den als solche definierten Investitionen und den übrigen Kosten der Nachhaltigkeit gezogen werden, was für sich gesehen schon nicht einfach ist. Andererseits gilt es, den Erfolgsbeitrag aus dem Umsatz mit nachhaltigen Produkten realistisch darzustellen. Nehmen wir noch einmal die betrieblich finanzierte Kindertagesstätte. Sicher eine Maßnahme, die voll in die Nachhaltigkeitsstrategie hineinpasst. Schließlich verbessert das Unternehmen damit die Arbeitsbedingungen ihrer Mitarbeiter mit Kindern, insbesondere Müttern, die einer Sorge um die Betreuung ihrer Kinder enthoben werden. Andererseits handelt es sich aber auch um eine Maßnahme zur Gestaltung nachhaltiger Prozesse, ohne die nachhaltige Produkte allenfalls als „nachhaltig produziert", aber nicht auch als „nachhaltig gehandelt" bezeichnet werden könnten. Und letztlich handelt es sich auch um eine Maßnahme, die das Unternehmen insgesamt als Arbeitgeber interessanter macht und die daraus resultierenden Kosten somit als „allgemeine Personalkosten" zu behandeln wären. Für die meisten Kosten aus Maßnahmen der Nachhaltigkeitsstrategie wird es wohl keine eindeutige Zuordnung geben, so dass sich hier die Frage nach dem Aufteilungsmaßstab stellt.

10.2.2. Nutzenermittlung

Als Aufteilungsmaßstab bietet sich der Nutzen an. Werden im Rahmen einer Werbeaktion bestimmte Artikel beworben, ist der Nutzen über den Umsatz relativ leicht messbar. Hilfreich ist dabei, dass die Aktion der Bewerbung auf einen kurzen und genau zu umreißenden Zeitraum entfällt. Unter Berücksichtigung der Reaktionszeit der Kunden kann die Auswirkung auf den Umsatz eindeutig festgestellt werden. Umgekehrt kann auch anhand des Umsatzverlaufs festgestellt werden, wie lange eine Bewerbung des Artikels wirkt. Aufgrund der Kürze des zu betrachtenden Zeitraums ist es möglich, andere Einflussfaktoren auf den Umsatz auszuschließen.

Ganz anders verhält es sich jedoch bei den Maßnahmen im Rahmen der Umsetzung einer Nachhaltigkeitsstrategie. Bleiben wir bei dem Beispiel unserer Kindertagesstätte. Niemand wird den positiven Effekt auf die Attraktivität als Arbeitgeber ernsthaft bestreiten wollen. Aber wie kann man diesen messen? An der Anzahl der Bewerber, den Kosten für Stellenanzeigen, der Qualifikation der Bewerber, dem Einzugsradius der Bewerber? Für die Anzahl der Bewerber ist sicher auch die Arbeitsmarktlage und die Konkurrenz um potenzielle Bewerber mitverantwortlich. Die Kosten für die Personalakquisition hängen auch von der konkreten Entscheidung ab, Anzeigen zu schalten, sich in sozialen Netzwerken zu engagieren sowie die Möglichkeiten, das Internet für Bewerbungen zu nutzen. Die Qualifikation der Bewerber ist allein schon jahrgangsbedingt unterschiedlich und der Einzugsradius kann sich allein aufgrund der Verkehrsverbindung und der Fahrtkosten verändern. Zumindest kein direkt feststellbarer Wert lässt eindeutige Rückschlüsse zu. Befragungen wären vielleicht ein adäquates Mittel. Über die Befragung könnte man zumindest berücksichtigen, ob die zu messende Maßnahme dem Bewerber bekannt ist. Ob man aber im Rahmen der Bewerbung zutreffende Antworten erhält, ist fraglich, insbesondere dann, wenn der Bewerber die Frage als einstellungsrelevant identifiziert.

Kommen wir noch einmal auf das Beispiel der Investition in ein neues und den Kriterien für nachhaltiges Bauen entsprechendes Lager samt Betriebsausstattung. Auch hier wird niemand bestreiten, dass diese Maßnahme sich positiv auf die Sympathiewerte des Unternehmens auswirkt. Anders als bei der Arbeitsplatzinvestition gibt es aber hier keinen potenziellen Bewerber, der sich im Vorfeld ein Bild über die Rahmenbedingungen auf der Internetseite des möglichen Arbeitgebers oder Bewerberforen macht. Warum sollten Kunden sich darüber informieren, nach welchen Kriterien ein Handelsunternehmen ein neues Zentrallager baut? Das Handelsunternehmen muss also aktiv über die Maßnahmen und deren Gründe aufklären. Erst dann können sich Reaktionen einstellen.

Allerdings werden sich diese genauso wenig direkt ableiten lassen wie im ersten Beispiel. Eine direkte Messung über den Umsatz verbietet sich schon allein aufgrund der vielen parallel verlaufenden Maßnahmen von Werbeaktionen über Ladenausstattung sowie Sortimentsvariationen bis hin zu anderen Image fördernden Maßnahmen, die sich ebenfalls auf den Umsatz auswirken können. Ein weiteres Problem wird der Beobachtungszeitraum sein. Wann wird der Kunde, wenn überhaupt, auf die Maßnahme mit dem Einkauf bei diesem Unternehmen reagieren und wo? Interessiert die Maßnahme nur die potenziellen Kunden im Einzugsgebiet des Lagerstandortes oder darüber hinaus? Zeigt die Einzelmaßnahme vielleicht gar keine Reaktion, sondern nur im Zusammenhang mit weiteren Maßnahmen und wenn ja, mit welchen und wie vielen?

Die Beispiele und die Fragen zur Messbarkeit der Auswirkungen zeigen deutlich, dass es weder verlässliche, d. h. in der Praxis getestete Indikatoren noch Messmethoden gibt und somit auch keine Daten, die der Planung und Steuerung zugrunde gelegt werden können. Hier sind die Controller gefordert zu handeln, soll die Nachhaltigkeit nicht zum Blindflug werden.

10.2.3. Lösungen ohne Zurechnungsproblematik

Die bisherigen Überlegungen zum wertmäßigen Controlling lassen den Schluss zu, dass mit der Vertikalisierung, aber insbesondere mit der Umsetzung der Nachhaltigkeitsstrategie im Handel die Unternehmenssteuerung gleichzusetzen ist mit der Steuerung der Prozesse. Das bedingt eine detaillierte Erfassung der Prozesse, die prozessorientierte Überarbeitung der Kostenrechnung sowie der Planungs- und Analysesysteme und Berichterstattung. Selbst die Aufbau- wie Ablauforganisation des Controllings muss neu überdacht werden und auch die Kommunikation bedarf der Neuregelung. Aber der größte Aufwandstreiber stellt die Lösung der Zurechnungsproblematik der Kosten dar. In Anbetracht des beträchtlichen Aufwandes erscheint es angebracht, zumindest einen kurzen Blick in die Literatur zu werfen, ob nicht doch bereits Ansätze vorhanden sind, diesen Aufwand zu reduzieren, ohne die Qualität des Controllings zu beeinträchtigen.

Tatsächlich wird in der Literatur die Verteilung der Fixkosten auf die Kostenträger als Nachteil der Vollkostenrechnung angeführt. Auch wegen des Aufwands und des Problems des zutreffenden Schlüssels. Aber hauptsächlich aus dem Grund, dass der auf Vollkostenbasis ermittelte Wert nur dann zutreffend ist, wenn die Planannahmen wie Produktionsmenge in der Fertigung oder Verkaufsmenge im Handel zutreffen. Liegen die Mengen unter den Planwerten, steigen die Stückkosten und liegen sie darüber, sinken diese. Decken die Verkaufspreise eines Artikels die auf Vollkostenbasis ermittelten Stückkosten nicht, wäre die Einstellung der Produktion oder des Handels dann falsch, wenn der Verkaufspreis mehr als die variablen Kosten deckt. Selbst wenn nicht einmal die variablen Kosten voll gedeckt würden, kann es sinnvoll sein, den Artikel weiter zu produzieren bzw. im Sortiment zu führen, wenn er den Absatz eines anderen Artikels fördert. Die Bedeutung der **Teilkostenrechnung** zur Ermittlung der Preisuntergrenze ist also kritisch zu sehen. Sie führt aber zu einer differenzierteren Betrachtung der Auswirkungen aus einer Entscheidung für oder gegen den Artikel. Kein adäquates Mittel stellt die Teilkostenrechnung allerdings zur Vermeidung unseres oben dargestellten Zurechnungsproblems dar. Das Zurechnungsproblem betrifft nämlich nicht nur die Fixkosten, sondern auch die variablen Kosten, wie das Beispiel der Transportkosten zeigt.

Als Ausweg aus den geschilderten Problemen der Zurechnung und Nutzenermittlung könnte sich das **„Direct Costing"** erweisen. Vom Grundgedanken sollen variable und fixe Kosten lediglich auf der Ebene zugeordnet werden, auf der eine Schlüsselung nicht erforderlich ist. Damit wäre man die Sorge los. Aber bringt das für Zwecke der Steuerung wirklich die Lösung?

Im Beispiel „Seefracht" würde man auf eine verursachungsgerechte bzw. nutzengerechte Verrechnung der Transportkosten auf die Artikel verzichten. Als nächsthöhere Ebene käme die Warengruppe in Betracht. Handelt es sich um Artikel unterschiedlicher Warengruppen, müsste man noch eine Stufe höhergehen. Also auf die Ebene der Logistik, evtl. Schiffsfrachten. Erreicht würde dadurch zwar, dass die so ermittelten Einstandskosten frei von zweifelhafter Kostenverteilung sind. Aber wenn dadurch bei einer Gewinnmarge von 1–2 % im Handel 20 % der Kosten oder mehr das Schicksal der Gemeinkosten teilen und bei der Kalkulation lediglich mit einem prozentualen Aufschlag berücksichtigt werden, bedeutet bereits eine Abweichung gegenüber einer nutzenorientierten Aufteilung der Kosten um 10 %, dass jedenfalls mit dem Umsatz dieses Artikels kein Beitrag zur Gewinnmarge erwirtschaftet wurde. Eine Nachkalkulation auf Basis des „Direct Costings" würde in unserem Beispiel die Einstandskosten des mit dem Attribut „nachhaltig" versehenen Artikels zu niedrig ausweisen, respektive einen Gewinn zeigen, wo keiner ist.

Nun kann man einwenden, dass durch unser Beispiel die Einstandskosten wohl nicht so beeinflusst werden, dass dadurch gleich die Sortimentsfrage neu diskutiert werden muss. Das ist sicher richtig. Richtig ist aber auch, dass über die Anschaffungskosten hinaus so gut wie keine direkten Kosten auf Artikelebene anfallen und diese auch noch umso geringer sind, je höher der Vertikalisierungsgrad ist. Aber gerade um den Erfolgsbeitrag der Artikel geht es doch, denn mit nichts anderem kann ein Unternehmen den notwendigen Gewinn erwirtschaften. Den Erfolgsbeitrag zu steuern bedeutet aber, die Prozesskosten zu steuern. Nicht nur die fixen Kosten des Prozesses und auch nicht nur die direkten Kosten. Im Wissen um ihr Verhalten in Abhängigkeit von der Menge müssen alle Kosten den sie verursachenden Prozessen zugeordnet werden, damit Optimierungspotenziale überhaupt erkannt und die Auswirkungen von Maßnahmen zu Steigerung der Prozesseffizienz transparent werden bis hin zu jedem Artikel des Sortiments.

10.2.4. Steuerung der Nachhaltigkeit

Dass die Umsetzung der Nachhaltigkeitsstrategie einer wertmäßigen Steuerung und demzufolge einer Weiterentwicklung, insbesondere Prozessorientierung des wertorientierten Controllings im Handel bedarf, ist nach den vorangegangenen Kapiteln nachvollziehbar. Alle Mühen und Investitionen sind allerdings umsonst, wenn sie letztlich nicht dazu führen, dem Kunden glaubhaft nachhaltigen Konsum und damit ein gutes Gewissen beim Einkauf zu vermitteln.

Wie man nachhaltigen Konsum vermittelt, überlassen wir lieber den Spezialisten des Marketings. Die werden aber zumindest fragen, was sie denn vermitteln dürfen, ohne Gefahr zu laufen, von Testern, NGO's oder den Wettbewerbern widerlegt oder gar als Sündenbock an den Pranger gestellt zu werden. Gesucht ist also ein Controlling-System, das die Schwachstellen aus Sicht der Nachhaltigkeit aufzeigt, ähnlich einer Verkehrsregelung mittels Ampeln. Erst wenn in Fahrtrichtung alle Ampeln auf Grün stehen, ist die Straße frei, oder im übertragenen Sinne: Wenn die Nachhaltigkeitskriterien der Maßnahme, des Prozesses oder für das Produkt eingehalten sind, kann das Ergebnis unter dem Aspekt „Nachhaltigkeit" kommuniziert werden.

Nachhaltigkeit ist aber keine Zeitpunktbetrachtung. Die Einhaltung muss über den Zeitraum ab Kommunikation als nachhaltig gewährleistet sein. Natürlich ist es nicht die Aufgabe des Controllings, die zur Einhaltung der Nachhaltigkeitskriterien notwendigen Maßnahmen zu ergreifen bzw. Entscheidungen zu treffen. Es ist aber Aufgabe des Controllings, auftretende Schwachpunkte zu identifizieren und den Entscheidungsträgern geeignete Gegenmaßnahmen vorzuschlagen.

Nach dem Controller-Leitbild des Internationalen Controller Vereins gehört die Weiterentwicklung und Implementierung von Controlling-Instrumenten zu dem Aufgabenbild des Controllers. Vor jeder Implementierung eines Instruments steht die Auswahl des Instruments, soweit der Markt überhaupt eine Auswahl bietet. Bietet der Markt keine Auswahl an implementierungsfähigen Instrumenten, bleibt als Alternative die eigene Programmierung. So oder so stellt sich allerdings die Frage, welche konkreten Aussagen das Instrument liefern soll und in der Folge, welche Daten dem Instrument zur Verfügung stehen müssen.

Das Thema Nachhaltigkeit ist komplexer als die Ermittlung der Geschwindigkeit eines Fahrzeuges mittels Tachometer und unterliegt auch nicht den naturwissenschaftlichen Gesetzmäßigkeiten. D. h., vor allen weiterführenden Überlegungen geht es für das Controlling zunächst einmal darum, festzustellen, was der Adressat, letztlich also der Kunde unter Nachhaltigkeit versteht und welchen Anspruch er daraus ableitet. Erst wenn man genau weiß, was der Kunde erwartet, können die Anforderungen an das Instrument bzw. Instrumentarium definiert werden.

Schon tritt das nächste Problem auf. Egal auf welcher Weise man den Anspruch der Konsumenten in Erfahrung bringt; mehr als allgemeine Aussagen wie „artgerecht", „umwelt- und ressourcenschonend" oder „sozial gerecht" wird man nicht erhalten. Selbst Experten sind sich nicht mal einig darüber, wie diese Begriffe in harten Fakten auszudrücken sind. Solche harten Fakten wie „Quadratmeter Lebensraum", „Restbelastung Abwasser", „Energieeffizienz" oder „Sozialstandards" braucht jedes Instrument, das zwischen erfüllt oder nicht erfüllt bzw. eingehalten und nicht eingehalten unterscheiden soll.

Und auch danach stellen sich Fragen: Wo liegt die Grenze zwischen „erfüllt" und „nicht erfüllt"? Führt schon ein einzelner Verstoß, ein einmaliges Überschreiten des Grenzwerts bereits zum Aus für die Nachhaltigkeit? Letztlich muss das Instrument in der Lage sein aufzuzeigen, wie weit die Nachhaltigkeit bzw. die einzelnen Themen der Nachhaltigkeit tragen. Es muss die Frage beantworten, ob und welche Themen auf Ebene einer Abteilung, einer Funktion, eines Betriebs, des Unternehmens den Nachhaltigkeitskriterien entsprechen. Damit aber nicht genug, muss das Instrument darüber hinaus noch die Schnittstelle zu den vorgelagerten Wertschöpfungsstufen berücksichtigen, damit die gleiche Aussage auch für das Produkt getroffen werden kann.

10.2.4.1. Nachhaltigkeit aus Konsumentensicht

Am Ende jeder wirtschaftlichen Tätigkeit steht der Konsum. Ob es nun um ein Staudammprojekt geht oder eine Produktionsstraße, ob Schiffe oder Häuser gebaut werden, ein Lager oder ein Ladengeschäft, ob Autos oder Ladekräne. Am Ende der Kette steht ein Produkt in Form einer Dienstleistung oder einer Sache. Für alle Dienstleistungen und Waren gilt, dass sie nur dann hergestellt werden, wenn sich dafür ein Abnehmer findet, der bereit ist, dafür einen Preis zu bezahlen, mit dem Unternehmen einen Gewinn erwirtschaften können. Als Abnehmer kommt die öffentliche Hand als Synonym für die Konsumenten als Gemeinschaft oder der Konsument als Individuum infrage. Insbesondere für den Konsumenten als Individuum bietet der Handel den Platz, seine Bedürfnisse an Konsumgütern zu befriedigen. Demzufolge ist auch der Handel die Anlaufstelle, um die Ansprüche des Kunden an das Konsumgut zu artikulieren. In der Regel wird der Kunde dem Händler aber nicht mitteilen, morgen ein Baumwoll-T-Shirt kaufen zu wollen, das aus ökologisch angebauter Baumwolle hergestellt wurde, dessen Färbung ohne die Umwelt schädigende Abwässer erfolgte und auf dem die Pailletten nicht von Kinderhand aufgenäht wurden. Aber er wird mit seiner Kaufentscheidung darauf reagieren, welche Nachhaltigkeitskriterien ihm glaubhaft als eingehalten garantiert werden. Nun könnte man auf die Idee kommen, dass der Handel nur den Abverkauf der Waren beobachten müsse, mit denen eines der Nachhaltigkeitskriterien verbunden ist und schon wisse man, was der Kunde will und honoriert. Das ist allerdings gleich aus mehreren Gründen zu bezweifeln.

Zum einen müsste der Konsument in jedem Fall genau wissen, was mit einem Zertifikat garantiert wird. Umfragen belegen, dass dem nicht so ist. Außerdem müsste die Kaufentscheidung einem der Kriterien zugeordnet werden können. Auch das ist nicht der Fall, da die **Zertifikate** in der Regel mehr als ein Kriterium ansprechen. Und letztlich müsste über alle Warengruppen die gesamte Palette der Nachhaltigkeitskriterien abgedeckt werden, was ebenfalls nicht der Fall ist. Selbst wenn diese Voraussetzungen alle gegeben wären, bliebe noch die Markenaffinität, d. h., trotzdem zu einer Marke zu greifen, weil man bisher gute Erfahrungen damit verbindet, oder sie aus dem gegenteiligen Grund generell abzulehnen.

Der Handel kann nur dann Geld verdienen, wenn er die Bedürfnisse der Konsumenten mit seinem Angebot in den Regalen möglichst genau trifft. Also obliegt es dem Handel herauszufinden, was der Konsument konkret erwartet. Das tut der Handel bereits heute. Eigene Abteilungen oder Dritte im Auftrag des Handels hinterfragen die **Kundenzufriedenheit** und führen **Testkäufe** durch. Dabei geht es allerdings eher um Fragen der Kundenfreundlichkeit, der Gestaltung der Ladenflächen, der Einhaltung von Ablaufdaten, der Vollständigkeit des Sortiments, der Korrektheit des Kassiervorgangs usw. Die Erkenntnisse werden gesammelt, historisiert sowie analysiert und dienen den Entscheidungsträgern als Grundlage für entsprechende Steuerungsmaßnahmen.

Künftig wird das Spektrum der Fragen und Tests auf das Thema Nachhaltigkeit ausgedehnt werden müssen. Marktstudien sind zwar hilfreich aber zu allgemein. Sie geben nur ein allgemeines Stimmungsbild wider und treffen die individuelle Situation des Handelsunternehmens nicht. Außerdem stellen die Ergebnisse solcher Marktstudien eine Momentaufnahme zum Zeitpunkt der Befragung dar. Somit wird das Ergebnis durch aktuelle in den Medien diskutierte Skandale mitgeprägt. So war z. B. das

Thema „Mitarbeiterbespitzelung" 2011 wochenlang in den Medien und suggerierte den Konsumenten den Umgang mit den Mitarbeitern im Handel als großes Problem. Hätte man auf dem Höhepunkt der Berichterstattung die Frage nach der Wichtigkeit des Schutzes der Persönlichkeitsrechte gestellt, wären die Werte sehr hoch ausgefallen. Die gleiche Frage heute noch einmal gestellt, würde ein anderes Bild ergeben.

Nur wenn in kurzen Zeitabständen über einen langen Zeitraum immer wieder die gleichen Fragen gestellt werden, erhält man ein einigermaßen zuverlässiges Bild davon, welche Aspekte der Nachhaltigkeit dem Kunden wie wichtig sind. Zugleich ist auch nur auf diese Weise messbar, inwieweit sich Maßnahmen auf die Kundenzufriedenheit auswirken.

Es geht aber auch darum, **Trends** festzustellen. Es ist wichtig zu erfahren, ob sich tendenziell mehr oder weniger Konsumenten mit dem Thema Nachhaltigkeit auseinandersetzen, ob das Thema die Kaufentscheidung mehr oder weniger beeinflusst und vor allem, was es den Kunden wert ist. Dies alles aber nicht nur in allgemeiner Form, sondern konkret auf die einzelnen Kriterien der Nachhaltigkeit bezogen.

Wer nicht bereits heute dabei ist, entsprechendes Wissen über die Konsumenten und deren Determinanten der Kaufentscheidung aufzubauen, wird schnell damit beginnen müssen, es sei denn, dass das Thema Nachhaltigkeit in seiner Unternehmensstrategie keine Rolle spielt. Schließlich bedeutet es, das Pferd von hinten aufzuzäumen, wenn man eine Nachhaltigkeitsstrategie beschließt, ohne ein genaues Bild über die Erwartungen der Konsumenten zu haben.

Die Trefferquote wird anfangs sehr hoch sein. Wenn man einen ganzen Fischschwarm vor sich hat, muss es schon mit dem Teufel zugehen, wenn der Schuss mit der Harpune keinen Fisch erlegt. Selbst ohne zu zielen, wird man schon einen treffen. Ob es allerdings der ganz dicke ist, den man als erstes an Land ziehen wollte, ist dann eher Glückssache. Unternehmerische Entscheidungen auf Glück aufzubauen, ist allerdings wenig ratsam und im Zusammenhang mit einem eingerichteten Controlling sogar widersprüchlich. Heißt es da nicht im Controller-Leitbild, dass der Controller u. a. die Aufgabe gegenüber der Unternehmensleitung hat, opportunistischen Entscheidungen entgegenzuwirken?

Solange ein Handelsunternehmen noch kein genaues Bild zur **Konsumentenerwartung** hinsichtlich des Themas Nachhaltigkeit hat, bietet es sich an, sich zunächst einmal den Themen zu widmen, die sich aus sich selbst heraus rechnen. So z. B. dem

Thema der **Energieeinsparung**, d. h., dem schonenden Umgang mit den vorhandenen Ressourcen. Damit wird man dem Kunden zwar keinen einzigen Artikel als „nachhaltig" anbieten können. Aber der schonende Umgang mit den Ressourcen im Unternehmen ist auf jeden Fall ein Aspekt in jeder Nachhaltigkeitsstrategie eines Unternehmens und lässt sich später ohne Probleme in eine gesamtheitliche Strategie integrieren. Als Nebeneffekt sind entsprechende Maßnahmen leicht zu kommunizieren und beeinflussen zumindest das Image eines Unternehmens.

10.2.4.2. Operationalisierung der Nachhaltigkeit

Nehmen wir an, die Konsumentenanalyse zeigt, dass dem Thema der produktspezifischen Schadstoffemission (*carbon footprint*) hohe Aufmerksamkeit bei der Kaufentscheidung zuteilwird. Dann wäre es nicht nur logisch, darauf bei der Sortimentsauswahl Rücksicht zu nehmen, sondern den Konsumenten auch auf den Artikeln sichtbar eine Orientierung zu geben. In dem Fall ist auch mit der vom Produkt verursachten CO_2-Emission, international als carbon footprint bekannt, schnell eine Messgröße gefunden. Die CO_2-Emission ist für die Mehrheit der Konsumenten spätestens seit der Erfassung der CO_2-Emission ihres privaten Pkw's und der Diskussion der negativen Auswirkungen der Emissionen auf unser Klima ein gängiger Begriff. Erfolgt die Angabe auf allen Produkten der gleichen Art, hat der Konsument eine klare Orientierungsgröße.

So einfach verhält es sich aber bei den meisten Kriterien der Nachhaltigkeit leider nicht. Dabei sind gleich mehrere Problemfelder zu unterscheiden. Einmal die *„non-tolerance-criteria"* wie z. B. die Kinderarbeit. Was als Kinderarbeit gilt, kann aufgrund des Engagements, der ILO (International Labour Organisation), einer Sonderorganisation der Vereinten Nationen, und deren Veröffentlichungen allgemein als bekannt und anerkannt bezeichnet werden. Aus Sicht des Controllings entsteht hier auch kein Problem der Messbarkeit, da es nur die Entscheidung zwischen ja und nein gibt. Streiten kann man aber trefflich über die Frage, wie lange es sich um einen menschlichen Fehler im Einzelfall handelt oder ab wann man von einem systematischen Verstoß sprechen muss und wie man mit diesen Informationen umgeht. Der Sache selbst nicht dienlich und aus Sicht des Konsumenten eine Fehlinformation wäre wohl, beide Fehlerursachen gleichzubehandeln. Es geht also um die sachgerechte Würdigung des Sachverhalts.

Auch um eine Frage der Würdigung, aber einer Würdigung ganz anderer Art, geht es bei den meisten Kriterien im Zusammenhang mit dem Schutz der Umwelt. Fest steht auf der einen Seite, dass man die Umwelt i. d. R. belastet, wenn man sie nutzt. Egal, ob es sich um den Einsatz von Fungiziden, Pestiziden und Düngemittel im Ackerbau handelt oder der Behandlung der Tiere in der Viehzucht mit Arzneimitteln und Produkten der chemischen Industrie zur Steigerung der Gewichtszunahme. Ob es um die Auswirkungen der Monokulturen oder um genmanipulierte Pflanzen und Tiere geht. Jeder menschliche Eingriff bedeutet letztlich eine Belastung für unsere Umwelt. Andererseits kann sich die Umwelt in gewisser Weise regenerieren. Aber nicht in allen Fällen und sehr oft nicht in Zeiträumen, die der Verursacher noch erleben wird. Es stellt sich also die Frage nach den Grenzwerten oder danach, wie viel unsere Umwelt verträgt.

Die gleichen Probleme treten in der **verarbeitenden Industrie** auf. Was ist umweltverträglich? Verzichten wollen wir weder auf gegerbtes und gefärbtes Leder noch auf blütenweißes Papier. Ganz ohne den Einsatz von Chemikalien geht das aber nicht. Selbstverständlich müssen die Abwässer gereinigt und Abfälle umweltschonend entsorgt werden. Eine 100 %ige Reinigung der Abwässer ist aber technisch sehr aufwendig und scheitert an den Kosten. Selbst wenn die Möglichkeiten ausgenutzt werden, bleibt die Frage, was mit den Klärprodukten passiert.

Man kann die Beispiele beliebig fortführen. Das Grundproblem bleibt die Definition der Grenzwerte und in der Folge die Frage der Kommunikation mit Konsumenten. Anders als bei den CO_2-Werten kann sich weder unter den Bezeichnungen noch den Maßeinheiten jemand etwas vorstellen und schon gar nicht die Bedeutung für die Umwelt beurteilen. Selbst die Experten streiten über die Frage, welche Form und welchen Umfang an Schadstoffen die Umwelt verträgt.

Selbst wenn es für jeden Schadstoff einen Grenzwert gäbe und dieser auch zu Vergleichszwecken auf der Verpackung angegeben würde, überstiege die Anzahl der anzugebenden Werte auf dem Endprodukt den vorhandenen Platz. Also künftig Beipackzettel wie bei Arzneimittel? Wer soll das lesen und auch noch verstehen? Das scheint keine Lösung zu sein.

Was dem Verbraucher helfen würde, wäre eine **leicht verständliche Klassifizierung** der Nachhaltigkeit am Produkt. Vielleicht nach Kategorien wie Umwelt, Ressourcen, sozialem und gesellschaftlichem Engagement gegliedert und mit einem Bewertungssystem von sehr schlecht bis sehr gut ausgestattet. Was für den Verbraucher gut wäre, stellt die gesamte Industrie und den Handel vor große Herausforderungen sachlicher und organisatorischer Art.

So wäre Voraussetzung, dass über alle Wertschöpfungsstufen rund um die Welt nach den gleichen Methoden die gleichen Messungen und Berechnungen durchgeführt und mit dem Produkt weitergeleitet würden. Zumindest was Deutschland angeht, gibt es ja offizielle Grenzwerte für die Schadstoffbelastung von Boden, Wasser und Luft sowie sämtlicher Konsumgüter, auch wenn deren Richtigkeit heftig umstritten ist. Aber zumindest kann man darauf aufbauen.

Das allein reicht aber nicht. Es müsste ein einheitliches System geben, nach dem die Messungsergebnisse in das Klassifizierungssystem eingehen. Jetzt fangen die Probleme erst richtig an. Welche Überschreitung eines Grenzwertes ist wie gewichtig, und können Über- und Unterschreitungen kompensatorisch wirken? Kann man den Energieverbrauch mit der Energiegewinnung aus regenerativen Quellen verrechnen, auch wenn Erzeugung und Verbrauch zeitlich auseinanderfallen? So oder so ähnlich lautet nur eine kleine Auswahl der Fragen und Probleme, die einer eindeutigen Regelung bedürfen. Eine Aufgabe, die nach allgemeingültigen Lösungen geradezu schreit. Für allgemeingültige Lösungen sind Unternehmen mangels Autorität aber nicht der richtige Ansprechpartner. Nicht einmal ein einzelner Staat, sondern allenfalls eine Staatengruppe mit der Konsummacht, seine Forderungen weltweit durchzusetzen, wäre in der Lage, diese Aufgabe zu bewältigen. Also Utopie?

Unabdingbar: Der Dialog mit dem Kunden

Viele gute Dinge haben einmal ganz klein angefangen. Wenn die Nachhaltigkeitskriterien nicht allgemeingültig definiert und keine Kennzeichnungssystematik sowie deren Arithmetik vorgegeben sind, hat das zumindest den positiven Aspekt, den Dialog mit den Konsumenten selbst zu gestalten. Allerdings wird man Kompromisse eingehen und sehr viel Überzeugung mitbringen müssen. Schließlich steht viel auf dem Spiel. Was, wenn der Verbraucher in fünf Jahren genug hat vom Thema Nachhaltigkeit? Was, wenn die Medien, angestachelt von dem Ehrgeiz zu beweisen, dass Unternehmen grundsätzlich den Menschen Böses tun, sich auf die Vorreiter einer einfachen und verständlichen Verbraucherinformation einschießen und jeden Mangel an Perfektion zum Skandal erheben?

Es kann nicht Aufgabe des Controllings sein, die notwendigen Diskussionen zu führen und die Lösungen aller angesprochenen Probleme zu entwickeln. Es muss aber Aufgabe des Controllings sein, den Entscheidungsträgern eine Informationsbasis zu liefern, die es ihnen ermöglicht, die Umsetzung der Nachhaltigkeitsstrategie zu steuern. Nicht nur wertmäßig, sondern auch im Hinblick auf die Werte. Das Controlling wird die Instrumente entwickeln und implementieren müssen, die sowohl den aktuellen Stand der Umsetzung sowie die Auswirkungen auf das Unternehmen, die Prozesse als auch die Produkte im Regal transparent machen. Das Controlling wird um die Aufgabe erweitert werden, neben den wertmäßigen Auswirkungen auch die Auswirkung auf die Werte transparent zu machen, Schwachstellen zu identifizieren, zu analysieren und dem Management die Auswirkungen von Gegensteuerungsmaßnahmen aufzuzeigen. Letztlich wird sich das Controlling an der Diskussion über Umfang und vor allem Messung und Wertung der Nachhaltigkeitskriterien beteiligen müssen. Schließlich nutzt die beste Idee nichts, wenn sie nicht praktikabel ist und das bedeutet zugleich steuerbar.

11. Anspruch und Wirklichkeit

Die Überschrift verspricht das spannendste Kapitel dieses Buches. Doch wer die Verantwortlichen des Handels kennt, weiß um deren Verschwiegenheit und begegnet der Erwartung auf einen den Tatsachen entsprechenden repräsentativen Einblick in das Rechnungswesen und insbesondere Controlling des Handels mit Skepsis. Und das zu Recht!

Der Versuch, die Top 50 des Handels zur Teilnahme an einer Befragung zum Thema Rechnungswesen und Controlling im Zusammenhang mit der Vertikalisierung und Nachhaltigkeit im Handel zu bewegen, scheiterte spätestens mit der Offenbarung, die Ergebnisse in diesem Buch veröffentlichen zu wollen. Auch die Zusicherung, in dem Zusammenhang keine Namen zu nennen, änderte deren Meinung nicht.

In Anbetracht der Verschwiegenheit hätte man nun einfach Behauptungen aufstellen und so lange wiederholen können, bis ihnen entweder widersprochen worden oder sie zur „Wahrheit" geworden wären. Eine Form der „Faktenproduktion", die leider immer häufiger vorzufinden ist. Aber das ist nicht der Stil dieses Buches.

Zur seriösen Art gehört es, gleich zu Beginn darzulegen, worauf die nachfolgenden Aussagen basieren. Wie zu vermuten, basieren sie nicht auf dem Ergebnis einer repräsentativen Umfrage unter den 50 größten Händlern in Deutschland. Aber es ist zumindest gelungen, drei der ganz großen Handelskonzerne unter Zusicherung ihrer Anonymität zu einer Teilnahme zu bewegen. Zwei davon sind im Lebensmitteleinzelhandel tätig und der dritte handelt mit Bekleidung aller Art. Des Weiteren basieren die Aussagen auf eigenen Feststellungen, die der Autor während seiner langjährigen Tätigkeit in der Branche sowohl als Accountleader einer der Top Five des Lebensmitteleinzelhandels als auch als Industryleader Retail and Consumer Products von Ernst & Young Germany selbst sammeln konnte.

Fangen wir bei der gemachten Erfahrung an und gehen noch einmal 20 Jahre zurück. Eine Zeit, die für einen Wirtschaftsprüfer und Berater voller interessanter

Herausforderungen, aber auch oftmals mit Frust verbunden war. Herausforderung deshalb, weil das Rechnungswesen auf das Notwendigste ausgerichtet war und für die Beratung viel Raum blieb. Frust deshalb, weil dem Thema Rechnungswesen und Controlling recht wenig Bedeutung beigemessen wurde und man es lediglich als gesetzliche Notwendigkeit betrachtete. Vielen, die auf eine ähnlich lange Tätigkeit im Handel zurückblicken können, werden bestätigen, dass man in der Buchführung, der Kostenrechnung und dem Controlling keine Tätigkeit sah, die einer besonderen Qualifikation bedurfte. Selbst auf drohende Verstöße gegen die Grundsätze ordnungsmäßiger Buchführung wie fehlende Zeitnähe reagierten die Händler oft nur mit der Einstellung weiterer, ungelernter Mitarbeiter. Überhaupt hatte alles, was mit Verwaltung zu tun hatte, einen schweren Stand. Schließlich wurde hier ja kein Geld verdient, sondern nur Geld ausgegeben. Die Verwaltung einschließlich Rechnungswesen verursachte nur Kosten und die galt es möglichst zu vermeiden. Sei es bei der Auswahl der Software für das Rechnungswesen oder der Einstellung qualifizierten Personals.

Diese Einstellung änderte sich allerdings in den Folgejahren sehr schnell. Die Wiedervereinigung, die Konzentrationswelle im Handel sowie die Auslandsexpansion vieler Handelskonzerne ließen die Wachstumsraten über Jahre hinweg auf ein zweistelliges Niveau steigen und zeigten die Grenzen einer auf das Minimum reduzierten Verwaltung und insbesondere des Rechnungswesens und Controllings auf.

Als eines der herausragenden Beispiele der Branche sei hier nur auf die Umsatzentwicklung der Unternehmensgruppe Schwarz verwiesen, deren Umsatz zu Beginn der 90er bei umgerechnet ca. 3 Mrd. € lag und weltweit für 2011 von der Lebensmittelzeitung auf ca. 60 Mrd. € geschätzt wird.

Aber nicht nur die schiere Größe hatte zur Folge, dass der Verwaltung im Handel erhöhte Aufmerksamkeit geschenkt wurde. Innovationen und Weiterentwicklung der Sortimente trugen ihren Teil dazu bei. „Scanning" und „Electronic cash" sind ebenso Standard wie „Backshops" und ein ausgedehntes Angebot an „Convenience Products" und Frischesortimenten. „E-Commerce" ergänzt als Vertriebsform den Stationärhandel und nach langen Jahren der „Geiz ist Geil-Mentalität" gewinnt eine Werteortientierung bei der Kaufentscheidung der Verbraucher zunehmend an Bedeutung.

Die Welt des Handels ist kompliziert geworden. Auch ohne Nachhaltigkeitsstrategie und Vertikalisierung. Diese Herausforderungen sind ohne eine leistungsfähige

Verwaltung nicht mehr zu bewältigen. Dazu gehört auch ein leistungsfähiges Rechnungswesen und Steuerungssystem, das diese Komplexität beherrschbar macht.

Längst sind die Zeiten vorbei, in denen Händler aus dem Bauch heraus und basierend auf ihrer Erfahrung und Kenntnis über Kunden und ihr eigenes Geschäft mal eben kurz entschieden haben. So nach dem Motto: „Dann machen wir das mal ..."! In fast allen großen Handelsunternehmen sitzen die Vertreter der Verwaltung, der Finanzen bzw. des Rechnungswesens oder Controllings mit in der Unternehmensleitung und sorgen für Ernüchterung, indem sie die Folgen der Entscheidungen in nüchternen Zahlen darlegen. Das klingt ein wenig so, als sei die Welt in Ordnung und man brauche sich keine großen Gedanken über die Zukunftsorientierung des Rechnungswesens insbesondere des Controllings im Handel zu machen. Gemessen an der Situation vor zwanzig Jahren muss man konstatieren, dass große Fortschritte gemacht wurden. Gemessen an den absehbaren Herausforderungen des Handels sind Bedenken angemessen.

11.1. Eine Bestandsaufnahme des Rechnungswesens

Seine Herkunft kann das Rechnungswesen des Handels trotz der Entwicklung in den letzten zwanzig Jahren nach wie vor nicht verleugnen. Warum auch – schließlich ist das Rechnungswesen Mittel zum Zweck. Dem Zweck, die Geschäftätigkeit eines Unternehmens abzubilden und dem Management die für eine zielgerichtete Entscheidung notwendigen Informationen zur Verfügung zu stellen. Demzufolge hat sich das Rechnungswesen, das Controlling eingeschlossen, dem Geschäftsmodell und den sich daraus ergebenden Notwendigkeiten anzupassen. Zwar spricht man von „dem Handel", als läge ihm das eine universelle Geschäftsmodell zugrunde. Tatsächlich besteht der Handel aus einem bunten Strauß von Geschäftsmodellen, die durch Vertriebsformen, Sortimente, Führungsstil usw. geprägt sind. Hinzu kommen die Themen dieses Buches, nämlich Werteorientierung und Vertikalisierung. Genauso vielfältig wie die Geschäftsmodelle des Handels sind die Ausprägungen des Rechnungswesens.

Natürlich wird auch im Handel „Soll an Haben" gebucht und ein einheitlicher Kontenrahmen benutzt. Und wie könnte es anders sein, stellt der Marktführer SAP zumindest in der Finanzbuchhaltung der großen Handelskonzerne die Software. Aber dann lassen die Gemeinsamkeiten schon nach. So ist es denn auch schwer, das Rechnungswesen im Handel allgemeingültig zu beschreiben. Nachfolgende Ausführungen sind also nicht als „für jedes Handelsunternehmen gültig" zu verstehen, sondern als „tendenziell im Handel üblich".

Will man das Steuerungssystem des Handels beschreiben, kommt man um die Beschreibung der **Finanzbuchführung** nicht herum. Schließlich bildet sie die Grundlage für einen großen Bereich des Controllings. Dabei ist weniger das Hauptbuch von Interesse. Interessanter sind in dem Zusammenhang die Nebenbücher, an denen die Besonderheiten des Handelsgeschäfts zum Ausdruck kommen. Die Besonderheiten des jeweiligen Handelsgeschäfts sind es dann auch, die aus Sicht der Software-Anbieter aus dem Gesamtmarkt Handel viele kleine Märkte macht. Den großen Software-Häusern wie SAP fällt es demzufolge auch schwer, spezielle Branchenlösungen zu bieten. Entweder sind sie im Hinblick auf einen ausreichend großen Markt zu allgemein oder als individuelle Auftragsprogrammierungen zu teuer, zu mächtig, zu unflexibel, da als Teil einer integrativen Lösung, d. h. eines ERP-Systems, konzipiert. Trotz vieler Versuche, auch diesen Markt zu erschließen, findet man im Handel grundsätzlich nach wie vor viele Eigenprogrammierungen sowie Nischenanbieter, die sich auf Problemlösungen einzelner Handelssegmente wie z. B. den Möbelhandel spezialisiert haben.

Nehmen wir als Beispiel die **Warenwirtschaft** und die unterschiedlichen Herausforderungen des Lebensmittelhandels und des Textilhandels. Die besondere Herausforderung des Bekleidungshandels an eine adäquate Warenwirtschaft besteht in der Abbildung des Sortiments. Der Artikel ist nicht das T-Shirt vom Lieferanten XY. Der Artikel wird neben dem Modell des T-Shirts durch Größe und Farbe bestimmt. Kommt ein Textilhändler schon aufgrund der Modelle auf viele Tausend Artikel, multipliziert sich die Anzahl mit den verfügbaren Farben und Größen. So werden aus einem T-Shirt-Modell schnell 20 und mehr Artikel.

Eine weitere Besonderheit im Handel mit Bekleidung ist die **Lieferung auf Kommission**. In diesen Fällen geht das Eigentum an der Ware erst mit dem Verkauf an den Endkunden für eine juristische Sekunde auf das Handelsunternehmen über. In der Warenwirtschaft muss dieses Eigentumskonstrukt gesondert abgebildet werden. Last but not least muss die Warenwirtschaft auch die Reklamations- und Umtauschtransaktionen abbilden.

Das **Massenproblem** ist auch ein Phänomen des Lebensmitteleinzelhandels. Zwar spielen hier Konfektionsgrößen und Farben keine Rolle. Dafür sorgen aber die Sortimentsbreite und Tiefe schnell für mehr als 10.000 Artikel in einem Supermarkt und an die 40.000 Artikel in einem Verbrauchermarkt. Berücksichtigt man noch die regional abweichenden Sortimente und Lieferanten, kommen bundesweit filialisierte Lebensmittelhandelsunternehmen je nach Format schnell auf deutlich mehr als 100.000 Artikel mit zunehmender Tendenz. Darüber hinaus sind als Mengeneinheit sowohl Stück als auch Gewicht zu berücksichtigen und das in unterschiedlichen Ausprägungen, wenn die Warenwirtschaft das Lager und die Läden abdecken soll. Sind es auf dem Lager noch Einheiten, die in Paletten oder Displays, Zentner oder Kilo gemessen werden, sind es im Laden einzelne Stücke oder Gramm. Eine durchgängige Einheit, die eine Kommunikation mit dem Lieferanten als auch dem Kunden ermöglicht, ist zu berücksichtigen.

Theoretisch alles machbar und somit programmierbar. Auch was die Erfassung des Wareneingangs, der innerbetrieblichen Warenbewegungen als auch den Abgang am Point of Sale betrifft, bestehen technisch saubere Lösungen. Praktisch ergeben sich aber immer wieder Probleme. Oder sollte man sagen, dass der Mensch das Problem ist? Da wäre z. B. die Notwendigkeit, jegliche Art eines Abgangs eines jeden Artikels im Warenwirtschaftssystem zu erfassen. Egal, ob es sich um den Becher Joghurt für 19 Cent handelt, der einer Kundin aus der Hand gefallen ist, oder der Verschnitt an der Frischetheke. Wie groß ist da die Versuchung zu sagen, dass sich der Aufwand für die paar Cent doch nicht lohnt und zur Tagesordnung überzugehen. Verdorbene Ware, abgelaufene MHD's, – alles ist in der Warenwirtschaft zu erfassen. Ansonsten besteht schnell die Gefahr, Grenzwerte zu überschreiten, die das System als ausreichend zuverlässig für eine permanente Bestandsführung ausschließen. Natürlich mit entsprechender Auswirkung auf die kurzfristige Erfolgsrechnung. Ein anderes Problem entsteht an der Kasse aufgrund nicht leserlicher Codes und Nutzung der eigentlich nur für echte Notfälle vorhandenen Sammeltaste. Auch das ist Gift für jede geschlossene Warenwirtschaft.

Die angeführten Beispiele zeigen nur einige der Punkte auf, mit denen die Warenwirtschaft eines Industrieunternehmens i. d. R. nichts zu tun hat. Aber damit noch nicht genug. Die zuvor schon einmal angesprochene **Konzentrationswelle im Handel** führte bei einigen Handelskonzernen zu Erblasten in Form übernommener Warenwirtschaftssysteme, die z. T. heute noch parallel eingesetzt werden. Ergänzend kommen noch misslungene Versuche hinzu, bestehende Warenwirtschaftssysteme für andere Handelssegmente zu adaptieren. Im Ergebnis ist ein den gesamten Warenstrom abdeckendes, einheitliches, integriertes und funktionierendes Warenwirtschaftssystem, das den Bedürfnissen der Warendisposition, der Finanzbuchhaltung und dem Controlling gerecht wird, zumindest im Lebensmitteleinzelhandel eher die Ausnahme als die Regel.

Je geringer der Durchschnittswert des einzelnen Artikels ist, desto stärker schlagen die Massenprobleme durch. So z. B. bei der Rechnungsprüfung im Lebensmitteleinzelhandel. Ein REAL oder Kaufland dürfte mit etwa 8.000 Lieferanten in Geschäftsbeziehung stehen. Trotz Zentrallagerlogistik sind jährlich geschätzte 4 Millionen Rechnungen mit mehr als einer Seite zu bearbeiten. D. h., insbesondere auf ihre Berechtigung sowie korrekte Ermittlung des Netto-Rechnungspreises zu prüfen. Geben bereits die mengen- und preisinduzierten Abweichungen genügend Anlass zur Rechnungskorrektur, erhöht sich die Gefahr fehlerhafter Abrechnungen noch durch ein komplexes Rabattsystem, mit dem die Lebensmittelproduzenten die Vergleichbarkeit ihrer Verkaufspreise zu verschleiern suchen. Dabei ist zwischen Rechnungsrabatten und Rabatten außerhalb der Rechnung zu unterscheiden. Bei Letzteren sind auch die so genannten WKZ (Werbungskostenzuschüsse) zu erwähnen, deren Beschreibung oder auch deren Höhe an den Zusammenhang mit konkreten Werbeaufwendungen des Handels zweifeln lassen. Kein Anlass ist zu abstrus zur Vereinbarung zusätzlicher Preisnachlässe. Mal ist es ein runder Geburtstag, mal ein Firmenjubiläum. Mal ist es die Filialeröffnung. Insgesamt kommen so an die Tausend unterschiedliche Arten von Rabatten zusammen, wenn man die unterschiedlichen Abzugsfolgen von prozentualen und absoluten, gestaffelten und zeit- oder aktionsabhängigen, mengen- oder wertbezogenen Rabatten berücksichtigt. Der daraus resultierenden Komplexität haben sich im Lebensmitteleinzelhandel lediglich die Discounter entzogen, die von Anfang an die Vereinbarung von Nettopreisen zur Bedingung für die Geschäftsbeziehung erhoben.

Komplexität der Rechnungsprüfung: Neue Systeme sind erforderlich

Diese Komplexität sucht in den übrigen Branchen seinesgleichen, weshalb die am Markt verfügbaren Rechnungsprüfungsprogramme ohne umfangreiche Modifikationen den Anforderungen des Lebensmitteleinzelhandels nicht genügen und der potenzielle Markt den notwendigen Entwicklungsaufwand nicht rechtfertigt. Ein Entwicklungsaufwand, den die Großen des Lebensmitteleinzelhandels bereits getragen und eigene Rechnungsprüfungssysteme entwickelt haben. Damit sowie mit Hilfe einer Reihe von organisatorischen Maßnahmen haben sie die Komplexität der Rechnungsprüfung mehr oder weniger gut im Griff sowie die noch ausstehenden Rechnungen und Lieferungen genauso im Überblick wie die Belastungen und Rückbelastungen. Allerdings nur die Komplexität, die sich in den Rechnungen widerspiegelt. Mehr oder weniger gut, wenn man den Gerüchten glauben darf, dass sich Unternehmen auf Provisionsbasis anbieten, die bereits durch das Unternehmen geprüften Rechnungen noch einmal auf den Prüfstand stellen und von den Ergebnissen gut leben können. Die betroffenen Handelsunternehmen auch. Schließlich soll es sich um Millionenbeträge handeln, die so zur Rückforderung gelangen. Aber wirklich problembehaftet ist nach wie vor der große Teil der Rabatte und WKZ, die außerhalb der Warenrechnungen monatlich, quartalsweise oder jährlich abzurechnen sind.

Natürlich gibt es für die **Preisverhandlungsrunden** Zielvereinbarungen und die Konditionsvereinbarungen werden ebenfalls erfasst und ausgewertet. Anhand von Plandaten werden Hochrechnungen angestellt und im Rahmen der kurzfristigen Erfolgsrechnung sowie Kalkulation berücksichtigt. Die Hauptpreisverhandlungen mit der Industrie werden zwar traditionell zum Jahresende gestartet. Bis das Gros der Preisverhandlungen unter Dach und Fach ist, wird es allerdings Frühjahr. Schwierige Fälle dauern auch länger und anlassbezogene Verhandlungen finden während des Jahres statt. Dann gibt es noch die Streitfälle, in denen die Interpretation der Vereinbarung noch der Klärung bedarf. Letztlich führen die Zeitverschiebungen dazu, dass Kalkulationen, Aussagen zur Ertragslage und Liquidität mit erheblicher Unsicherheit behaftet sind. Selbst die Jahresabschlüsse enthalten aufgrund dieser Unsicherheiten erhebliche Schätzungsrisiken, die sich noch erhöhen, soweit der Abschlussstichtag vom 31.12. abweicht.

Neben dem Wareneinsatz spielen die **Immobilienkosten** beim Stationärhandel eine bedeutende Rolle. Darunter sind sowohl die Kosten der Standortsuche, Standortentwicklung, Bebauung und des Ladenbaus als auch der nachfolgenden Bewirtschaftung einschließlich Vermietung, Nebenkosten und der laufenden Reparaturen zu verstehen, unabhängig davon, ob die Immobilie gemietet wurde oder im Eigentum steht. Ebenfalls darunter fallen die Wertminderungen sowie der Finanzierungsaufwand.

Entsprechend würde man erwarten, dass der gesamte Lebenszyklus einer Immobilie, gekauft oder gemietet, von der Standortsuche bis zur Desinvestition im ERP-System abgebildet würde. Tatsächlich herrschen mehr oder minder kompatible Insellösungen vor, die sich an den Informationsbedürfnissen der Abteilungen wie Expansion, Bau, Ladenbau, Miet- und Mietnebenkostenabrechnung und Anlagenbuchhaltung orientieren. Offenbar gibt es am Markt auch keine, die Bedürfnisse des Handels befriedigende, integrierte Lösung. Das muss man zumindest daraus schließen, dass die eingesetzten Softwareprodukte entweder selbst erstellt oder als Spezallösungen für Bauträger, Bauingenieure oder Immobilienverwalter entwickelt wurden. Aber auch einfache Excell-Lösungen findet man in der Praxis. Als sehr weitentwickelt und schon fast als „best practice" ist zu bezeichnen, wenn die in den einzelnen Abteilungen eingesetzten Softwareprodukte Schnittstellen zur Finanzsoftware aufweisen. Was bei einer nicht integrierten Lösung aber als Problem bestehen bleibt, ist die Tatsache, dass jede Abteilung mit Übergabe des Projekts jeweils die Grundlagendaten aus den Unterlagen so erfasst, wie sie für ihren Zuständigkeitsbereich geeignet sind. Neben dem allgemeinen Problem der Erfassungs- und Interpretationsfehler existieren oft sehr unterschiedliche Größen mit gleicher Bezeichnung. So z. B. Quadratmeter Verkaufsfläche, die in der Bauabteilung anders definiert sind als in der Abteilung, in der die Mietverträge abgeschlossen und verwaltet werden. Das ist nicht sehr schön und erschwert die Abstimmung zwischen den Abteilungen. Für die Planung und Steuerung aber gravierender ist, dass aufgrund der Schnittstellenproblematik Objekte vorübergehend gar nicht oder gar doppelt erfasst sind.

Ebenfalls ein Problem nicht integrierter Lösungen ist die Abstimmung der erbrachten bzw. noch ausstehenden Leistungen mit den bezahlten und noch zu zahlenden Rechnungen. Ein Thema, das, wie wir oben gesehen haben, für den Warenbereich als mehr oder weniger gut gelöst betrachtet werden kann. Die großen Handelshäuser setzten entsprechende Vorerfassungssysteme ein. In weiten Teilen des Sachkostenbereichs fehlen solche Vorerfassungssysteme jedoch.

Man könnte die Reihe der Beispiele z. B. um das Cash Management und die Finanzierung und viele andere mehr fortsetzen. Diese Beispiele sollen aber genügen, um darzustellen, dass sich das Rechnungswesen im Handel zwar deutlich weiterentwickelt hat, aber dennoch bei vielen Handelsunternehmen einen Stand besitzt, der es den Controllern schwer macht, eine geeignete Basis für ihre Tätigkeit zu finden. Das gilt sowohl für die Planung, die kurzfristige Erfolgsrechnung als auch für die laufende Soll-Ist-Kontrolle und Abweichungsanalyse. Ganz besonders gilt dies aber dann, wenn das Controlling mal eben die Aufwirkungen einer Investitionsmaßnahme bzw. prozessualer, technischer oder gar struktureller Veränderungen auf die Kosten und Erträge analysieren, bewerten und beurteilen soll.

11.2. Dokumentation der Prozesse

Voraussetzung wäre eine Dokumentation der Prozesse, anhand derer beurteilt werden kann, auf welche Abläufe im Unternehmen und in der Folge auf welche Kosten und Erträge sowie Liquiditätsströme die Investitionsmaßnahmen bzw. Veränderungen Einfluss nehmen. Zu behaupten, es gäbe keine Dokumentation der Abläufe im Handel, wird den tatsächlichen Verhältnissen nicht gerecht.

So findet man recht gute **Prozessbeschreibungen** z. B. in den IT-Abteilungen. Allerdings auch nicht aus der Einsicht einer betriebswirtschaftlichen Notwendigkeit, sondern zur Absicherung des IT-Betriebs. Der Sicherheitsaspekt ist auch oftmals der Treiber, der die Dokumentation in anderen Bereichen vorantrieb. Vorherrschend ist dabei eine Dokumentation der Abteilungstätigkeiten, Arbeitsplatzbeschreibungen und Anwenderbeschreibungen für die eingesetzten IT-Tools. Es bleibt allerdings meist Stückwerk mangels der für das Gesamtunternehmen allgemeingültigen Dokumentationsregeln und definierter Prozesse als Ordnungskriterium.

Zum Glück für die Organisationsberater, die jedem Kostensenkungs- bzw. Effizienzsteigerungsprojekt mit oder ohne **Softwareimplementierung** eine Prozessaufnahme mit Budget erhöhender Wirkung voranstellen. Dies mit gutem Grund. So kann ein Projekt zur Effizienzsteigerung nur dann erfolgreich umgesetzt werden, wenn alle Prozessanforderungen bekannt sind und beachtet werden. Auch der Erfolg selbst kann nur anhand eines Abgleichs der Prozesse vor und nach dem Projekt nachgewiesen werden. Vielfach werden diese Dokumentationsergebnisse einer eigenen Prozessdokumentation zugrunde gelegt. Leider nicht in allen Fällen, und leider sind die Organisationsberater nicht in jedem Projekt involviert.

Auch so eine Eigenart, die im Handel besonders ausgeprägt scheint. Man lädt eine Reihe von Beratern ein und lässt sich deren Konzepte sowie Umsetzungsvorschläge präsentieren und entscheidet sich dann für die Durchführung mit eigenem Personal. Grundsätzlich ist dagegen nichts einzuwenden, mit Ausnahme der Tatsache, dass dieses Personal einschließlich der hausinternen Projektleitung auch nach dem Projekt noch mit denselben Kollegen zusammenarbeiten muss und damit in einer Art vorauseilendem Gehorsam die Suche nach dem Kompromiss Vorrang vor einer zielorientierten Lösung genießt, die den Kollegen mal mehr und mal weniger Veränderungsbereitschaft abverlangt.

So auch bei Projekten zur prozessorientierten Dokumentation, die ohne Vergabe an externe Organisationsberatungen meist an der Suche nach dem kleinsten gemeinsamen Nenner scheitern, mit dem das Projektziel nicht zu erreichen ist und das Projekt selbst dann nach einiger Zeit ergebnislos versandet.

Die grundsätzliche Notwendigkeit hat der Handel allerdings erkannt. Immer mehr Stimmen der Branche betonen, dass der Gewinn künftig in den Prozessen gemacht wird. Einen tauglichen Hebel hat der eine oder andere Verwaltungschef in der „Prozesssicherheit" entdeckt. Im Vordergrund steht auch hier nicht der betriebswirtschaftliche Aspekt der Unternehmenssteuerung, sondern die Sicherheit und Stabilität der Prozesse. D.h., die Prozesse werden auf die Effektivität und Effizienz des Kontrollsystems hin untersucht. Egal, als Nebeneffekt fällt eine prozessorientierte Dokumentation an und kann als Grundlage für eine Prozesskostenrechnung dienen.

Für das Thema Nachhaltigkeit hilft die Dokumentation der eigenen Prozesse aber nur bedingt. Schon Anfang der 90er Jahre kam der Springer-Verlag, wie bereits dargestellt, in den Verruf der Vernichtung der Waldbestände. Dafür verantwortlich waren aber nicht die innerbetrieblichen Prozesse. Verantwortlich waren die Prozesse der Holzlieferanten der Papierindustrie. Die Lösung des Problems war also nur darüber zu erzielen, sich mit deren Prozessen auseinanderzusetzen, insbesondere dafür Sorge zu tragen, dass ihre Papierlieferanten ausschließlich Holz aus nachhaltig wirtschaftenden Forstbetrieben verarbeiteten. Damit nicht genug, sah man sich veranlasst, ein eigenes Kontrollsystem zu implementieren, nach dem die Forstbetriebe systematisch auf die Einhaltung der Wiederaufforstungsverpflichtungen überprüft wurden. Zuwiderhandlungen wurden mit Abmahnungen geahndet und am Ende der Eskalationskette auch der Vertrag mit dem Papierlieferanten gekündigt.

Wer also das Thema Nachhaltigkeit ernst nimmt, wird bei der Dokumentation der eigenen Prozesse nicht stehen bleiben können. Die Dokumentation wird nicht dem Detaillierungsgrad der eigenen Prozesse entsprechen müssen. Aber sie muss so detailliert sein, dass erkennbar bleibt, wer wann wo und wie am gesamten Wertschöpfungsprozess beteiligt ist. Ansonsten passiert es, dass ein Lieferant einen Teilprozess auf einen Subunternehmer auslagert, der massiv gegen die Nachhaltigkeitskriterien verstößt. Wird der so dokumentierte Wertschöpfungsprozess dann auch nicht einem systematischen Kontrollprozess unterzogen, werden immer wieder Bilder von Kindern in der Presse erscheinen, die als billige Arbeitskräfte missbraucht werden.

Noch stellen solche **Dokumentationen über die Wertschöpfungskette hinweg** im Handel eher die Ausnahme dar. Wenn überhaupt, findet man sie im Zusammenhang mit Vertikalisierungsprojekten. Wie das Wort schon sagt: Soweit das Projekt reicht! Ist das Projekt einmal abgeschlossen, endet auch die Fortschreibung der Dokumentation als Gesamtprozess. Soweit eine Dokumentation stattfindet, beschränkt sie sich auf den jeweiligen Verantwortungsbereich. Schließt das Vertikalisierungsprojekt die Übernahme oder den Aufbau von Produktionseinheiten ein, endet der Verantwortungsbereich oftmals an der Übergabe von einer Wertschöpfungsstufe zur nächsten. Dokumentationen im Rahmen von Vertikalisierungsprojekten stehen unter dem Aspekt der Kosteneinsparung und die Aufdeckung von Schwachstellen hinsichtlich der Einhaltung der Nachhaltigkeitskriterien geschehen eher zufällig als systematisch. Darüber hinaus erstrecken sich diese Projekte auch nicht immer über die gesamte Wertschöpfungskette.

Zusammenfassend kann man feststellen, dass die Dokumentation der Wertschöpfungsketten noch ganz am Anfang steht und sich erst nach und nach mit der Entwicklung nachhaltiger Lieferketten etabliert.

11.3. Kostenrechnung und Kalkulation

Wen wundert es bei der Beschreibung des Rechnungswesens, dass die Kostenrechnung im Handel auf die Kostenarten- und Kostenstellenrechnung beschränkt bleibt. Sehr detailliert liefern die Berichte Informationen darüber, welche Kosten in welcher Kostenstelle angefallen sind. Warum sie in dieser Höhe anfallen und in welcher Höhe sie anfallen könnten bzw. maximal sollten (Sollkosten), wird in der Regel nur im Zusammenhang mit Projekten ad hoc ermittelt. Dabei kommen die Anstöße für diese Projekte sehr häufig von außen. Mal ist es das Erfordernis zur Einführung einer neuen Soft- und/oder Hardware, weil die bisherigen Systeme nicht mehr gewartet werden oder ein kostengünstigeres und leistungsfähigeres System am Markt angeboten wird. Mal sind es die Lieferanten, die mit zusätzlichen Rabatten locken, unter der Voraussetzung der Einbindung der Prozesse, und sehr oft sind es die Kunden und deren Ansprüche an Sortimentspräsentation, Ladenlayout, Bezahlsysteme bis hin zum E-Business und web-basierten Informationssystemen.

Manchmal liefert aber einfach auch die Tatsache, dass die Unternehmensgewinne dahinschmelzen und das schiere Bauchgefühl, dass die Verwaltung, die IT, der Vertrieb, die Logistik oder der Einkauf kostenintensiver arbeiten als bei den Wettbewerbern, den Anstoß für eine Überprüfung der Kostenstellen. Hatte sich nicht letzte Woche noch jemand darüber beschwert, dass der Vertrieb von der Verwaltung wieder mit der Datenerhebung gegängelt wurde oder die laufenden Preisänderungen täglich manuell eingepflegt werden müssen und es immer wieder zu Fehlern kommt? Hatte nicht letzte Woche noch jemand das Leistungsniveau der IT trotz ständig steigender Kostenumlagen bemängelt? Wieso steigen die Bestände nun schon im dritten Quartal in Folge an, obwohl es im dritten Quartal weder Ostern noch Weihnachten gibt? Intuitiv wird auf Prozessineffizienzen geschlossen und in der Folge ein Projekt zur Identifikation und Beseitigung der Prozessineffizienzen beschlossen. Genau hier liegt das Problem. Man kennt die Prozesskosten nicht wirklich, denn eine Verteilung der Kosten über die Kostenstellen hinaus auf die Prozesse und über diese auf die Artikel, soweit sie diese Prozesse nutzen, findet nicht statt.

Auch nicht zur Ermittlung der **Einstandskosten der Ware**. Zumindest nicht im „Ist". Für Zwecke der Kalkulation und Ermittlung des Rohertrags machen sich viele Händler zumindest die Mühe, einen kalkulatorischen Einstandspreis zu ermitteln und in den Artikelstammdaten zu erfassen. Kombiniert mit den Abverkaufsdaten (Artikel und Menge) erhält man zeitnah einen **Rohertrag**, der entsprechend dem Umfang der zugeordneten artikelbezogenen Kosten der Realität sehr nahekommt. Wegen der Einschränkungen bezüglich der Rabatte und Zuschüsse wird auf die Ausführungen der vorhergehenden Kapitel verwiesen.

Mehr Mühe macht sich der Handel mit den **Umsätzen**. Dank moderner Kassensysteme können die Kassentransaktionen nicht nur artikelgenau nach Menge, Verkaufswert und Einstandspreisen sortiert, sondern auch im zeitlichen Ablauf ausgewertet werden. Einige Handelshäuser haben eigens Datenbanken aufgebaut, in denen diese Daten aus allen Kassen historisiert werden. Diese erlauben es, über frei gewählte Zeiträume und Kassen Ursache- und Wirkungsbeziehungen herzustellen. So können z. B. die Kundenreaktionen auf Platzierungsänderungen, Preisänderungen, Werbeaktionen und dergleichen mehr genau beobachtet werden.

Ein für die Steuerung ebenfalls wichtiger Punkt ist, dass genaue Erkenntnisse über die Kundenfrequenz in Abhängigkeit von Tageszeiten, Wochentagen und Feiertagen sowie im Zusammenhang mit besonderen Aktionen gewonnen werden. Sogar jahreszeitliche Einflüsse können genau ermittelt werden und ermöglichen so einen effizienteren Personaleinsatz.

11.4. Umsatzsteuerung

11.4.1. Preisbildung

Umsatz ist das Produkt aus Menge mal Wert. Was macht der Handel also mit den Preisen? Es kommt darauf an, wie vergleichbar die Preise sind. Lebensmittelpreise sind vergleichbar, sagt der Handel, und der Kunde sei preissensibel. Deshalb müsse man die Preissenkungen (umgekehrt funktioniert es genauso) des Wettbewerbs nachvollziehen. Senkt Aldi den Verkaufspreis für einen Liter Vollmilch, ziehen Lidl & Co. unmittelbar nach. Senkt REWE den Preis für Schweinefleisch, wird EDEKA nachziehen, und so geht es weiter mit REAL, Globus, Kaufland usw. Aber stimmt das mit der Vergleichbarkeit tatsächlich?

Stimmt ohne Einschränkung, soweit es sich um Markenartikel handelt. Stimmt vielleicht, soweit es sich um Handelsmarken handelt. Aber ist es auch richtig, dass der Verbraucher wegen eines Preisunterschieds gleich die Einkaufsstätte wechselt und wenn ja, ab welcher Preisdifferenz? Liegen die Preise für die Artikel, die ständig im Fokus der Verbraucher stehen und deren Preise diese im Kopf haben, über denen des Wettbewerbs, ist die Gefahr tatsächlich hoch, dass die Verbraucher die Einkaufsstätte wechseln. Das gilt auch für höherwertige Artikel, deren Erwerb ein längerer Sondierungsprozess vorausgeht.

Alle Studien, die zu diesem Thema erstellt worden sind, kommen unisono zum gleichen Ergebnis, dass die Anzahl der Artikel, deren Preise der Verbraucher kennt, sehr gering ist. Bei Lebensmitteln handelt es sich zudem auch um einen engen Kreis von konstant gleichen Artikeln. Darüber hinaus kommen die Studien zu dem Ergebnis, dass weniger der relative Preisunterschied, sondern der absolute das Verhalten der Verbraucher beeinflusst. So greift dieser z. B. beim Einkauf trotzdem zur Marmelade für € 2,99, die beim Wettbewerber für € 2,49 zu haben wäre, während er den Schuh für € 135 stehen lässt und bis an das andere Ende der Stadt läuft, um dort diesen Schuh für € 129 zu erwerben. Bei der Marmelade handelt es sich um einen Preisunterschied von 20 %, während der Schuh weniger als 5 % teurer war. Noch extremer ist das Verhalten, je höher der Anschaffungswert ist. Beim Autokauf entscheidet oft ein Unterschied von einem Prozent über Kauf oder Nichtkauf.

Preissensibilität ist das Zauberwort. Für jeden Artikel lässt sich eine eigene Preissensibilität feststellen und die Bandbreite ist dabei sehr groß. Hinzu kommt, dass sich die Preissensibilität der eigenen Kunden auch noch über Unternehmensimage, Kundenfreundlichkeit, Service usw. beeinflussen lässt. Logisch wäre also die fortlaufende Messung der Preissensibilität und das Zugrundelegen der Ergebnisse in der eigenen Preisgestaltung. In der Realität ist dies aber eher die Ausnahme. Damit gibt das Controlling ein Steuerungsinstrument aus der Hand, mit dem Umsatz und Ergebnis für Teile des Sortiments unmittelbar gesteuert werden können.

11.4.2. Kundenzufriedenheit

In diesem Buch bereits mehrfach angesprochen wurde das Thema **Vertrauen**. Zufrieden ist der Kunde, wenn sein Vertrauen nicht enttäuscht wurde und Vertrauen bringt der Kunde dem Händler entgegen, von dem er aufgrund der ihm zur Verfügung stehenden Informationen annehmen darf, dass die für ihn kaufentscheidenden Kriterien erfüllt werden. In der Aussage stecken eine ganze Menge Fragen, deren Antworten für die Steuerung eines Handelsunternehmens von entscheidender Bedeutung sind. So z. B.:

- Welches sind die kaufentscheidenden Kriterien?
- Für welche bzw. wie viele Verbraucher sind sie kaufentscheidend?
- Wie reagiert der Verbraucher?
- Wie beurteilen einzelne Verbrauchergruppen das Handelsunternehmen derzeit?
- Was bemängeln einzelne Verbrauchergruppen?
- Was sagen meine eigenen Kunden dazu?
- Wie reagieren die Verbraucher auf bestimmte Maßnahmen?

Alle großen Handelsunternehmen beschäftigen sich mit der Zufriedenheit ihrer Kunden bzw. mit der Absicherung der Kriterien, die sie für die Zufriedenheit ihrer Kunden für wichtig halten. So genannte **Testkäufer**, eigene oder solche von Dienstleistungsunternehmen werden regelmäßig eingesetzt, um einen Katalog von Fragen und Tests abzuarbeiten und das Ergebnis zur weiteren Analyse bzw. zur Entwicklung von Maßnahmen an die Zentrale zu liefern. Zu den Fragen gehören regelmäßig solche, die sich mit der korrekten Umsetzung der Vorgaben zur Marktgestaltung und Warenpräsentation beschäftigen. Außerdem geht es um den allgemeinen Eindruck zu Sauberkeit und Ordnung. Im LEH gehört selbstverständlich die Überprüfung der MAD's dazu. Fragen an das Verkaufspersonal und die Korrektheit der Antworten sowie die Freundlichkeit werden erfasst und zu guter Letzt werden auch reale Käufe getätigt und auf die korrekte Abwicklung hin überprüft.

Auch **Datenerfassungen durch das Personal** in den Filialen gehören zur Beschäftigung mit der Kundenzufriedenheit. Sicher ist jeder schon einmal an der Kasse um die Angabe der Postleitzahl gebeten worden, anhand derer überprüft wird, ob und wie sich der Einzugsbereich verändert. Auch die Frage, ob man mit dem Einkauf zufrieden ist und alles gefunden habe, ist nicht nur eine Floskel.

Hin und wieder finden auch konkrete Kundenbefragungen statt – per Telefon oder auf der Fläche. Sicher war schon jeder mal Opfer einer solchen Befragung und kann selbst beurteilen, ob diese Befragungen geeignet sind, die oben gestellten Fragen zu beantworten. Diese werden soweit geeignet meist auch nicht regelmäßig wiederholt. Nur über die regelmäßige Wiederholung kann aber ein Trend abgeleitet werden und gerade dieser ist entscheidend für die Unternehmenssteuerung.

Regelmäßige, sich wiederholende **Befragungen** zu den Zukunftsthemen wie z. B. der Nachhaltigkeit im Handel bleiben eher eine Ausnahme. Fast könnte man den Eindruck gewinnen, dass man lieber erst gar nicht fragt, bevor man eine nicht gewünschte Antwort erhält, aus der sich die Notwendigkeit zur Veränderung ergibt. Aber genau darum sollte es dem Controlling gehen.

11.5. Kurzfristige Erfolgsrechnung

So wie sich die Dokumentation der Organisationsabläufe – soweit vorhanden – in der Regel auf den jeweiligen Verantwortungsbereich, die Abteilung bzw. Rechtseinheit beschränkt und ein heterogenes Bild abgibt, findet man auch selten eine kurzfristige Erfolgsrechnung, die den Wertschöpfungsprozess als Ganzes erfasst. Jeder Verantwortungsbereich ermittelt seinen eigenen Erfolgsbeitrag auf der Basis konzerninterner Verrechnungspreise.

Ist doch in Ordnung, könnte man sagen. Immerhin kann man über die Verrechnungspreise steuern, dass jede Einheit die Optimierung ihrer Prozesse zur Senkung der Kosten anstrebt und damit den Gesamterfolg steigert. Das Gegenteil ist in der Praxis oftmals festzustellen, wie zwei Beispiele verdeutlichen sollen.

In dem einen Beispiel handelt es sich um ein vertikalisiertes Unternehmen, dessen Wurzeln in der Produktion liegen und das in den vergangenen Jahren massiv in den Aufbau eigener Markenshops investiert hat. Um den Erfolgsbeitrag messen zu können, wurden Verrechnungspreise zwischen der Produktionseinheit und der Handelseinheit vereinbart. Der Erfolgsbeitrag wurde für die jeweilige Einheit getrennt ermittelt und erst auf Konzernebene konsolidiert.

Grundsätzlich ist jeder **Verrechnungspreis** mehr oder weniger willkürlich festgesetzt. Zumindest was den darin enthaltenen Anteil am Gesamterfolg angeht, der erst nach der Rechnungsperiode endgültig feststeht. Aber selbst wenn man von dieser Schwäche absieht, führten die festen Verrechnungspreise dazu, dass die die Konzernleitung dominierende Produktionseinheit sich auf die kostenoptimale Produktion konzentrierte und ihre Produkte ohne Rücksicht auf den Bedarf in den Handel schob. Auf diese Weise wies die Produktion hervorragende Ergebnisse aus. Man konnte sie sogar noch steigern, indem man mehr produzierte. Leidtragender war der Handel, bei dem die Regale überquollen und eine Preisaktion die andere jagte, um die Überproduktion im Markt zu platzieren. Mit den Preisaktionen wurde nicht nur der Gewinnanteil der betroffenen Ware vernichtet. Mit der Anzahl der Preisaktionen ging auch die Bereitschaft der Kunden zurück, den regulären Preis zu zahlen. Ein verheerendes Ergebnis und bei oberflächlicher Betrachtung war der Handel Schuld, der die Umsatzziele verfehlte. Tatsächlich war die Ursache in der Produktion zu suchen, die am Markt vorbei produzierte.

In dem zweiten Beispiel handelt es sich um ein Handelsunternehmen, das im Rahmen der Vertikalisierung eine eigene Produktionslinie aufbaute. Entsprechend der Herkunft bestimmte der Handel mit dem Ergebnis, dass der Einkauf weiterhin die Regale mit Artikeln der vermeintlich günstigeren Lieferanten bestückte. Als Vergleichswert diente der Verrechnungspreis, jedoch ohne auch auf die Prozesskostenunterschiede zu achten. Wie auch? Sie wurden ja nicht bewertet, obwohl allein die Beschreibung auf erhebliche Unterschiede hindeutete. Die Folge war eine deutliche Unterschreitung der geplanten Produktionsmengen, damit verbunden erhebliche Leerkosten und letztlich ein hoher Verlust laut kurzfristiger Erfolgsrechnung. Man schlussfolgerte daraufhin schnell, dass die eigene Produktion zu teuer sei. Eine fehlerhafte Einschätzung, die auf fehlerhaften Steuerungsinformationen basierte.

11.6. Handelscontrolling

Gibt es also überhaupt ein Handelscontrolling? Man ist versucht, mit „Jain" zu antworten. Man muss lediglich zwanzig Jahre zurückgehen, um festzustellen, dass sich der Handel mit wenigen Ausnahmen ausschließlich auf die Handelsfunktion beschränkte. Die Wertschöpfung war also relativ bescheiden. Im Vordergrund standen im Wesentlichen zwei Dinge: der **Standort** und die **Ware**! Der oder die Standorte waren entsprechend der Bedürfnisse der Kunden zu entwickeln. Mit der Automobilisierung der Verbraucher rückte die Verkehrs- und Parkplatzsituation in den Fokus und mit den gewachsenen Ansprüchen an das Design die Wohlfühlatmosphäre im Laden. Ob sich die eigenen Läden den Wünschen der Kunden entsprechend entwickelten, war am Umsatz abzulesen bzw. an der Anzahl der Kassentransaktionen. Für die Ware bzw. das Sortiment galt im Prinzip das Gleiche. Auch diese galt und gilt es, den Bedürfnissen der Verbraucher anzupassen. Was der Kunde suchte, wurde beschafft und ob das Angebot beim Kunden ankam, spiegelte und spiegelt der Umsatz wider.

Natürlich mussten und müssen sich die Standortkosten tragen und getragen werden können sie nur von den Kunden und den Umsätzen mit diesen. Je mehr Ware pro Quadratmeter angeboten wird, desto höher ist die Wahrscheinlichkeit, dem Kunden bieten zu können, was er sucht. Auch der letzte noch verfügbare Platz, sei es die Stirnseite der Regale oder die Kassenzone, werden für die Präsentation der Ware genutzt. Reicht das noch nicht aus, müssen auch die Gänge herhalten und insbesondere im Bekleidungshandel auch noch die Freiflächen im Eingangsbereich. Warenpräsentation bis hin zur Unübersichtlichkeit.

So gehen Standorte und Sortimente eine Symbiose ein und der Gradmesser ist der Umsatz. Der **Umsatz pro Quadratmeter** und der **Umsatz pro Mitarbeiter** sind typische Maßgrößen im Handel. Das Gros der Berichte ist mit Umsatzauswertungen gefüllt. Auswertungen über Öffnungszeiten, Tage, Wochen, Monate. Auswertungen nach Artikelgruppen, Lieferanten, Saisonware, Aktionsware usw.

Es gibt wohl kaum eine Branche, in der das Detailwissen über die Umsätze auf der Ebene des Top-Managements so groß ist wie im Handel. Das Interesse an Umsatzauswertungen war und ist sehr groß – auch das Bedürfnis nach immer neu zusammengestellten ad hoc-Auswertungen. Trotzdem, fragt man nach der Controlling-Abteilung oder den Controllern, erntet man oft fragende Blicke. Die das Management mit den Auswertungen versorgende Abteilung wird in vielen Handelshäusern als Berichtswesen bezeichnet.

Grundsätzlich spricht der deutsche Handel Deutsch! Ein Grund dafür ist sicher, dass der deutsche Handel an den Börsen eher unterrepräsentiert ist und somit eine Quelle der Anglizismen wegfällt. Aber das ist nicht der alleinige Grund. Ein weiterer und weitaus ausschlaggebenderer Grund ist die zwar meist flache, aber zugleich sehr hierarchisch strukturierte Organisation des deutschen LEH, in der Controller entsprechend der Definition des ICV nur wenig Raum haben.

Das gilt besonders für den Lebensmitteleinzelhandel, auch wenn seit einigen Jahren Mitarbeiter im Controlling beschäftigt werden. Allerdings ist die Bedeutung bzw. Wertschätzung des Controllings und in der Folge der als „Controller" bezeichneten Mitarbeiter im LEH bei Weitem nicht so hoch wie in der Industrie. Überhaupt hat man den Eindruck, dass man Controlling im Handel mehr als Kontrolle denn als Steuerung versteht. Der Auftrag geht mehr in Richtung der Fehlervermeidung bzw. Feststellung der Fehlerquelle als in Richtung Steuerung und weist damit deutliche Überschneidungen zur internen Revision auf.

Auch wenn man sich im Handel mit dem „Controller" schwertut, gibt es ein Controlling, d. h., ein System der Informationsunterstützung zur Entscheidungsfindung im Management. Das Berichtswesen wurde bereits angesprochen. Aber auch die Ebenen unterhalb der Unternehmensführung brauchen **Steuerungsinformationen**. Informationen, die dabei helfen, den Ressourceneinsatz zu steuern. Eigentlich das Einsatzgebiet für den Controller. In der Praxis findet man jedoch meist Lösungen, die in den Abteilungen selbst geschaffen wurden und hin und wieder Personen, die unter anderen Bezeichnungen wie „betriebswirtschaftliche Assistenten" die Erstellung von Berichten und Auswertungen unterstützen.

Auch was den Einsatz spezieller Controlling-Software angeht, besteht im Handel noch sehr viel Raum. Die Neigung zu selbst erstellter Software wurde bereits angesprochen und was die Berichte und Auswertungen angeht, so ist das Office-Paket von Microsoft nach wie vor ein beliebtes Werkzeug.

11.7. So urteilt der Handel selbst

Aus drei vollständig beantworteten Fragebögen kann keine repräsentative Aussage abgeleitet werden. Daran ändert auch die Tatsache nichts, dass es sich sowohl bei den zwei Unternehmen des Lebensmitteleinzelhandels als auch dem Unternehmen aus der Textil- und Bekleidungsbranche jeweils um ein Unternehmen aus dem Kreis der Top 10 ihres Segments handelt. Trotzdem sollen die Antworten nicht unterschlagen werden. Sie sind ein Indiz dafür, wie der Handel zu den Themen Vertikalisierung und Nachhaltigkeit steht und wie diese im Steuerungssystem der Unternehmen berücksichtigt werden.

Sowohl das Ergebnis der Befragung als auch eigene Recherchen im Internet bestätigen, dass **Nachhaltigkeit Bestandteil der Unternehmensstrategie** ist. Das gilt zumindest für die Großen des LEH als auch des Bekleidungshandels. Das gilt auch für IKEA, den unangefochtenen Marktführer im Möbelhandel.

Die **Zuständigkeit** ist demzufolge im obersten Leitungsorgan angesiedelt, das in vielen Fällen durch eine eigene Nachhaltigkeitsabteilung unterstützt wird. Informationen und Hinweise zum Thema Nachhaltigkeit findet man sowohl auf der Homepage der Unternehmen als auch in der Bewerbung der Artikel. Insbesondere an Bekleidungsartikeln findet man Hinweise auf Zertifizierungen. Was man aber nur sehr selten findet, ist eine für den Verbraucher verständliche Aussage darüber, was das Unternehmen selbst unter Nachhaltigkeit versteht und was es für den Verbraucher bedeutet, wenn das Unternehmen von Nachhaltigkeit spricht. Meist handelt es sich um sehr allgemein gehaltene Aussagen, denen es an konkreten Inhalten fehlt.

Nachhaltigkeitsberichte sind ebenfalls selten in der Branche. Wenn es sie – vereinzelt – gibt, dann gleichen sie mehr einer willkürlichen Sammlung einzelner Projekte. In einem persönlichen Interview hatte dann auch ein Vorstandsmitglied eines großen Lebensmitteleinzelhändlers gestanden, dass man zwar schon viele einzelne Projekte vorantreibe, die unter das Thema Nachhaltigkeit zu subsumieren sind, dass gleichzeitig aber die Diskussion darüber, was man als Unternehmen unter dem Begriff der Nachhaltigkeit verstehen und vor allem, wofür man als Unternehmen stehen will, noch nicht abgeschlossen sei.

Gleichwohl kristallisieren sich drei Themen aus dem Gesamtspektrum der Nachhaltigkeit aus Sicht des Handels als besonders wichtig heraus. Dabei handelt es sich um **Ressourceneffizienz**, **Energieeffizienz** und **Kinderarbeit**. Alle übrigen Themen wie Soziales Engagement, ökologische Produkte, Diskriminierung oder Beschäftigungsbedingungen werden dagegen lediglich als wichtig betrachtet. Als unwichtig wird aber kein Thema der Nachhaltigkeit beurteilt.

Zur Vertikalisierung ist festzustellen, dass der Grad der Umsetzung von fast 0 bis 100 % reicht. Dabei hat der Bekleidungshandel eindeutig die Nase vorn. Ob ZARA, H&M oder C&A – fast 100 % der angebotenen Artikel stammen aus einer selbst organisierten Wertschöpfungskette. Bei Peek & Cloppenburg, Breuninger und Co. überwiegt noch der Anteil der Markenartikel, der bei den vielen Tausend nicht filialisierten Händlern in der Regel 100 % beträgt.

Im LEH sieht es dagegen anders aus. Zwar könnte man über den hohen Anteil der Eigenmarken den Eindruck haben, dass auch der Vertikalisierungsgrad ähnlich hoch sei wie im Bekleidungshandel. Aber bei dem größten Teil der Eigenmarken handelt es sich lediglich um die für den Handel unter dessen Handelsmarke in den Verkehr gebrachte Produktion der Lebensmittelindustrie. Von der Rohstoffbeschaffung über die Rezeptur bis hin zu den Produktionsverfahren steht der Hersteller nach wie vor in der Verantwortung. Aber die Welt des LEH verändert sich mit großen Schritten und es sind die Discounter mit ihrem ohnehin schon hohen Eigenmarkenanteil, die den Prozess der Vertikalisierung vorantreiben. Noch ist der Umsatz mit Artikeln aus voll vertikalisierter Prozesskette aber kaum in Prozent auszudrücken.

Alle befragten Unternehmen bejahen die Frage nach einem Controlling, das beim Gesamtvorstand oder vertretend beim Finanzvorstand angesiedelt ist. Handelsunternehmen mit einer einheitlichen Formatstruktur bejahen die Frage nach der Lieferung von Steuerungsgrößen für die Gesamtunternehmenssteuerung, während Handelsunternehmen, die in unterschiedlichen Segmenten und/oder unterschiedlichen Formaten den Handel betreiben, die Frage verneinten.

Als Steuerungsgrößen werden sowohl Umsatz, Rohertrag als auch Deckungsbeitrag genannt. Der Deckungsbeitrag wird aber insoweit eingeschränkt, als dieser nur auf Waren- oder Artikelgruppenebene ermittelt wird. Die Anwendung einer Prozesskostenrechnung wird von allen Befragten verneint. Zwar wird angegeben, die Prozesse mit anderen Methoden zu steuern. Aber auf die Angabe der Methode wurde verzichtet.

Ebenso einig ist man sich in der Frage der zentralen Erfassung der Kosten auf einer eigenen Kostenstelle für Aktivitäten der Nachhaltigkeit, die von allen verneint wird.

Sehr unterschiedlich sind die Antworten zur Steuerung der Nachhaltigkeitsstrategie. Ein Unternehmen (Bekleidungshandel) gibt an, keine Kosten-Nutzen-Rechnung der Nachhaltigkeitsprojekte durchzuführen. Die beiden anderen Unternehmen (LEH) bestätigen die Durchführung der projektbezogenen Kosten-Nutzen-Rechnung. Allerdings nur im Rahmen der Projektierung und als Einmal-Feststellung zum Abschluss des Projekts.

Als Folge der Behandlung von Kosten und Erträgen konnten weder die Frage nach den Mehrkosten der Arbeitsplätze noch des Nutzens des Einsatzes ökologischer Rohstoffe für den Deckungsbeitrag beantwortet werden. Auch die Anwendung einer Kostenträgerrechnung wurde verneint, so dass auch keine Aussage darüber getroffen werden konnte, wie sich die Investitionen zur Steigerung der Energieeffizienz rechnen.

Dafür bestätigt das Unternehmen aus dem Segment Bekleidungshandel, über eine Art Radar zur Feststellung der Einhaltung der Nachhaltigkeitsanforderungen zu verfügen und eine eigene Prüfungsgesellschaft mit großer Anzahl (?) Mitarbeiter zu unterhalten. Im LEH ist man offensichtlich noch nicht so weit.

Die Kundenzufriedenheit wird grundsätzlich von allen regelmäßig gemessen. Wie sich die Umsetzung der eigenen Nachhaltigkeitsstrategie auf die Kundenzufriedenheit auswirkt, scheint dabei aber keine Rolle zu spielen. Zumindest wurde die Frage danach mit „nicht bekannt" oder „nicht nachweisbar" beantwortet. Folgerichtig ist den befragten Unternehmen auch nicht bekannt, wie sich ihre Nachhaltigkeitsstrategie oder einzelne soziale Projekte auf den Umsatz auswirken. Selbst die Fragen nach der Akzeptanz der Kunden für garantierte Nachhaltigkeit sowie dem Prozentsatz der Kunden, die bevorzugt ökologisch hergestellte Produkte kaufen, wurden mit „Null" bzw. „unbekannt" beantwortet.

Die Unternehmen des LEH gaben zwar als akzeptierten Preisaufschlag für nachhaltig produzierte Artikel 5 % an. Der Anteil der Kunden, die bevorzugt ökologisch hergestellte Produkte kaufen, wurde mit 3 % angegeben. Gerade bei der letzten Zahl ist aber zu vermuten, dass die 3 % wohl eher dem Umsatzanteil der Bio-Produkte entsprechen. Ansonsten müsste man annehmen, dass die Kunden dieses Unternehmens sich deutlich vom Durchschnitt der deutschen Verbraucher unterscheiden.

12. Fazit

Ob man nun aufgrund der obigen Ausführungen das Rechnungswesen, insbesondere das Controlling des Handels, als rückständig bezeichnet, bleibt jedem Leser selbst überlassen. Vielleicht ist es ja gerade besonders fortschrittlich, sich gegen bestehende Lehrmeinungen auf das zu konzentrieren, was doch bisher als Steuerungsmechanismus so gut funktionierte. Vielleicht ist der Pragmatismus, mit dem sich der Handel an neue Themen wie die Nachhaltigkeit und Vertikalisierung herantastet, letztlich kostengünstiger und erfolgreicher als ein komplexes Rechnungswesen und Controlling, das nur bestätigt, was der erfolgreiche Händler ohnehin im Gefühl hat. Vielleicht urteilen wir ja auch nur vorschnell, weil wir uns am Machbaren und nicht am wirtschaftlich Sinnvollen orientieren?

Denkbar! Schließlich sagt man gerade uns Deutschen einen Hang zur Perfektion nach. Da kann es durchaus sein, dass man das Machbare über das Sinnvolle stellt. Belege dafür gibt es reichlich. So leisten wir uns technisch aufwendige und in der Pflege und Unterhaltung teure Installationen zur kilometergenauen Ermittlung und Abrechnung der Lkw-Maut auf deutschen Autobahnen. Oder nehmen wir das deutsche Steuerrecht, dem namhafte Juristen wegen der erreichten Komplexität Verfassungswidrigkeit vorwerfen. Oder nehmen wir die von allen Versicherten und Ärzten, aber nicht Krankenversicherungen, gehassten Zahlungen gemäß § 28 Absatz 4 SGB V, besser bekannt unter der Bezeichnung Praxisgebühr. Selbst der Laie zweifelt, dass der so einbehaltene Betrag den mit dem Einbehalt und der Abführung verbundenen Aufwand übersteigt, wenn man den Aufwand über die gesamte Kette vom Versicherten über die Arztpraxen bis hin zu den Krankenkassen erfasst. Trotzdem werden all diese Dinge gemacht und es kommt noch viel schlimmer. Es wird weiter gemacht, auch wenn der wirtschaftliche Nutzen widerlegt wird oder ein anderes Vorgehen sinnvoller wäre.

Vielleicht sind aber auch nur die Entscheidungsträger vom zusätzlichen Nutzen einer Weiterentwicklung des Rechnungswesens und insbesondere des Controllings

Fazit

nicht überzeugt? Vielleicht weil auch die Controller es an Kreativität missen lassen und lieber die tägliche Routine abarbeiten, solange die Entscheidungsträger selbst nicht nach anderen Informationen verlangen?

Ohne durch einen Ausflug in die Sozialwissenschaften vom eigentlichen Thema ablenken zu wollen ist festzuhalten, dass die Menschen über ein ausgeprägtes Verharrungsvermögen verfügen. Angst vor Veränderung, dem Neuen und Unbekannten lässt die Menschen tendenziell am Bestehenden festhalten. Das gilt umso mehr für Menschen, deren herausstechendes Merkmal nicht in ihrer Kreativität besteht. Besonders kreative Menschen haben tendenziell weniger Angst vor Veränderungen und fühlen sich eher herausgefordert, sich dem Neuen und Unbekannten zu stellen, ja sogar damit zu experimentieren.

Gerade dem Handel sagt man nach, besonders innovativ zu sein. Also müssen im Handel doch besonders viele kreative Menschen arbeiten. Dem soll an dieser Stelle nicht widersprochen werden. Aber arbeiten diese Kreativen auch im Rechnungswesen und im Controlling? Das Reich der Zahlen und Fakten ist eher nicht das, was die Kreativen begeistert.

Ist also das derzeitige Handelscontrolling in der Lage, die sich abzeichnenden gravierenden Veränderungen zu steuern? Vielleicht geschehen die Veränderungen auch einfach zu schnell und die Entwicklung des Controllings kann dem Tempo der Veränderungen nicht folgen?

Tatsache ist jedenfalls, dass viele Fragen unbeantwortet bleiben, die sich Entscheidungsträger eigentlich stellen müssten. Tatsache ist auch, dass der Handel selbst die **Effizienz der Geschäftsprozesse** als das Thema der Zukunft identifiziert hat. In Handelssegmenten mit geringem Vertikalisierungsgrad wird die Bedeutung der Effizienz der Geschäftsprozesse als Zukunftsthema über die eigenen Geschäftsprozesse hinaus auf die gesamte Wertschöpfungskette erweitert. Ebenfalls Tatsache ist, dass der Handel den Trend der Verbraucher, mit dem Konsumverhalten ein wenig zur Verbesserung der Welt beizutragen, erkannt hat und der Startschuss im Rennen um das Vertrauen dieser Verbraucher gefallen ist.

Und nun? Es ist nicht so, dass das Controlling nicht in der Lage wäre, die Informationen zu liefern, die z. B. für die Steuerung einer Nachhaltigkeitsstrategie erforderlich wären. Vorausgesetzt, dem Controlling ist bekannt, was die Geschäftsleitung für das Unternehmen als Nachhaltigkeit definiert hat und welche Auswirkungen die

Geschäftsleitung aus der Umsetzung der Nachhaltigkeitsstrategie erwartet. Schon an diesem Punkt hapert es bei vielen Handelsunternehmen. Vielleicht, weil sie mit der Vielschichtigkeit des Nachhaltigkeitsbegriffs überfordert sind oder es einfach nicht schaffen, die Inhalte auf das eigene Geschäftsmodell zu übertragen. Zu beobachten ist jedenfalls, dass das Thema Nachhaltigkeit nur von wenigen Handelsunternehmen systematisch angegangen wird. Als Ausnahmen kann man vielleicht REWE nennen, die sich die Unterstützung einer Hochschule gesichert haben, oder OTTO, die aber als Vorreiter der Nachhaltigkeitsbewegung über viele Jahre Vorsprung verfügen. Einen Vorsprung, den der übrige Handel noch aufholen muss.

Externe Unterstützung könnte helfen. Doch der Unternehmensberatung steht der Handel tendenziell skeptisch gegenüber. Insbesondere dann, wenn es um ihr Kerngeschäft geht, hört man oft das Argument, dass man zunächst entsprechende Strukturen, auch personelle aufbauen müsste, um das im Rahmen eines Projektes erworbene Wissen im Unternehmen zu halten. Die Realität sieht oft anders aus. Neue Mitarbeiter sind zunächst einmal damit beschäftigt, die Organisation und die Menschen des Unternehmens kennenzulernen, während aus eigenen Ressourcen ausgewählte Mitarbeiter sich erst mit dem Thema und der neuen Aufgabe auseinandersetzen müssen. So oder so stehen beide unter dem Erwartungsdruck, das Problem zu lösen. Allein, denn schließlich kosten sie ja Geld. Allein stehen sie auch vor den Kollegen, die sie davon überzeugen sollen, dass alles, was sie bisher gemacht und für richtig gehalten wurde, ab morgen anders laufen soll? Ihr Scheitern ist quasi vorprogrammiert oder sie gehen das Thema ganz langsam und behutsam an, was viel Zeit kostet. Zu viel Zeit aus Sicht der Verbraucher und der Mechanismus der Medien wird wieder in Gang gesetzt. Da ist der Handel, der, wie der Präsident des HDE sagt, verstanden hat, was Nachhaltigkeit bedeutet und da ist die Presse, die weiterhin ein ums andere Mal belegt, dass der Handel noch weit vom Kern der Nachhaltigkeit entfernt ist.

Mehr **Mut zur Offenheit** und externe Beratung könnte den Bann brechen. Für den Verbraucher verständliche und konkrete Kommunikation des eigenen Verständnisses der Nachhaltigkeit bis hin zum Sortiment, das Eingeständnis, noch einen weiten Weg vor sich zu haben, den Weg offenlegen und regelmäßig über die Fortschritte berichten würden, den Verbraucher mehr überzeugen und allen Mitarbeitern einschließlich dem Controlling eine klare Richtung vorgeben.

Man darf sich aber nichts vormachen. Was das Rechnungswesen und Controlling angeht, steht man am Fuße eines Bergriesen. Vollkommen neue Informationsstrukturen sind aufzubauen, die zum Teil über die eigene Organisation hinausgehen. Da wäre insbesondere das **Risikoradar** zu nennen, das über die ganze Wertschöpfungskette hinweg die Einhaltung der Nachhaltigkeitskriterien erfasst und Schwachstellen frühzeitig erkennen lässt. Bei der Entwicklung, Implementierung und Pflege eines solchen Radars als auch bei der Auswertung kann das Controlling seinen Teil beitragen. Bei der Umsetzung ist jedoch die gesamte Organisation gefordert. So wird auch der Einkauf in seiner Entscheidung neue, andere Aspekte einfließen lassen müssen und auch die mit den Lieferanten abzuschließenden Verträge werden um die Einhaltung der Nachhaltigkeitskriterien und das Recht der Überprüfung bei ihm und seinen Lieferanten zu erweitern sein.

Nachhaltigkeit ist aber kein Selbstzweck. Zweck eines Unternehmens, wir haben es in diesem Buch schon häufig ausgesprochen, ist es, Geld zu verdienen unter Aufrechterhaltung der Liquidität. Nachhaltigkeit ist ein Mittel zur Erreichung dieses Zwecks. Zugleich eröffnet das Thema Nachhaltigkeit eine fast unüberschaubare Bandbreite an möglichen Maßnahmen. Die Gefahr, die vorhandene Liquidität in Maßnahmen zu investieren, die keine oder die geringste Auswirkung auf eine Umsatzerhöhung oder Kostensenkung nach sich zieht, ist groß und am Ende ist das Investitionsbudget ausgeschöpft und nichts erreicht.

Derzeit stehen weder Methoden noch konkrete Daten zur laufenden Messung, ob die Investitionen in die Nachhaltigkeit ihren Zweck erfüllen, im erforderlichen Maße zur Verfügung. Dabei geht es insbesondere um das **Verbrauchervertrauen**. Welche Kriterien beeinflussen das Verbrauchervertrauen in welchem Umfang und in welchem Verhältnis stehen die Kosten einer Maßnahme zur Sicherung bzw. Verbesserung des Verbrauchervertrauens? Wie wirkt sich Verbrauchervertrauen auf den Umsatz aus und wie wird die Kundentreue beeinflusst, wenn mal wieder ein Verstoß gegen die Nachhaltigkeitskriterien aufgedeckt wird? Viele Fragen, neue Fragen, auf die das Controlling die Antwort liefern muss, aber auch nur kann, wenn die Grundlagen in den Informationssystemen gelegt werden.

Ein ähnliches Fazit ist auch für die **Vertikalisierung und deren Steuerung** zu ziehen. Auch ohne Vertikalisierung hat sich die Komplexität im Handel drastisch erhöht. Technische Innovationen vom elektronischen Datenaustausch (EDI) mit den Lieferanten bis zum bargeldlosen Zahlungsverkehr, Sortimentsdifferenzierungen von Convenience über Funktional Food und Bio-Produkte bis hin zu Produkten aus nachhaltiger Produktion sind nicht ohne Auswirkungen auf die Prozesslandschaft und in der Folge auf die Kosten geblieben. Genauer gesagt auf die Bandbreite der

Prozesskosten der Artikel. Nun wird die Prozesslandschaft im Rahmen der Vertikalisierung um neue Wertschöpfungsstufen erweitert.

Nur zustimmen kann man den Stimmen, die den Unterschied zwischen Erfolg und Misserfolg in der **Prozesseffizienz** sehen und nicht mehr in dem Bemühen, den Preisdruck vom Markt auf die Lieferanten abwälzen zu wollen. Das bedeutet aber in der Konsequenz, dass der Handel die Voraussetzungen für die Steuerung der Prozesseffizienz schaffen muss, statt sich weiterhin über Abteilungskosten und Umsätze berichten zu lassen.

Doch auch hier mangelt es an den Grundlagen. Weder die Dokumentation der Ablauforganisation im Handelsgeschäft noch der vorgelagerten Wertschöpfungsstufen, soweit sie im Unternehmen bzw. Konzern integriert sind, und erst recht nicht der Ablauforganisation der Vertragspartner erlauben einen prozessorientierten Überblick. Damit fehlt es an der Grundlage zur Bewertung der Prozesse sowie der Prozessoptimierung unter wirtschaftlichen Gesichtspunkten. In der Folge wird auch die Prozesskostenrechnung als Steuerungsinstrument im Handel nicht genutzt. Ganz zu schweigen von dem Artikel als Träger der Prozesskosten.

Eigentlich weiß jeder um das Problem, dass unterschiedliche Lieferanten und Artikel auch unterschiedliche Prozesskosten verursachen. Grundsätzlich ist auch bekannt, dass der niedrigste Netto-Einkaufspreis nicht gleichbedeutend mit dem höchsten Beitrag zum Unternehmensergebnis ist. Höhere Kosten des Informationsaustauschs, der logistischen Abwicklung, der Rechnungsprüfung, des Handlings im Vertrieb usw. können den vermeintlichen Vorteil schnell in einen Nachteil verwandeln. Aber ohne konkrete Zahlen wird man den Einkauf nicht überzeugen.

Und nun kommt die Vertikalisierung noch hinzu und neue Probleme tun sich auf. Zum Beispiel das Problem der Harmonisierung der Steuerung. Dem voll integrierten Produktionsunternehmen stehen als einzige Steuerungselemente die Prozesskosten, insbesondere in der Produktion, zur Verfügung, nachdem der Umsatz durch das Handelsunternehmen vorgegeben ist. Dagegen ist die Steuerung des Handelsgeschäfts stark vom Umsatz getrieben. Zu möglichst niedrigen Einstandspreisen wird die Ware von dem Lieferanten geordert, die im Sortiment den höchsten Umsatz bzw. Rohertrag verspricht. Ist jetzt das eigene Unternehmen oder der eigene Konzern der Lieferant, gilt es plötzlich, den Gesamtprozess von der Produktionsplanung bis zum Point of Sale in die Einkaufsentscheidung einzubeziehen und dabei den vereinbarten Verrechnungspreis außer Acht zu lassen.

Fazit

Das setzt gleich das Überspringen mehrer Hürden voraus. Einmal soll der Einkauf sich mit Prozessen auseinandersetzen, für die er nicht verantwortlich ist und zum Zweiten soll er evtl. auf einen ihm zuzurechnenden Deckungsbeitrag verzichten. Ohne überzeugende Zahlen wird das nicht funktionieren. Zahlen, die eine Neuausrichtung des Rechnungswesens und ein Umdenken im Controlling bedingen.

Der Handel hat auf dem Weg zum Gipfel gerade mal das Basislager erreicht. Viele Dinge sind erforderlich, um den Gipfel zu erklimmen. Dazu gehört auch ein gutes GPS, damit man auf dem weiten Weg nicht vom Kurs abkommt. Losgelaufen sind die meisten Handelshäuser ja schon. Sei es in Richtung Vertikalisierung oder Nachhaltigkeit oder auch in beide Richtungen gleichzeitig. Ein großer Teil des Weges ist dabei gleich. Für einen anderen Teil braucht man ein zweites GPS. Alle GPS-Geräte der Welt nutzen aber wenig, wenn darauf nicht die Karte mit dem Weg gespeichert ist.

Das ist die Herausforderung, vor dem das Controlling steht. Das geeignete GPS, d. h., das geeignete Steuerungssystem zu entwickeln bzw. zu implementieren, gehört ebenso zur Kernaufgabe des Controllings wie die Mitwirkung an der Landkarte und der Festlegung des Weges zum Ziel (Strategie und Zielvereinbarung).

Derzeit sieht es so aus, als seien viele Händler ohne GPS und vor allem ohne Karte mit dem eingezeichneten Weg unterwegs. In der Gesamtheit wirken die Aktivitäten des Handels auf den Beobachter eher wie das Stochern im Heuhaufen als die zielgerichtete und koordinierte Umsetzung einer Strategie. Das Ergebnis ist eher zufällig. Sowohl in positiver wie negativer Hinsicht. Die Ursachenanalyse basiert mehr auf dem Bauchgefühl als auf sachdienlichen Steuerungsinformationen. So ist auch die Gefahr virulent, dass die eingeschlagene Strategie der Nachhaltigkeit als auch der Vertikalisierung, mit dem Argument, vom Verbraucher nicht honoriert zu werden, ad acta gelegt wird. Dabei ist vielleicht die Strategie die richtige, nur der Weg der falsche. Genau das herauszuarbeiten und mit Fakten und Zahlen zu belegen ist die Aufgabe des Controllings, wenn der ICV im Controller-Leitbild vom „Controlling als Rationalitätssicherung der Führung" spricht. Das erfordert vom Controller gutes Fachwissen aus den Bereichen Rechnungswesen, betriebswirtschaftliche Methoden, Informationstechnologie und Recht. Aber mindestens genauso wichtig und mehr denn je gefordert sind seine Kompetenzen im zwischenmenschlichen Bereich und Fähigkeiten im Umgang mit anderen Menschen. Fertigkeiten auf den Gebieten der Rhetorik, Kommunikation, Präsentation, Moderation, Teamfähigkeit und Führungsqualitäten sind gefordert angesichts der notwendigen Investitionen sowie dem

Quantensprung, den das Management im Hinblick auf den Gegenstand der Steuerung zu vollziehen hat. Aber auch mehr **Kreativität** wird vom Controlling verlangt werden müssen, denn noch längst nicht für alle Fragen haben Lehre und Praxis die maßgeschneiderte Lösung entwickelt.

Angesichts der dargestellten Situation muss letztlich auch die Frage gestellt werden, ob es dem Controlling im Handel an Kompetenz fehlt oder ob das Handels-Management vorhandene Kompetenz nicht zur Entfaltung kommen lässt. Noch ist Zeit, diese Frage zu beantworten und entsprechend zu handeln. Noch sind die qualitativen Unterschiede im Controlling des Handels nicht wettbewerbsentscheidend. Sie werden es aber über kurz oder lang werden, wenn der Trend zur Vertikalisierung und Nachhaltigkeit im Handel anhält.

Davon, dass die Vertikalisierung in vielen Handelssegmenten einschließlich dem Lebensmitteleinzelhandel erst am Anfang steht und noch großes Potenzial aufweist, ist der Autor genauso überzeugt wie davon, dass die Nachhaltigkeit immer mehr Einfluss auf das Käuferverhalten nehmen wird. Für Handelsunternehmen, die das genauso sehen, wäre also jetzt der Zeitpunkt, auch darüber nachzudenken, wie sie die sich daraus ergebenden Herausforderungen steuern werden.

Bleibt zum Schluss nur zu hoffen, dass dieses Buch dem Leser Denkanstöße und Diskussionspunkte liefert, die helfen, die Relevanz der Themen Vertikalisierung und Nachhaltigkeit im konkreten Unternehmen zu diskutieren und die richtigen Konsequenzen für die parallele Entwicklung eines adäquaten Controllings für ein betroffenes Handelsunternehmen zu ziehen. Es ist nie zu spät, aber Zeit zu beginnen!